巴菲特
致管理者的信

[美] 杰夫·格拉姆（Jeff Gramm）◎著
陈祺祺 路本福 ◎译
王 磊 ◎专业解读

DEAR

Boardroom Battles and
the Rise of Shareholder Activism

CHAIRMAN

中国科学技术出版社
·北京·

Dear Chairman: Boardroom Battles and the Rise of Shareholder Activism by Jeff Gramm
Copyright© 2015 by Jefferson Gramm
Simplified Chinese edition Copyright © 2024 by Grand China Happy Cultural Communications Ltd
Published by arrangement with The Gernert Company, Inc. through Bardon-Chinese Media Agency.
All Rights Reserved.

Warren Buffett (Photo by Michael Prince/Forbes Collection/Corbis via Getty Images)

No part of this book may be used or reproduced in any manner whatever without written permission except in the case of brief quotations embodied in critical articles or reviews.

本书中文简体字版通过 Grand China Happy Cultural Communications Ltd（深圳市中资海派文化传播有限公司）授权中国科学技术出版社在中国大陆地区出版并独家发行。未经出版者书面许可，不得以任何方式抄袭、节录或翻印本书的任何部分。

北京市版权局著作权合同登记　图字：01-2023-4269

图书在版编目（CIP）数据

巴菲特致管理者的信/（美）杰夫·格拉姆(Jeff Gramm) 著；陈祺祺，路本福译. -- 北京：中国科学技术出版社, 2024.5
书名原文：Dear Chairman: Boardroom Battles and the Rise of Shareholder Activism
ISBN 978-7-5236-0413-7

Ⅰ.①巴… Ⅱ.①杰…②陈…③路… Ⅲ.①巴菲特(Buffett, Warren) — 投资 — 经验 Ⅳ.① F837.124.8

中国国家版本馆 CIP 数据核字 (2024) 第 057053 号

执行策划	黄 河　桂 林
责任编辑	申永刚
策划编辑	申永刚　刘颖洁
特约编辑	蔡 波
封面设计	东合社·安宁
版式设计	王永锋
责任印制	李晓霖

出　　版	中国科学技术出版社
发　　行	中国科学技术出版社有限公司发行部
地　　址	北京市海淀区中关村南大街 16 号
邮　　编	100081
发行电话	010-62173865
传　　真	010-62173081
网　　址	http://www.cspbooks.com.cn

开　　本	787mm×1092mm　1/16
字　　数	288 千字
印　　张	24
版　　次	2024 年 5 月第 1 版
印　　次	2024 年 5 月第 1 次印刷
印　　刷	深圳市精彩印联合印务有限公司
书　　号	ISBN 978-7-5236-0413-7/F·1229
定　　价	108.00 元

（凡购买本社图书，如有缺页、倒页、脱页者，本社发行部负责调换）

致中国读者信

To all my friends in China,

The book in your hands tells of the rise of shareholder activism in America. I tried my best to channel the insights from great business leaders like Warren Buffett, Ross Perot, and Benjamin Graham to convey this history in a fun yet enlightening way. As you know, shareholder activism is beginning to appear in China. Recently, one of my favorite business columnists, the Financial Times' Andrew Hill, wrote about this book, "It may be time for a new chapter in China." I think he is right, and I hope that my book will help you understand why public company shareholders in China are beginning to raise their voices.

I know your time is valuable, so I sincerely thank you for taking some of it to read Dear Chairman.

致中国读者：

很荣幸地向您介绍《巴菲特致管理者的信》，这本书讲述了美国股东积极主义的崛起。我尽可能用有趣和具有启发性的方式，来传递沃伦·巴菲特、罗斯·佩罗、本杰明·格雷厄姆等伟大商业领袖们的真知灼见。你们应该了解，股东积极主义最初起源于中国。

最近，我最喜欢的商业专栏作家之一，《金融时报》的安德鲁·希尔（Andrew Hill）评价本书时说道："中国是时候开启新篇章了。"我认为他说的没错。希望这本书能够让你们知道，为什么中国上市公司的股东开始更大声地表达自己的观点。

感谢您在百忙中，抽空阅读此书。

杰夫·格拉姆

本书赞誉
DEAR CHAIRMAN

艾伦·格林斯潘（Alan Greenspan）
美联储前主席

　　杰夫·格拉姆带我们重温强势管理团队和积极股东之间的冲突。这种冲突已持续百年，而且看起来永远也不会停止。格拉姆用一种趣味横生的方式，给我们讲述了一些广为人知的公司控制权争夺战，讲到了充满传奇色彩的本杰明·格雷厄姆在1927年写给小约翰·洛克菲特的信、罗斯·佩罗在1985年写给通用汽车首席执行官（CEO）罗杰·史密斯的信，以及其他的一些著名信件。《巴菲特致管理者的信》是一本非常值得慢慢品味的好书。

阿瑟·莱维特（Arthur Levitt）
美国证券交易委员会前主席

　　从来没有人把股东积极主义崛起的故事讲得如此引人入胜、发人深省，在《巴菲特致管理者的信》一书中，杰夫·格拉姆剖析了戏剧性的交易，并将过去100年来令人难以置信的人物栩栩如生地呈现出来。

查尔斯·R. 施瓦布（Charles R.Schwab）
嘉信理财（The Charles Schwab Corporation）董事长

  上市公司必须面对商界的苛刻标准：满足需求，发展壮大，时刻谨记你们只是股东资金的受托人。如果你偶尔忘记或忽略了这一点，就会产生一定的后果，历史上因此上演过不少类似的故事。《巴菲特致管理者的信》就对这些故事进行了生动的描述。如果你也想以一名投资人或经理人的身份，成为这个伟大的所有权体系的参与者，那就应该读读这本书。

弗雷德里克·史密斯（Frederick Smith）
联邦快递（FedEx Corporation）董事长兼 CEO

  杰夫·格拉姆对股东积极主义发展史的生动阐述，很好地揭示了现今这个绩效导向、动荡不安的股票市场是如何出现的。《巴菲特致管理者的信》呈现了一段很重要，很有趣，也很有启迪意义的历史。

泰勒·考恩（Tyler Cowen）
乔治梅森大学教授　畅销书《大停滞》（The Great Stagnation）作者

  当大股东积极参与公司事务时，他们是如何看待公司以及自身的价值的？杰夫·格拉姆在这本书中给了我们一个新的视角，这本书读起来很令人振奋，构思巧妙，充满智慧，更重要的是，书中的内容很有启发意义，也非常实用。

阿米蒂·什莱斯（Amity Shlaes）
著名史学作家、畅销书《柯立芝》（Coolidge）
和《被遗忘的人》（The Forgotten Man）作者

  这是一本不可多得的好书，无论是专业性还是叙事方式，都无可挑剔。

王 磊
拼图资本创始合伙人
《无边界：互联网＋教育》《浪淘沙：教育＋金融》作者

我本人有超过 20 年的管理投资实战经验，在这个过程中辅导过近千家企业的发展，也通过投资参与了数十家企业的成长。我在阅读本书的时候，颇有共鸣。我强烈推荐这本优秀的商业实战宝典，相信它会启发读者对企业变革的思考。无论是商界人士、投资人士还是管理研究者，都会受益匪浅。这是一本具有洞察力与启发性的佳作。

姜建清
中国工商银行前董事长、全球金融界最有影响力的国际领袖之一

股东与公司治理，是现代公司制度永恒的话题。杰夫·格拉姆的书为我们提供了很好的案例和视角。本书生动地刻画了半个世纪以来发生在美国市场的故事，相信这些故事对于正在转型、全球化的中国上市公司的治理，也会有积极的借鉴意义。

金纪湘
标准普尔评级服务董事总经理
标准普尔亚太区执行委员会成员

在如今错综复杂的商业世界里，董事会的会议室有时会变成公司控制权战争的作战室。股东权益和股东价值关系到企业的领导人、收购者、对冲基金等参与者的直接利益。杰夫·格拉姆的著作把那些珍贵的信件清晰地列举出来，并由此延伸出一个个极具代表性的商业案例。它不仅让读者听到美国商业玩家最真实、最有趣的内心独白，也给我们呈现出股东积极主义发展的历史脉络。

郑 磊

香港中文大学（深圳）高等金融研究院客座教授
萨摩耶云科技集团首席经济学家

作者以近距离观察与思考众多上市公司的管理行为，展示了沃伦·巴菲特、本杰明·格雷厄姆、卡尔·伊坎、罗斯·佩罗等投资大师挖掘目标公司价值的独门绝技，揭示了上市公司董事、经理和股东之间的利益冲突，为股东积极参与上市公司治理提供了宝贵的案例，对中国股权投资有很好的借鉴价值。

殷 勇

北京市委副书记、北京市市长、中国人民银行前副行长

杰夫·格拉姆教授的这部新作，将成为价值投资和公司治理方面的经典读物。如何设计合理的公司治理结构，使管理层和股东的利益一致，是我们探索和研究半个世纪的重要课题。不完善的公司治理结构，轻则股东尤其是中小股东的利益被忽视，重则股权权益直接被掠夺或损害。本书的 8 个案例，总结了美国最举足轻重的投资人，通过"董事会的战争"维护和提升自身权益的经验和教训。在指数化投资日益普及、公司持股结构更分散化的今天，如何有效制衡公司管理层和大股东、保护中小持股人的利益，更值得每位长期投资者深刻思考。

缪建民

招商局集团有限公司董事长、招商银行董事长
中国人民保险集团股份有限公司前董事长

有限责任公司的诞生是市场经济发展历程中的一个重大创新。今天有限责任公司中所有权与经营权的分离，使股东权益的保护面临新的挑战。完善公司治理、维护中小股东权益在中国还处于起步阶段，但股东维权的意识已经被唤醒。

个别上市公司董事会甚至已经硝烟四起。杰夫·格拉姆的著作生动介绍了美国市场上随着股东积极主义的兴起，股东们以不同方式维权以创造更多股东价值的各种鲜活、经典的案例。读者们既可以把它作为一本充满故事情节的商业案例书，也可以把它作为一本股东维权的教材。书中蕴含的投资哲理对投资者具有穿越时空的价值。

安德鲁·罗斯·索尔金（Andrew Ross Sorkin）
《纽约时报》（The New York Times）书评

读这本书是一次完美的阅读体验……格拉姆先生收集了许多内容翔实的信件，许多都是投资人写给董事长的，其中包括沃伦·巴菲特和罗斯·佩罗，并且这些信件都是首次公开。

约翰·兰彻斯特（John Lanchester）
《纽约客》（The New Yorker）书评

这本书引人入胜，内容丰富……首次公开的8位投资者的信件，概述了美国商业历史上杰出债权人之间展开的斗争。这些故事给我们提供了许多有价值的信息。

《华尔街日报》（The Wall Street Journal）

对于那些好奇是什么在驱使着积极主义者行动，以及书中为何会偶尔提及音乐（格拉姆的另一个爱好）的读者来说，这本书对投资者和企业观察细致，会给你带来启示。

《金融时报》(The Financial Times)

　　这是一本启示录,生动地讲述了一场反抗企业和投资人装模作样的战争。

《夏季阅读清单》(Summer Reading List)

　　魅力非凡而首屈一指的格拉姆,将带你领略20世纪以来美国积极主义和积极分子的演变。

《商业策略》(Business Strategy)

　　杰夫·格拉姆的这本书专业生动,调查深入。

《赫芬顿邮报》(The Huffington Post)

　　这本书不但会给你带来启发,还常常会让你捧腹大笑。

《出版人周刊》(Publishers Weekly)

　　这些信件让我们了解到股东积极主义如何做到既能让公司获利,同时又会损害公司利益。对于历史爱好者和股东积极主义者来说,格拉姆的发现会让他们倍感兴趣,获益良多。

推荐序
DEAR CHAIRMAN

公平、理性、负责任的股东积极主义，将促进资本市场的健康发展

王 磊

拼图资本创始合伙人
《无边界：互联网＋教育》
《浪淘沙：教育+金融》作者

杰夫·格拉姆先生撰写的《巴菲特致管理者的信》，是一本探讨当代资本市场变革的佳作。

格拉姆生动记录了股东与公司管理层之间激烈博弈的种种案例，深刻剖析了股东积极主义（Shareholder Activism）兴起的原因及其对企业格局产生的深远影响。

本书内容丰富，视角独特，具有很高的研究价值。

股东积极主义的 3 个标志阶段及其带来的影响

股东积极主义的发展在美国经历了 3 个标志性的阶段：

1. 代理权劝诱人的兴起

20 世纪 50 年代，随着美国经济的繁荣发展，股票的所有权开始分散化。原本由公司创始人和家族把控的股票，逐渐流转到普通投资者手中。这导致公司的代理问题和代理费用大幅增加。为了维护自己的利益，一些积极的投资者开始介入公司管理，以影响公司决策。其中最著名的就是"代理权劝诱人"（Proxytee）[①]。

代理权劝诱人通过在公司积累股权和影响力，挟制股东大会，推动董事会改组。例如，罗伯特·扬就是一位成功的代理权劝诱人。他在 20 世纪 50 年代购买了纽约中央铁路的股票后，积极介入该公司管理，最终控制了董事会。扬的成功启发了更多投资者效仿，代理权劝诱人数量不断增加。虽然他们往往被认为是"公司蛀虫"，但不可否认的是，代理权劝诱人确实推动了公司治理的进步，强化了管理层对股东的负责制。

2. 机构投资者的崛起

20 世纪 60 年代—70 年代，养老基金、共同基金等机构投资者快速崛起，代理权也开始从个人投资者向机构聚集。其投票权的集中度大大提高，股东大会的决策逐渐被机构所主导。同时，银行托管人也

---

① 指那些未经目标公司董事会允许，即对其进行恶意收购的人。这一称呼出现于 1951 年，美国联合烟草-惠兰连锁店集团（United Cigar-Whelan Stores Corporation）的管理层首次将恶意收购者查尔斯·格林称为"代理权劝诱人"。——译者注。如无特殊说明，后文均为译者注。

成为重要的代理行使者。以加利福尼亚州公务员退休基金（CalPERS）为例，它在 1984 年开始积极介入被投资的公司管理。CalPERS 先后更换了众多公司的董事会成员，并推动公司采取股东利益最大化的经营方针。这标志着股东权力的重大提升。

3. 对冲基金的兴起

20 世纪 80 年代，以对冲基金为代表的新股东力量加入积极主义运动，他们采取更具攻击性的做法。其中最典型的企业狙击手（The Corporate Raiders）[①] 就是卡尔·伊坎。通过恶意收购、累积股权、法律诉讼等方式，他们向公司施压以获取利益。例如，伊坎就曾通过恶意收购手段强行分拆诸如联合技术公司等大型企业，迫使管理层接受自己的条件。这无疑破坏了公司经营的稳定性。但是，这波积极主义浪潮也确实震慑了许多管理不善的公司，缩小了代理问题。

本书还选取了 8 个具有代表性的股东积极主义案例，比如罗伯特·扬通过恶意收购取得股权后介入纽约中央铁路，获得董事会控制权；还有 1983 年美国铝业公司案，对冲基金人士通过累积股份和恶意收购，迫使该公司兼并被投资公司；以及安然公司案，机构投资者没有充分监督安然公司的经营和财务状况，导致其 2001 年破产。这些案例均促使股东关注公司治理和风险控制。这几个案例也代表了股东积极主义发展的不同阶段，都对股东权力的提升起到了重要作用，非常值得我们深入研究和借鉴。

本书的核心内容就是探讨股东积极主义的方式和作用。具体来说，股东积极主义包括以下 5 个方面：

[①] 指恶意收购股价被严重低估的公司，进入董事会推进公司管理或策略改革，让公司股价在短期内快速上升，从而套现获利的人。

◎ 股东直接参与公司治理，争取进入董事会或提议股东大会议案，影响公司决策。

◎ 股东对公司财务和经营情况进行调查，对存在问题进行质询。

◎ 股东与公司管理层就股东回报等问题进行积极沟通。

◎ 在必要时，股东进行代理权争夺，更换公司董事会。

◎ 股东对公司采取法律措施，维护股东权益。

股东积极主义对资本市场产生了多重正面影响：有效约束了管理层权力，防止管理层与股东利益相悖的行为；促进了公司信息披露透明度，降低了信息不对称；提高了公司经营效率和股东回报；推动了证券市场法规建设，保护了广大中小投资者权益；优化了公司治理结构，形成了股东、董事会、管理层的权力平衡。

股东积极主义真实案例：格力电器董事之争

在中国的公司治理实践当中不乏股东积极主义的正面案例，比如格力电器董事之争就是一例。

2012年5月3日，格力电器召开了第八届董事会，提名了9位第九届董事会换届选举候选人。在这次董事会换届选举中，一场关于公司权力交接的较量随即展开。作为格力电器的创始人，朱江洪原本是公司的绝对领导核心。但这次他未被列入董事会候选人名单，取而代之的是来自格力集团的新人周少强。周少强虽然在国资委系统任职多年，但毫无企业管理经验。

格力集团力推周少强顶替朱江洪，意在随着创始人渐渐淡出，培养新的接班人掌舵格力电器。这一人事安排立即遭到公司外部股东的强烈反对。朱江洪是格力电器的灵魂人物，外部股东希望他能继续留任。于是，在股东大会上，机构投资者代表纷纷发言，公开表达对朱江洪的挽留和支持，并质疑周少强的能力。

在投票中，周少强的得票率远未达到当选标准，被股东否决；而外部机构投资者联合提名的冯继勇则高票当选。这标志着公司权力结构发生微妙变化，外部股东的作用日益凸显。这次董事会换届选举成为外部股东介入公司治理的一个缩影。面对创始人逐步淡出，股东们需要警惕权力的非理性继承，并通过制衡的力量维护公司的延续发展。同时，创始人也要注意权力有序交接，与股东保持良性互动，共同推动企业成长。这对中国民营企业的代际更替具有一定借鉴意义。

股东与公司良性互动，推动股东积极主义进步

当然，股东积极主义也存在一些负面效果：过度追求短期股东回报，损害公司长远利益；代理权争夺浪费公司资源，影响经营效率；股东干预日常经营，超出专业范围。针对这些问题，可以通过完善监管规则，建立股东与公司之间的良性互动模式来加以改进。股东积极主义需要在公司长远利益和股东权益之间找到平衡。

展望股东积极主义的发展趋势，随着全球化的推进，股东积极主义必将持续影响公司治理。其重点也将转向股东与公司的良性互动。此外，股东结构的进一步多元化、社会责任投资理念的推广等因素，都将推动股东积极主义的发展。总之，公平、理性、负责任的股东积极主义，将促进资本市场的健康发展。

我本人有超过20年的管理投资实战经验，在这个过程中辅导过近千家企业的发展，也通过投资参与了数十家企业的成长。我本人作

为投资人和企业股东，同样是以积极主义的身份参与到企业管理中去，对于股权在公司治理中至关重要的作用，股东与管理层微妙的关系有着深刻的体会。因此我在阅读本书的时候，颇有共鸣。如果想了解我对股权的更多精彩讲解，请微信扫一扫封底二维码，添加"中资书院"，回复关键词"股权"，即可解锁相关课程内容。

杰夫·格拉姆以丰富的事实为基础，结合管理学理论，对股东积极主义做出了深刻的研判。这场规模巨大的变革正重塑着企业的力量结构，而本书提供了一个宝贵的分析视角。

我强烈推荐这本优秀的商业实战宝典，相信它会启发读者对企业变革的思考。无论是商界人士、投资人士还是管理研究者，都会受益匪浅。这是一本具有洞察力与启发性的佳作。

前 言
DEAR CHAIRMAN

看懂有史以来最精彩的资本运作实例，
找到价值投资与公司治理之路

1966年，比尔·斯伦斯基（Bill Shlensky）终于忍无可忍。作为一家知名上市公司的股东，在过去十多年里，他一直忍受着这家公司持续的亏损和疲软的同业竞争力。这曾是一家受人尊敬的企业，历史接近百年，一度是整个芝加哥的骄傲。然而在过去30年间，年轻的竞争对手通过技术革新改变了整个产业，这家公司却仍固守着自己的象牙塔。公司董事长兼CEO是芝加哥的商界名流，却也是顽固的保守主义者，他坚持认为"棒球是属于白天的运动"。

斯伦斯基14岁时，父亲送给了他一份残酷的礼物——两股芝加哥小熊队的股份。自那以后，斯伦斯基不仅当了一辈子的失落球迷，还尝尽了公司治理的苦涩。在他获得股份后的14年里，在美国职业棒球大联盟排名中，小熊队从未进入积分榜的上半区。

事实上，14年中有7年他们不是垫底就是倒数第二，只有一个赛季胜率超过五成。比战绩更糟糕的是，小熊队多年未录得经营利润。

到 20 世纪 60 年代中期，美国职业棒球大联盟近 60% 的比赛都在夜间举行。灯光下看比赛已在球迷中蔚然成风，大部分球队都会把几乎所有非节假日比赛安排在傍晚之后。小熊队是唯一的例外。

1965 年，城南的芝加哥白袜队平日的晚场比赛每场大约能吸引 19 809 名球迷，但小熊队的平日比赛因为安排在白天，场均上座人数只有可怜的 4 770 人。两队周末的比赛倒是旗鼓相当，都能吸引接近 15 000 名球迷。可和白袜队平日的晚场比赛相比，这个数字依然略显苍白。

斯伦斯基认为小熊队陷入了恶性循环：他们拒绝举办夜场比赛，导致上座量持续走低，球票收入惨淡，进而影响他们聘请和培养人才的能力，致使球队战绩一路下滑，球迷更不愿意来看比赛，球票卖得更差……他决定必须做些什么。

股东积极主义运作方式，股东干预公司治理的 8 个经典案例

这是一部关于股东积极主义的作品。所谓股东积极主义，是说一家上市公司的股东不再满足于只做一个愚蠢的看客。多数投资者认为，持有大型企业的股票只是一种被动跟随的投资策略。如果对公司的管理不满意，他们能做的只有迅速抛售。但有些投资者会选择积极介入，以期提升自己所持股票的价值。本书的焦点，正是股东从被动观察者转为积极行动者，并拿起笔为自身权益积极抗辩的戏剧性时刻。

股东积极主义并不是最近才有的现象。从上市公司出现那天起，投资人、董事会和公司管理层之间的紧张关系就已经存在。400 年前，荷兰东印度公司愤怒的股东，为了获得更多权利，开展游说活动，同时强烈谴责董事会成员假公济私的行为。19 世纪的美国，桥梁、隧道、

码头、铁路和银行等上市公司股东密切关注着自家公司。特别是铁路领域，公司的控制权争夺战更是层出不穷，最激烈的当属19世纪60年代末的"伊利铁路大战"（Erie War）[①]。

过去一个世纪堪称美国公司监督史上的"动荡百年"，管理团队和股东之间的权力斗争频发，股东权力也逐渐攀升至前所未有的高度。今天，没有一家上市公司能大到股东无法与之抗衡。如果不能把握公司的投票权，每一位CEO和董事都是股东夺权的潜在对象。

这一切是如何发生的？股东们何以在公司控制权之争中节节胜利？哪些关键人物开启了这个被称为"股东至上"的时期？要搞清楚股东崛起的原因，我建议追本溯源，看看那些有史以来最伟大的投资人当初为参与上市公司管理撰写的信件。这些信件及其背后的故事是20世纪股东积极主义发展史的最好注脚。

从20世纪20年代本杰明·格雷厄姆（Benjamin Graham）与北方管道公司的抗争，到20世纪80年代罗斯·佩罗（Ross Perot）和美国通用汽车公司的对决，再到今天广受媒体赞誉的年轻对冲基金的"英勇鼓动行为"。我们会看到代理权劝诱人、集团企业首脑以及企业狙击手，还会看到大型上市公司如何对付这些人。我从历史中选择了股东干预公司管理的8个重要案例，并附上了股东当时写给公司管理层的信件：

本杰明·格雷厄姆和北方管道公司

本杰明·格雷厄姆写给小约翰·戴维森·洛克菲勒（John D.Rockefeller Jr.）的信

1927年6月28日

[①] 1866年，华尔街上演了一场股东与董事会的大战，很多外媒将其称之为"19世纪最大的一次交易所战役"，双方争夺的焦点是伊利铁路公司的控制权。

这是首批由职业基金经理主导的、早期股东积极主义案例之一，本杰明·格雷厄姆试图说服北方管道公司向股东发放过剩的账面现金。

罗伯特·扬（Robert R.Young）和纽约中央铁路
罗伯特·扬写给纽约中央铁路股东们的信

1954 年 4 月 8 日

代理权劝诱人罗伯特·扬在 1954 年向威廉·怀特（William White）的纽约中央铁路公司宣战，《巴伦周刊》（*Barron's*）将这一年称为"代理权争夺大战之年"（The year of battle by proxy）。

沃伦·巴菲特（Warren E. Buffett）和美国运通公司
沃伦·巴菲特写给运通公司董事长兼 CEO 霍华德·克拉克（Howard Clark）的信

1964 年 6 月 16 日

"色拉油大骗局"（The Great Salad Oil Swindle）险些拖垮美国运通公司，同时也在公司股东内部引发内讧。沃伦·巴菲特在美国运通公司的投资是其职业生涯的转折点。

卡尔·伊坎（Carl Icahn）和菲利普斯石油公司
卡尔·伊坎写给菲利普斯石油公司董事长兼 CEO 威廉·杜斯（William Douce）的信

1985 年 2 月 4 日

在经历了吉姆·林恩（Jim Ling）、哈罗德·西蒙斯（Harold Simmons）和索尔·斯坦伯格（Saul Steinberg）的短暂插曲之后，我们进入了以恶意收购为目的的企业狙击手时代，且看接受迈克尔·米尔肯（Michael Milken）资助的伊坎如何向菲利普斯石油公司发起正面进攻。

罗斯·佩罗和美国通用汽车公司

罗斯·佩罗写给通用汽车公司董事长兼 CEO 罗杰·史密斯（Roger Smith）的信

1985 年 10 月 23 日

当通用汽车公司抛出巨款试图将其最大股东，同时也是全世界最伟大的商人之一赶出董事会时，被毒丸计划（Poison Pills）[①]和绿票讹诈（Green Mail）[②]挤压到极限的机构投资者再也坐不住了。

卡拉·谢勒（Karla Scherer）和谢勒公司

卡拉·谢勒写给谢勒公司股东们的信

1988 年 8 月 4 日

谢勒公司的最大股东受到根基深厚的 CEO 和对 CEO 唯命是从的董事会联合掣肘，而该股东恰巧是 CEO 的太太和公司创始人的女儿。

[①]由美国著名并购律师马丁·利普顿（Martin Lipton）于 1982 年发明，又称股权摊薄反收购措施，是指当公司遭遇了恶意收购（一般收购方收购了公司 10%～20% 股份）时，公司为了保住自己的控制权大量增发新股，以稀释收购者的股权，加大收购成本，让收购方无法达到收购目的的行为。

[②]又称溢价回购，由 green（美元的俚称）和 blackmail（讹诈函）两个词演绎而来，指单个或一组投资者大量购买目标公司的股票，以迫使目标公司溢价回购上述股票，并对其进行讹诈的行为。

丹尼尔·洛布（Daniel Loeb）和美国星辰公司

丹尼尔·洛布写给星辰公司董事长兼CEO埃里克·西文(Irik Sevin）的信

2005年2月14日

面对绩效平平的CEO，丹尼尔·洛布主导并发起了一场正大光明的攻击。随着对冲基金业的逐渐成熟，洛布和他的支持者们从令人讨厌的牛虻摇身一变成了丛林之王。

卡洛·坎奈尔（J.Carlo Cannell）、约翰·列文（John A.Levin）和BKF资本集团

卡洛·坎奈尔写给BKF资本集团董事会的信

2005年6月1日

董事长兼CEO约翰·列文写给BKF资本集团股东们的信

2005年6月16日

几位眼光独到、拿着高薪的对冲基金经理对BKF资本集团发起了攻击，指责集团为自己的对冲基金经理支付了过高的薪水。对抗的结果是留下了一片焦土，股东价值几乎被破坏殆尽。

这些案例诠释了股东积极主义的运作方式，也阐明了维权股东与公司管理层针锋相对的历史渊源。其中几个案例是股东积极行动的典型，比如恶意收购或者代理权劝诱。其他几个案例聚焦于格雷厄姆和洛布这样的创新者，他们找到了与公司管理层交战的新技巧和新方法。当然，还有巴菲特和佩罗这样的人，他们凭个人魅力改变周围的市场。

通过研究股东积极主义的发展史，我们将看到如今的投资人对上市公司的影响力有多么大，也会看到这种情况在未来会引发哪些问题。我们也会了解董事会的运作模式、管理团队的绩效驱动要素，以及企业监督为何如此可怕。大家此前可能无法想象，当今这个公司化的世界把多么大的责任压到了公司管理层以及股东们的肩上。

在过去几个世纪里，有限责任型公司改变了这个世界。而世界在未来会是什么样子，则取决于我们如何管理这些大型机构。正如罗斯·佩罗在一次演讲中对通用汽车公司的董事们所说的那样：

> 我们必须正视美国商界的一个特殊发展过程：在企业主没有绝对控股权的成熟企业里，管理层实际上已别无选择，只能让股东利益的代表人进入董事会。

就在发表那次演讲后不久，罗斯·佩罗选择离开通用汽车公司，把他心爱的电子数据系统公司留给通用汽车公司全权掌管。在这个世界上，不只有佩罗一人因上市公司管理问题备受困扰。

在《滚雪球》（*The Snowball*）一书中，艾丽丝·施罗德（Alice Schroeder）写道：

> 巴菲特认为，在董事会任职是他职业生涯中最大的错误。

当全世界最乐观、精力最充沛的两位商业领袖巴菲特和佩罗在董事会拿到足够多的票数时，他们想的竟然是"让这一切见鬼去吧"。

如果说巴菲特和佩罗都需要经过一番抗争才能对董事会施加积极影响，我们这些普通大众如何才能对大型上市公司进行有效监督呢？

佩罗离开通用汽车看起来是上市公司治理的至暗时刻，但后来的事实证明，那其实是一个救赎时刻。当眼见通用汽车豪掷7.5亿美元，只为摆脱董事会中最积极且投入的维权者时，畏缩数十年的股东们终于不再逃避，开始着眼于他们原本就该做的事。

在维护股东权利的表象下，代理权发起者更多谋求私利

从许多方面来看，股东积极主义的历史都围绕着被动投资人展开，也就是那些握有美国大公司大部分投票权的幕后群体。1914年，本杰明·格雷厄姆开始在华尔街打拼时，除了大型铁路公司，典型的上市公司都被持有公司大部分股票的少数内部人士控制。到20世纪50年代，这些上市公司的股票开始被新一代投资人蚕食，这些投资人非常分散，但他们都热切地希望参与美国的经济增长大潮。代理权劝诱人从这种变化中嗅到了机会，开始在市场上大肆收购待售股票，然后通过精心设计的行动说服股东们把他们选进公司董事会。

20世纪50年代，代理权劝诱人运动达到顶峰，股票所有权的分散化程度也不断加剧。随后，经过一个漫长的过程，投票权再次集中起来。但这一次，投票权并非聚集到了企业家手里，而是被大型的专业投资机构所掌握，比如管理着大量投资人资金的养老基金和共同基金。到20世纪60年代，机构投资人堪称市场的主宰；70年代，他们仍有相当的控制权；但到了80年代，在企业狙击手和根基深厚的经理人之间的斗争中，机构投资人成了被收割的韭菜。目前，他们正悄悄地跟激进的对冲基金经理合作，以期牢牢把控上市公司的管理团队。

股东积极主义的实践者们履历各异，其中很多人的职业生涯起点并不是华尔街。但他们都怀抱着远大理想，而且都找到了以上市公司

为目标的独特营利方式。从本质上说，卡尔·伊坎、罗伯特·扬、哈罗德·西蒙斯、路易斯·沃尔森（Louis Wolfson）和丹尼尔·洛布都是一类人。在"维护股东权利"的表象和个人的传奇光环下，他们都是谋求私人利益的市场参与者。

除了巴菲特之外，本书中出现的这些投资者都没有带来太多根本性改变。他们的手段或许有所不同，但也仅是因为他们面临的诸如融资渠道、企业的法律抗辩、政府的监管规定、所有者结构等动态环境不同而已。当然，最重要的动态环境还是其他股东的响应。

谁能把公司经营好：管理团队、董事会还是投资者？

写作本书的目的之一就是想帮助读者评估每一次股东积极行为是否明智，区分干预是否有效。每一章都有非常深入的探究，这让我们能够透过现象和口号看到问题的本质，合情合理地评估关键参与者，清晰地了解他们的意图和动机。我们也会探讨上市公司的组织架构，以及类似毒丸计划这样的防御机制。本书旨在引导读者做出合理、实用的商业判断，而不是探讨公司治理的最佳实操方式。

从本书中我们会了解到，股东积极主义可能被善用，也可能被滥用。它可鞭策浪费宝贵资产的低效企业，也可能带来具有破坏性的短期战略决策。其关键点在于：

谁能把公司经营得更好——是职业管理团队还是位高责轻的董事会，抑或追求个人利益的投资者？

20世纪50年代，纽约证券交易所发起了鼓励广大群众购买股票的行动——"人民资本主义",这带来了大量的平民股东,由一批先行者领导的社会化导向权益运动也随之出现。吉尔伯特兄弟(Gilbert Brothers)、维尔玛·索斯(Wilma Soss)、拉尔夫·纳德(Ralph Nader)等都是其中著名的斗士,而詹姆斯·佩克(James Peck)更是斗士中的斗士。佩克为了促使灰狗巴士公司(Greyhound Bus)整合美国南部的巴士线路,购买了该公司一股的股票。我对佩克深怀敬意,但在本书中我几乎没有提到及类似壮举。虽然为了让公司更负责任地经营,这些积极主义者付出了艰辛努力,但要想给公司的管理团队真正施加压力,就必须以利益为驱动,吸引其他股东的参与。

在过去一百多年里,公司管理层最大的变革是由大股东驱动,这些大股东希望从自己的投资中获得可观的经济利益,他们是本书的焦点。

那些追求投资回报的股东和工人、社区等利益相关者之间的矛盾也不在本书的探讨之列。对于那些从根本上不认可资本主义的人来说,卡尔·伊坎要求苹果公司将现金回馈股东的呼声听起来肯定令人沮丧,他们可能会想:为什么不能用这些钱造福社会呢,那样不是更高尚吗?我在这里并不想探讨资本主义的优缺点。

本书有一个关键的前提:上市公司的目的就是在法律允许的框架内为股东创造利润。从法律意义上来说,这可能不是一家公司成立的目的,它可能也不是你从哲学层面能够认可的观点,但这是由股东选举产生董事会,进而实施公司治理所带来的实际结果。

当太平洋木材公司被人恶意收购后,公司将数千英亩(1英亩≈6.07亩)古老的红杉林夷为平地,我将它看作是资本主义未受到有效遏制导致的令人遗憾的结果,而不是恶意收购或股东积极主义带来的悲剧。

1970年,经济学家米尔顿·弗里德曼(Milton Friedman)在《纽约时报》发表了一篇文章,名为"企业的社会责任就是增加利润",很多专家认为这篇文章的发表意味着股东至上的时代的到来。但如果现在重读那篇文章你会发现，他对企业宗旨的解析也只是时代的产物。在本书中，我们将看到股东是如何赢得美国上市公司控制权的，以及他们为什么能够做到。一个明显的例子是，拉尔夫·纳德在 2014 年撰文批评美国自由媒体集团[①]在收购美国天狼星 XM 卫星广播公司时"低估天狼星的股东价值"。

在当今世界，尽管拉尔夫·纳德的积极之举提升了股东价值，但上市公司的其他利益相关者显然已被边缘化。当比尔·斯伦斯基对拒绝举办夜场比赛的芝加哥小熊队发起攻击时，小熊队老板菲尔·瑞格利（Phill Wrigley）争辩说，晚上比赛会对瑞格利维尔周围居民造成不利影响。法院裁定，公司基于社区居民的健康做出的商业决定合理合法。这一次，表面上是利益相关者战胜了股东，只不过，前者最终也未能守住胜利果实。斯伦斯基虽然未能把夜场比赛带进箭牌球场，但不管瑞格利如何折腾，最终也难以抵挡经济发展大潮。当 11 万瓦的灯光最终照亮箭牌球场时，斯伦斯基就坐在球场的看台上。

作为价值投资者，评估基本面和管理层同样重要

我必须事先说明，作为一名管理着小型对冲基金的价值投资者，我的经历影响着我对股东积极主义的看法，甚至会造成一些偏差。我的对冲基金坚持长线投资，而且投资组合非常集中。我们投资了大约 15 家公司，是其中不少公司的最大外部股东。

这意味着我们为了追求更高的回报，牺牲了部分流动性。我们的

[①] 世界六大传媒集团之一，它是时代华纳公司的最大股东，也是仅次于默多克的美国新闻集团的第二大股东。

投资人之所以能够贯彻这样的投资策略，是因为他们都是长期导向的。但这也意味着即便有时我们对所投资公司的董事会或管理层不满，也不太可能"用脚投票"，马上撤出。如果我们因为误判一家公司的价值而不得不迅速逃离时，等待我们的必然是非常严重的亏损。

因此，我们的基金投资策略能否奏效，取决于被投公司的管理层能否妥善经营业务，并十分明智地控制现金流。我会拿出大量时间仔细评估这些公司的CEO和董事会成员。在我看来，这跟了解公司业务和评估公司价值同样重要。我必须承认，评估过程可能会让人非常沮丧。在正常的市场环境下，如果我找到一家价值被低估的好公司，那么它通常都会存在着管理方面的问题。如果运气足够好，碰到一家运营良好同时价值又被低估的公司，我会毫不犹豫地出手，避免错失良机。

在做了大约9年基金经理后，我愈发不信任上市公司的运作方式。我经常在低市值公司中寻找"遗珠"，希望能找到一些不错的投资机会。但我很快发现，这些公司的管理简直糟糕透顶；我也曾在几家上市公司身上下过重注，到头来却发现这些公司无一不在压榨股东；此外，我也以局外人的身份，冷眼旁观到更多类似情况。这让我不由越来越佩服卡尔·伊坎等依靠短线交易谋利的投资者。

伊坎对上市公司发动残酷攻击的做法惹恼了很多人。我也曾因他的行为义愤填膺，但我慢慢发现，做职业投资人的时间越长，我就越认可伊坎的观点。毕竟他已经有50多年的投资经历，而我充其量不过是个愤世嫉俗的伪善者。事实情况就是，如果卖掉公司就能迅速为自己和其他股东带来回报，那为什么还要给管理团队时间好让他们把事情搞砸呢？

与此同时，我也见识过很多缺乏远见的投资人，他们对是否要信任那些精力充沛的基金经理矛盾不已，因为基金经理通常并不了解他们所投资的公司的微妙经营状况。几年前，我给一家上市公司写过一封信，这家公司的创始人正试图把公司私有化。而当时我所管理的基金持有该公司较大比例的股份，所以我代表基金发表了意见，认为公司应该争取更高的估值。写这封信时，我一直在回想前一年在该公司参加的一次会议，当时公司的 CEO 和几个大股东都在场。

CEO 刚上任 3 个多月，他的任务是尽快给公司注入新的活力。事实上，他要面对很多问题。从市场调查报告来看，消费者对公司的品牌认可度很高，甚至超过了同行业规模更大、赢利能力更强的竞争对手。公司业务主要在美国，但这显然是一个全球化品牌更受欢迎的世界。CEO 很清楚自己有一个不错的机会，他可以通过扩大投资为品牌创造更多价值。遗憾的是，几乎没有人认真聆听他的想法。

当时我们围坐在曼哈顿一家酒店的会议室里，股东们对 CEO 打算如何处置公司的账面现金存有疑问。显然，他们所期望的肯定不是在原本的业务上加大投资。几个月后，公司宣布了私有化计划，我觉得自己的确也没有什么理由指责那群股东。

久而久之，我发现自己更适合寻找投资机会，而不是管理激进股东对公司的干预行为或者在董事会任职。我不是一个积极推动所投资公司变革的权益运动者。即便在董事会任职，我采取的也是防御措施。我想保护自己的投资，所以才帮助公司管理一下资本支出。由于我的基金在一些小型上市公司占较多股份，所以偶尔出现冲突也在所难免。

起初，我觉得自己能成为一个建设性的权益运动者，我可以和公司的管理团队通力协作，但很快我就意识到，这种想法实在太天真了。没错，在 90% 的情况下，大家都持有建设性的、通力协作的态度，但在最关键的 10% 上，管理层和股东的利益通常都是背离的。一旦要做出影响公司未来的关键决策，"建设性"股东的声音就没有人听了。

我在对冲基金热潮来临的 21 世纪之初，正式走上投资之路。这也是股东积极主义发展如火如荼的一段时期。2004 年一期《纽约》(New York)杂志的封面故事是那个时代最好的诠释，文章的题目是《以最快的方式获得最多财富》，作者是史蒂夫·费舍曼（Steve Fishman）。文章的开篇写的是一个二十几岁的分析师（他所就职的对冲基金现在已经不存在）对一家上市公司 55 岁的 CEO 说："明年我们还会在这里，但你不会。"我记得自己当时还把文章拿给办公室的同事们看，感叹于那个分析师多么令人讨厌。

可是，现在再读这篇文章，我才意识到，其实我们当时跟他没有什么不同。我们当时也是二十多岁的分析师，也是在一个现在已经不存在的对冲基金工作，而且也是信心十足地认为很多公司管理不善。

就在那一年年初，我写了自己作为股东积极主义者的第一封信，写给火腿上的月亮（Moons Over My Hammy）和大满贯（Grand Slam）的供应商丹尼斯连锁餐厅。我在信中写道："梅隆 HBV 基金管理公司认为，一家值得信赖的连锁餐厅的成功之道，在于对煎蛋和煎培根的合理定价。"这家公司的股价已经是我们最初购买价的二十多倍。

这封信现在读起来也很有意思，令人啼笑皆非的是，我当时怎么会那么自信，要知道那时我对投资也只是略懂皮毛。如果从写那封信往前倒推 3 年，我都没听说过资产负债表和现金流量表，甚至不知道沃伦·巴菲特是何许人也。我不知道对冲基金是干什么的，也不知道投资银行是什么。但这一切都不重要。我们当时的确没有经验，也没有雄厚的资本，但就在那些愚蠢的想法之中，偶尔也会冒出几个真正富有创意的好点子。对于有意进行基本面投资的年轻对冲基金经理来说，除了从错误中学习——花钱买教训外，还真没有太多办法掌握这门技艺。

市面上几乎没有真正有用的相关图书，真正教授证券分析的商学院也屈指可数。为了学习如何成为更优秀的投资者，我们会阅读沃伦·巴菲特每年写给伯克希尔·哈撒韦公司股东的信，也会阅读乔尔·格林布拉特（Joel Greenblatt）的《股市天才》（You Can Be a Stock Market Genius）。此外我们也会收集股东积极主义者写过的信件。在本书附录中，你会看到基金经理罗伯特·查普曼（Robert Chapman）"愤怒的13D"信件，这些信件无疑是先行者留给我们的一笔财富。

附录中的信件是本书最大的特色，也是不容忽视的价值

在我看来，这本书最重要的特色就是附录中的信件，这些信件也是促使我撰写本书的主要动力。价值投资者在内心深处都是新闻工作者，他们会强迫自己收集事实证据，并给出自己的分析意见。我在写作本书时，已经尽最大努力引用书中人物的语言或文字，让这些内容引导本书的叙事脉络。所以，每一章中的原始信件就是该章节的核心内容。这些信件不仅向我们讲述了股东积极主义的发展历程，还蕴含着宝贵的商业和投资见解。对投资者而言，这些见解都是无形的财富。

沃伦·巴菲特曾经说过，如果让他讲授一门有关投资的课程，"课程的内容就是价值研究，一个案例接着一个案例，就是那么简单"。巴菲特在哥伦比亚商学院就读时，修习的价值投资课程就是基于这种理念设计的。我也在这所商学院开设了一门价值投资课程，我要求自己的学生每周都要调研一家新公司。没有课本，也没有额外的阅读任务。可是，学生们提出最多的要求还是让我给他们推荐图书。

对于那些胸怀抱负的选股者来说，长期投资的理论概念并不丰富，因此很难萃取出一本经典教科书。每当有学生问，他们应该读什么书时，我告诉他们，读股东们写给上市公司董事会和管理团队的信！一封信件足以让我们发现投资者与公司董事以及管理层如何互动，了解他们

对自己的目标公司如何思考，以及他们打算如何从投资中获利。

令人难以置信的是，如此重要的信息却无人收集。我能够轻易查到几十年前一场大学橄榄球比赛的比分，却很难找到一家中型公司1975年的年报。事实上，华尔街和上市公司的档案数据常常被认为太过琐碎或毫无价值。人们只会在一段放纵的时期结束后，才会关注一些有关商业伦理的书籍，诸如《华尔街：泡沫岁月》(The Go-Go Years)、《说谎者的扑克牌》(Liar's Poker)、《拯救华尔街》(When Genius Failed)、《大而不倒》(Too Big to Fail)。但不久后，人们又变得放纵。

我们办公楼的拐角处是美国金融历史博物馆，这家馆藏丰富的大型博物馆收藏有古老的股票票证、债券、银行券和货币，以及用于股票交易的机器和计算机。可是谁真的会关注这些东西呢？这些只不过是金融体系的历史残留物、被丢弃的工具以及退出市场的货币。真正有用的是那些商业领袖们的思想和观点。遗憾的是，我们没能把这些思想和观点很好地保存下来。

上市公司内部总是充满了各种矛盾和利益冲突。要研究这类独特机构，最好的出发点就是股东和管理层交锋的横切面。在本书中，我们会跟罗斯·佩罗、卡尔·伊坎、沃伦·巴菲特、本杰明·格雷厄姆等人漫步在这个横切面上。虽然这些伟大投资人的经验无法解决上市公司面临的所有治理问题，但也足以为我们指点迷津。

我的办公桌上始终放着维权股东写给董事会的一套信件集。每一封信都是一个精彩的资本运作实例，它记述了一名股东决定介入公司管理的关键时刻。商业世界错综复杂，要了解这个世界，最好的办法莫过于研究其中的诸多冲突。"写给管理者的信"能够让我们听到美国商界中最具代表性的参与者的心声，也将向我们揭示美国商界的运作模式。

目录
DEAR CHAIRMAN

第 1 章 本杰明·格雷厄姆挺进北方管道公司　　1
现代股东积极主义最早的案例之一

"华尔街校长"关注确凿的数据和内在的价值　　4
北方管道董事会拒绝分红，格雷厄姆寻求中小股东支持　　10
北方管道管理层为何向股东隐藏账上的大量现金和债券？　　15
上市公司在资本支出方面肆意妄为导致的恶果　　17
温和的代理权之争打响了公司控制权的战斗　　20
王磊专业解读 持续分红为股东创造价值，也提升企业自身价值　　25
格雷厄姆致洛克菲勒基金会的信件　　27

第 2 章 罗伯特·扬向纽约中央铁路发起规模之最的代理权争夺大战　　31
代理权劝诱人运动标志着恶意收购的诞生

"做火药的小男孩"蝶变"华尔街的年轻斗士"　　36
扬与强大的纽约中央铁路公司第一轮较量　　37
代理权争夺大战中，扬对大股东、小股东和媒体确有一套　　40
对小股东承诺高分红特别管用　　45
双方用信件，借助媒体对股东进行思想上的狂轰滥炸　　48
门口的野蛮人开始虎视眈眈　　53

扬因长期抑郁开枪自杀，代理权劝诱人让位企业狙击手	58
王磊专业解读 代表人或机构投资者代表中小投资者权益牵头维权	62
扬致纽约中央铁路公司所有股东的信件	64

第3章　沃伦·巴菲特早期经典投资，拥抱落难的运通公司　75
掀起了美国第三次并购风潮

初出茅庐的巴菲特在资本市场崭露头角	79
拥有极高品牌价值的运通公司被其最大客户欺骗	82
色拉油大骗局败露，运通公司股价暴跌超50%	85
运通公司对巴菲特投资理念产生了巨大影响	88
"奥马哈的先知"称号的由来	91
新一代企业狙击手诞生了	93
并购之王的进化：寻找被市场忽略却拥有隐秘资产的公司	95
真实世界中的有效市场假说	98
企业狙击手不是威胁，而是资本市场新兴力量	101
王磊专业解读 追随巴菲特，在市场低迷时，识别价值被低估的机会	103
巴菲特致运通公司总裁的信件	105

第4章　"华尔街狼王"卡尔·伊坎挑战菲利普斯石油公司　107
企业狙击手的盛衰荣辱

早期遭人鄙视的伊坎成王之路	109
"反达尔文"管理学说：管理层不从经济利益出发	112
"伪装的溢价回购计划"	114
二十多岁的伊坎就能将套利交易运用自如	116
伊坎参战：若不接受他的收购要约，他将发起恶意收购	120
毒丸计划失败，伊坎爆赚5 000万美元后顺利离场	123
企业狙击手的黄金时代逐渐消逝	127
企业狙击手的幕后操盘者米尔肯被判10年监禁	129

历史终将给米尔肯传奇最公正的评价	132
作为上市公司大股东的投资机构逐渐走向历史舞台	134
王磊专业解读 企业狙击手损害公司长远利益，但纠正公司资本配置	137
伊坎致菲利普斯石油公司董事长的信件	139

第 5 章　罗斯·佩罗与通用汽车的相爱相杀　　141
现代企业的转型和蜕变

佩罗声名鹊起，通用汽车将佩罗及其公司收入麾下	143
通用汽车首位贵人斯隆，使通用成为家喻户晓的品牌	146
德鲁克预言：斯隆离开，通用汽车将充满官僚主义	150
佩罗成为通用汽车最大股东兼董事	153
通用汽车没有充分利用工人资源，也浪费管理人才	156
佩罗在通用汽车董事史上投出第一张反对票	160
通用汽车花 7.5 亿美元买下佩罗的股票并将其赶出公司	162
投资机构大显身手：通用汽车现 CEO 被赶出董事会	166
王磊专业解读 股东不能仅有"退出"权，也需具备决策"表达"权	172
佩罗致通用汽车董事长的信件	174

第 6 章　卡拉·谢勒勒出售谢勒公司　　179
企业的困境反转

"胶囊之王"的诞生：做喜欢的事情并坚持下去	181
谢勒公司继承者忽视核心业务，耗巨资随意收购	183
迟来的觉醒：卡拉·谢勒试图改变公司经营模式	186
夫妻反目，代理权之争白热化	191
董事与管理层结成关系联盟，董事会如何有效监督？	196
谢勒公司被收购，重新聚焦软胶囊技术	202
王磊专业解读 女性企业家的创业精神和责任担当	205
卡拉致谢勒公司股东的信件	207

第 7 章　丹尼尔·洛布玩弄星辰公司　　209
对冲基金积极主义开始发力

年轻的对冲基金经理向业绩不佳的公司发起进攻　　212
颠沛流离 10 年，洛布在不良债务上打赢翻身仗　　215
洛布借助互联网和信件，逐步建立自己的名声　　217
"星辰公司 CEO 是最危险、最不称职的管理者"　　222
洛布只关心能否赚钱，不在意星辰公司的重组能否成功　　226
最老练的投资人也会在挣钱时，忽略管理层以权谋私　　230
王磊专业解读　股东积极主义不能违背道德底线，避免投机取巧　　235
洛布致星辰公司董事长的信件　　237

第 8 章　卡洛·坎奈尔迫使 BKF 公司董事会大换血　　243
股东积极主义失败典型

在 BKF 公司，员工工资支出占公司总收入 69%　　246
"员工不能直接高薪酬，应与股东利益一致"　　250
坎奈尔认定 BKF 公司由于不良驱动因素损害投资者利益　　253
董事长列文落选，原董事会成员纷纷离职，股价暴跌 90%　　258
只要公司上市，股东和管理层的信任终究会出问题　　262
王磊专业解读　创始人团队和稳定的组织文化，是企业生命力的核心　　267
坎奈尔致 BKF 公司董事会的信件　　269
列文致 BKF 股东的信件　　276

结　语　股东积极主义已成为市场常态　　281
附　录　原始英文信件　　293
致　谢　　343

DEAR CHAIRMAN

第 1 章

本杰明·格雷厄姆挺进北方管道公司

现代股东积极主义最早的案例之一

20世纪20年代，美国股市投机主义盛行，"华尔街校长"格雷厄姆引导基本面分析革命，价值投资理念的诞生有何意义？

北方管道公司账上囤积大量资金，却拒绝分红，格雷厄姆如何单枪匹马，使用游击战改变这个现状？

管理层在资本支出方面肆意妄为，中小股东如何应战董事会，维护自身利益？

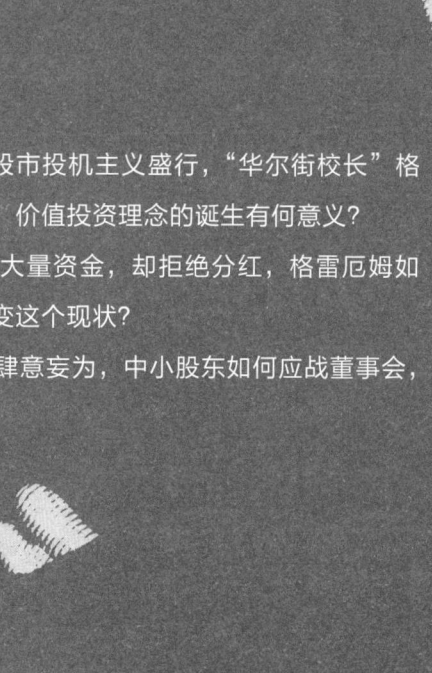

> 无论是正常的业务运营还是合理的应急开支，都用不了那么多的现金储备，这些钱应以特别股息或减资的形式归还给股东们，因为这本来就是他们的财产。
>
> 本杰明·格雷厄姆，1927 年

"我，坚毅的科尔特斯-巴尔沃亚（Cortez-Balboa）[①]，用雄鹰般敏锐的双眼，发现了一片新太平洋。"那是 1926 年，本杰明·格雷厄姆正坐在华盛顿特区州际商务委员会（Interstate Commerce Commission，简称 ICC）的阅览室里，认真研读北方管道公司的资产负债表。当时，华尔街根本无人查阅这家公司提交给 ICC 的公开报告，即便追踪北方管道公司长达数年的经纪行也没这份闲心。当时北方管道公司的股价在 65 美元上下徘徊，报告显示它的每股收益为 6 美元，此外，它还拥有数百万美元的投资性证券，价值每股 90 美元。

多年以后，本杰明·格雷厄姆在他的回忆录中描述了当时的感受："我手里有一座宝库。"当时，他唯一要做的事情就是说服北方管道公司的管理层与股东分享公司财富。

在那个年代，股票市场和赌场没什么区别。而本杰明·格雷厄姆基于对公司基本面的缜密分析，研究出了一套价值投资法。当时的投

[①] 科尔特斯与巴尔沃亚均为西班牙殖民探险者。

资者偏好投机，导致市场无效，而格雷厄姆和他的追随者却在关注公司的内在价值，并因此取得了巨大成功。越来越多的人开始接受格雷厄姆的投资理念，股票市场也随之更加有效，市场中的交易也更加接近投资标的公允价值。但套利交易至今仍然存在，其根本原因正是公司管理层和股东的利益分歧。

1926年，本杰明·格雷厄姆向北方管道公司管理层提出交涉，他选择了一条从未有人走过的道路。当时，股东干预通常只牵涉少数大股东或者战略并购方对公司控制权的争夺。

有学者详细研究了1900—1949年的股东积极主义，只找到七起利用投资工具进行攻击性股东维权行动的融资并购案例。此外，早期的对抗相对而言则非常温和。1911年，贝奇证券寻求进入中央皮革公司董事会，也仅仅是希望公司能够每季度向股东提供一份更新的财务报告。

20世纪初，股东积极主义为何如此罕见？首先，上市公司的所有权通常集中在公司创始人、家族经营者或者创业融资者等少数人手中。这使得外部股东很难对公司施加任何影响；其次，上市公司分享给股东的财务信息极其有限，这无疑会制约股东客观评估公司的能力。格雷厄姆发现，这两个因素在北方管道公司都存在：首先，洛克菲勒基金会持有北方管道公司23%的股份，牢牢掌控了这家公司的管理权；其次，其他股东根本不知道公司囤积了巨额资金。

除了上述的结构性限制，还存在一个微妙的社会限制：当时的华尔街堪称精英俱乐部，他们视积极维权的股东为敲诈勒索分子。但这一切都在慢慢改变。本杰明·格雷厄姆引领了一场基本面分析革命，还搭上了1934年颁布的《证券交易法》（Securities Exchange Act）要求公司披露信息的顺风车。上市公司股东的主人翁意识迅速扩散，并在很大程度上改变了公司监督的本质。那些人与人之间的礼节呢？在利益面临风险的紧要关头，礼节也只能靠边站。大型铁路公司成了首批与普通股股东分享详细财务信息的上市公司。

在20世纪之初，很多铁路公司都深陷恶意的控制权斗争，利益各方的手段可谓无所不用其极，比如伊利铁路公司的代理投票权争夺战和铁路大亨科尼利尔斯·范德比尔特（Cornelius Vanderbilt）家族对纽约中央铁路公司的收购战。

本杰明·格雷厄姆通常被视为现代对冲基金经理和股东积极主义者的鼻祖。这无疑是对其超凡智慧的肯定，但这种认可还远远不够。虽然人们常把琼斯（A.W.Jones）视为对冲基金创始人，但格雷厄姆作为对冲基金的先驱，他创立合伙企业的时间比琼斯创立全球第一只对冲基金至少提早10年。这种合伙企业既卖空股票，同时又依据投资业绩收取一定费用。

格雷厄姆还是最早一批把股东积极主义纳入投资策略的职业投资人，北方管道公司就是他积极参与公司管理的首次尝试。但参与之初他并不知道从北方管道公司的高管手里夺取财富有多么困难。格雷厄姆的行动堪称投资人试图让一家囤积大量资本的公司把现金返还给股东的经典案例。这也是现代股东积极主义最早的案例之一。

"华尔街校长"关注确凿的数据和内在的价值

不久前，我开车去纽约威斯特彻斯特郡的一个小村庄——沉睡谷，寻找本杰明·格雷厄姆写给洛克菲勒基金会关于北方管道公司的信件。我的探寻之旅起始于布鲁克林。

100多年前，格雷厄姆成了布鲁克林贝德福德-斯图文森街区男子高中的优秀毕业生；穿过布鲁克林-巴特里隧道后，就到了华尔街。

第1章 **本杰明·格雷厄姆挺进北方管道公司**

1914年，格雷厄姆的职业生涯从这里起步，用他的话说，他就是在这里变成了一个"在我这个特定领域还算聪明的人"；继续沿着亨利哈德森公园大道行驶，我经过了哥伦比亚大学。这里的学生在上证券分析课时，还在使用格雷厄姆编写的教科书，这本80多年前首次出版的图书一直沿用至今；然后我到达了威斯特彻斯特郡。

1954年，格雷厄姆的学生巴菲特在格雷厄姆-纽曼公司谋得一个职位，随即带着家人从内布拉斯加州（Nebraska）的奥马哈市（Omaha）搬到了这里；我继续前行，下了锯木厂河滨大道后，在距离洛克菲勒庄园大约10英里（1英里≈1.6千米）的地方，我经过了威斯特彻斯特山公墓。1976年，格雷厄姆去世，他的骨灰就埋在这里。

格雷厄姆虽已辞世40多年，却依旧是投资界的一座丰碑。他和杰罗姆·纽曼联手打造的格雷厄姆-纽曼公司，创造了骄人的投资业绩，这也成就了他的一世威名——在公司运营的21年里，他们的投资收益远远高于市场平均值。格雷厄姆有关投资的著作和他的学生们取得的辉煌成就无疑是他对这个世界最慷慨的遗赠。

提到格雷厄姆的门生，大多数人想到的都是巴菲特，却很少有人认识沃尔特·施洛斯（Walter Schloss）。施洛斯曾是格雷厄姆-纽曼公司的分析师。他在1955年创立了自己的基金。截至2000年，施洛斯的基金年复合收益率高达15.7%，同期的标普500年复合收益率为11.2%。

如果你在1955年投资了施洛斯的基金，目前的收益将是原始投资的700倍，而如果你投资的是标普500，你的收益大约是原始投资的120倍。除了巴菲特和施洛斯，格雷厄姆的学生还包括著名的价值投资大师比尔·鲁安（Bill Ruane）和欧文·卡恩（Irving Kahn）。他们创立的基金，在相当长的一段时期内的表现也远远超过市场平均水平。

格雷厄姆的著作在投资界一直备受推崇。时至今日，他的著作依然有众多读者。他与戴维·多德（David Dodd）合著的《证券分析》（*Securities Analysis*）是一本厚达700多页的教科书，内容都是过时的会计讨论和乏味的铁路债券分析，但对于某些价值投资者来说，拥有一本1934年、1940年、1951年或1962年出版的《证券分析》绝对意义非凡。就像音乐爱好者收藏自己喜欢的地下丝绒乐队（Velvet Underground）的专辑一样，价值投资者购买《证券分析》的行为是一种自我表达。

我本人更喜欢格雷厄姆在1949年为普通读者创作的另一本书《聪明的投资者》（*The Intelligent Investor*）。1950年，年仅19岁的巴菲特看到了这本书，并被深深吸引。自此，他的人生彻底改变。

《证券分析》关注的焦点是债券和股票的价值评估以及其发行实体的运营状况；《聪明的投资者》讲授了一些同样重要的内容——如何看待市场。这些都是格雷厄姆给投资者的永恒告诫。要知道，不确定的市场很可能是胸怀抱负的投资者的噩梦。你可以轻松学会如何评估一家公司的价值，但如果不了解市场和风险，你会输得很惨。

《聪明的投资者》有两大亮点："市场先生"和"安全边际"。首先，格雷厄姆描述了市场波动如何带给投资者财务和心理压力；随后，他推出了"市场先生"的概念，将狂热的股价波动拟人化。假设你花1 000美元购买了某家上市公司的股票，你的合作伙伴之一"市场先生"每天都会告诉你，他觉得你的股票值多少钱。

有时候，他的评估比较理性，但更多时候，他会受到贪婪或恐惧的驱使，从而给你报出一个过高或过低的价格。你可以确定两件事：他总想按照他的报价买走你持有的股票，或者把他持有的股票卖给你。即便你拒绝他，他也不会生气，第二天又会给你开出一个新报价。

按说"市场先生"应该是一个有价值的业务伙伴，因为他很乐意为你提供流动性。当他的报价过高时，你可以选择卖出；当他的报价过低时，你可以选择买进。

原则上"市场先生"的报价不应该影响你对自己持有股票的价值评估。但在现实世界里，投资者之所以经常在错误时间买进或卖出，是因为市场的波动影响了他们的判断。在行情上涨时，他们很容易受到投机的诱惑而买进；在行情下跌时，悲观情绪则可能让他们丧失信心而卖出。格雷厄姆在书中写道：

> 对于真正的投资者来说，价格波动只有一个重要意义：给投资者提供机会，让他在价格大幅下跌时聪明地买入，在价格显著攀升时再明智地卖出。当价格波动不明显时，只要暂时把波动抛诸脑后，转而关注股息回报以及持有公司的经营业绩，那么他的业绩必定会很出色。

在《聪明的投资者》一书的末尾，格雷厄姆总结说，"安全边际是投资的核心概念"。在某些方面，格雷厄姆对"安全边际"的要求非常严格。比如，就铁路债券来说，格雷厄姆要求公司的税前收入至少超过固定支出的5倍。不过，他也给出了一个更为基础的描述。如果某只股票的价值被低估，格雷厄姆会认为，股票价格与它的"评估价值"之间的差额可以为投资者提供一个安全边际，以此应对业绩下滑。在今天看来，股票具有"内在价值"的观点可能微不足道，但在格雷厄姆生活的那个时代，这无疑是一个革命性观点。

当格雷厄姆在1914年抵达华尔街时，公司债和优先股的交易规模远远超过普通股。举例来说，流通的铁路债券总市值比普通股总市值高出50%以上。要知道，当时发行的铁路普通股在所有公开发行的权益类证券中占比超过40%。虽然当时距离《证券交易法》要求上市公司定期提交财务报告还有20年，但州际商务委员会和各类州属监管机构已经收集了大量有关铁路公司的信息。当时，交叉持股是十分普遍的现象，许多铁路公司都持有其他铁路公司的股票。如果投资者能够找到一只廉价的铁路公司股票，他不仅能从这只股票的发行公司获利，还能从其他持有该公司大量股票的铁路公司获利。

那么多的铁路公司的运营数据都可以公开获得，而且任何能够找到赢家的投资者都能够获得巨大利润。你或许会认为华尔街的精英们肯定会勤奋钻研州际商务委员会存放的报告，但事实并非如此。正如格雷厄姆在他的回忆录中记载的那样，"在普通股分析领域，大量的财务信息很大程度上被浪费了"。

流言蜚语和内幕信息成了实际驱动市场的力量。一家公司的股票可能会因为投资人猜测该公司将接获一笔大客户订单而突然暴涨；而市场参与者通常只关注大型投机者的动向，因为这些投机者可以通过大量买入或卖出左右股价涨跌。正如格雷厄姆所言：

> 在老派的华尔街人士看来，翻阅那些枯燥的统计数据似乎很蠢，因为决定价格变动的是另外一系列完全不同的因素，比如人性。

格雷厄姆是一个头脑清醒、思维缜密的人，他在评估一家公司时从来不关注市面上的流言蜚语，而是关注这家公司过往的财务数据。他让自己远离华尔街的喧嚣和浮躁，然后静静地思索：我真的了解这家公司吗？他会依据这个问题的答案判断这家公司的未来收益或资产清算价值是否隐含着内在价值。一旦他对一家公司的内在价值有了更深入的认知，他就会把股票视为部分所有权收益，并据此评估其价值。格雷厄姆后来写道：

> 真正深入分析证券的价值，我在华尔街发现了一块处女地。

格雷厄姆有一个外号叫"华尔街校长"，考虑到之后崛起的很多投资巨擘都得到过他的悉心教导，这个称号可谓名副其实。不过，这也是对他学者风范的肯定。

格雷厄姆的回忆录有一个特点，罗马诗歌被引用的次数远多于股票市场上的各式格言。而且在决定投身商界之前，格雷厄姆认真权衡过哥伦比亚大学提供的哲学系、数学系和英语系的教职邀请。

在投资界，格雷厄姆是一个深思熟虑的"局外人"，而且他充分利用了这一点。如果说有一个人可以拨开华尔街流言蜚语的迷雾，探寻股票的内在价值，格雷厄姆绝对是最佳人选。

格雷厄姆知道，**价值被低估的普通股不仅能为投资者提供一个安全边际，而且未来的收益可能高于绝大多数债券。格雷厄姆关注的是确凿的数据和内在价值，这种观点显然领先于他所处的那个时代。**

1914年，大多数投资者都把关注的目光投向债券，他们仅把普通股视为一种纯粹的投机。即便在20世纪50年代中期，格雷厄姆退休时，人们依然把股票市场视为骗子和投机者混迹其中的荒漠。可谁又能说它不是呢？当大多数老练的投资者都紧盯着债券市场时，股票市场自然就成了投机分子和市场操纵者的乐园。

与那些投机分子不同的是，格雷厄姆和学生们却在这里闷声赚大钱。债券投资者忽略了股票市场，他们错过的可不仅是实实在在的利润。普通股持有人还享有一项重要权利——他们可以投票选举公司董事会成员。这种权利赋予了大股东参与公司管理事务的机会。事实上，股票市场也是争取公司控制权的市场。

北方管道董事会拒绝分红，格雷厄姆寻求中小股东支持

1911年，美国最高法院依据1890年的《谢尔曼反托拉斯法》（*Sherman Antitrust Act*）判决，约翰·戴维森·洛克菲勒创办的标准石油公司是一家垄断机构，应予以拆散，北方管道公司就是拆分后成立的8家管道公司之一。

1926年，格雷厄姆正在州际商务委员会的年度报告中查找铁路公司的数据，不经意间看到了管道公司的统计报表。报表下的文字写着："撷取自他们提交给委员会的年报。"格雷厄姆此前并不知道管道公司要向州际商务委员会申报财务信息，他觉得自己在华尔街的同行们应该也不知道这回事，于是他迅速搭火车前往华盛顿特区。

格雷厄姆发现，每一家管道公司都会向州际商务委员会提交一份20页的年报，里面包含非常详尽的财务报表。报告中还包含公司员工的工资表、资本支出以及所有股东的姓名和通信地址，但格雷厄姆最感兴趣的是公司的证券投资明细。

相对而言，管道公司提交给股东们的财务报告则是难以置信的吝啬——缩成一行的损益表和极为简略的资产负债表。当格雷厄姆打开北方管道公司提交给州际商务委员会的报告时，他在公司的投资清单上发现了高达数百万美元的投资明细，投资标的是美国政府证券和铁路公司债券。

在研究过北方管道公司的运营指标后，格雷厄姆认为，公司完全可以为所有股东发放每股90美元的特别股息。即便是扣除对外投资的

金额，北方管道公司依然是一家零负债的赢利公司。格雷厄姆的计划对于股东们来说无疑是幸运之神降临。当时公司股票的市价是每股65美元，任何持有北方管道公司股票的投资者都可以立即得到每股90美元的特别股息，而且这次分红对股票的未来收益完全没有影响。格雷厄姆唯一要做的事情就是说服公司的管理层答应付钱。

他在多年后回忆说：

> 我当时觉得这件事应该很容易做成。我太天真了。

在回忆录中，格雷厄姆详细描述了他跟北方管道公司的高级管理层会面的情形。听说要把巨额现金发放给股东，他们把头摇得跟拨浪鼓一样。在驳回格雷厄姆的所有建议后他们说：

> 运营一家管道公司是一件复杂且专业的事情，对此，你所知甚少，但我们在这一行干了一辈子。你必须相信，我们比你更清楚什么对公司和股东是最好的。如果你不认可公司的政策，我们建议你卖掉手中的股票，就像其他稳健型投资人在这种情况下采取的做法一样。

可是，格雷厄姆既然很清楚管道公司能立即为股东派发每股90美元的特别股息，又为什么会接受管理层的建议，以每股65美元的价格出售手中的股票呢？公司储存的现金和证券价值远远超过当前所有业务的收入总和。公司既没有必要对现有业务追加投资，也没有通过兼并或发展新业务进行扩张的机会，可以说，北方管道公司几乎没有能够有效利用其现有资本的明智方案。

格雷厄姆首次涉足股东积极主义的行为其实相当谦逊——他只想在北方管道公司的年度股东大会上发表一份声明。这个想法又让公司管理层大吃一惊，不过他们还是对格雷厄姆表示欢迎，同意他参加1927年1月举行的股东大会。北方管道公司的高管办公室位于百老汇26号的标准石油大厦，离华尔街不过几个街区。

从州际商务委员会的报告中可以知道，公司有23名股东，其中17名就住在纽约市或紧邻纽约市的地方。可是，北方管道公司却把年度股东大会的地点选在了宾夕法尼亚州石油城，一个距离匹兹堡大约90英里的小城镇。格雷厄姆是乘夜班火车抵达的匹兹堡，又转乘一列很不舒适的区间火车到了石油城。可想而知，他是所有与会者中唯一的公司外部人员。

股东大会的常规流程结束后，格雷厄姆站起身来，他问大会主席自己是否可以宣读一份有关北方管道公司财务状况的备忘录。大会主席回答道："格雷厄姆先生，能否请你以临时动议的方式提出你的要求？"格雷厄姆只得照做。

大会主席把目光转向会场说："台下有无附议者？"格雷厄姆清楚地记得他们给出的答复："抱歉，没人支持你的动议。我们能否终止动议？"几秒钟后，股东大会结束，格雷厄姆只得收拾行李返回纽约。

格雷厄姆的石油城之行以失败告终，虽然的确有些失望，但这次失败也更坚定了他的斗志。他开始买入更多北方管道公司的股票，同时精心设计在下一年的股东大会上的进攻计划。他决定发起一场代理权之战，争取在董事会拿到两个席位。

在接下来的一年时间里，他将亲自拜访每一位持股数量超过100股的股东，并跟他们深入探讨北方管道公司的财务状况。如果格雷厄姆能够争取到足够多股东的支持，他就可以掌握两席董事，进而推动公司将过剩的资本分发给股东。他的首要目标就是公司最大的股东——洛克菲勒基金会。

1927年6月，格雷厄姆给洛克菲勒基金会寄了一封信，简要描述了北方管道公司及其他管道公司的现状，并称之为"荒唐且令人遗憾的事态"。他在信中介绍说自己是排在基金会之后的第二大股东，他认为管道公司们的投资控股行为，使他们看起来更像是投资信托，而非工业企业。这些公司的股票已经变成奇怪的混合型证券，其背后的资产大部分是高评级的债券，小部分是产业经营。

格雷厄姆指出，这种结构已将洛克菲勒基金会这样的大股东置于不利地位。首先，管道公司要为利息收入支付企业所得税；其次，股东们无法以管道公司投资控股的完全价值，在公开市场上出售持有的股票。如果北方管道公司及其他管道公司能够把盈余资本分发给股东，那将是一笔不菲的收益。

在信件的末尾，格雷厄姆总结说：公司过剩资本的使用应由股东们决定。

> 我觉得有必要指出，处置这些过剩资本的主动权应掌握在股东们手中而非公司的管理层……公司的业务运营并不需要这些资本，到底是把这些资本囤积起来还是发放出去，当然要让资本的所有者，而非管理这些资本的人来决定。

读完格雷厄姆寄来的信，洛克菲勒基金会的财务顾问伯特伦·卡特勒（Bertram Cutler）亲自约格雷厄姆见面。卡特勒解释说，基金会从未干涉所投资企业的日常运营。格雷厄姆回应说，他也无意干涉北方管道公司的运营，他关注的只不过是过剩资本的分配问题。卡特勒礼貌地聆听了格雷厄姆的想法，但他内心没有丝毫动摇。

缺少洛克菲勒基金会的支持，格雷厄姆转而求助于其他股东。通过跟公司的小股东们一个个联系，他最终成功拿到代理投票权。到1928年1月，格雷厄姆已经拿到足够多投票权，可以确保在北方管道公司的董事会里占据两个席位。

在石油城召开股东大会的前一晚，格雷厄姆和他的律师们会见了北方管道公司的管理层，清点各自的投票名额。在代理权的争夺中，股东们可以多次投票表决，但以最近的一次表决为准。格雷厄姆后来描述过当时的情形：

> 那些管理人员既吃惊又尴尬，因为他们手中原有的代理权很多都被我们给拿下了。过了这么多年我依然记得，当我们成功争取到一个持有300股投票权的股东时，北方管道公司的时任CEO道格拉斯·布什内尔（Douglas Bushnell）情不自禁流露出的痛苦表情。布什内尔对于那位股东的倒戈感到非常震惊。"他可是我的老朋友，"他倒吸了一口冷气说，"记得他把代理权给我时，我还请他吃了午饭呢。"

在1928年召开的北方管道公司股东大会上，格雷厄姆和他的律师已经赢得公司董事会五个席位中的两席。在他们之前，从来没有外部人士进入标准石油附属企业的董事会。不过，他们在董事会中依然还是少数派。尽管股东们支持分发现金的呼声很高，但格雷厄姆还是做好了打一场攻坚战的准备，毕竟还有三位董事会成员的工作要去做。事实上这场战争并没有真正打响，就在年度股东大会召开后的几周内，北方管道公司的管理层就提出了一个向股东派发现金的计划。

北方管道管理层为何向股东隐藏账上的大量现金和债券？

北方管道公司不够光明磊落的行为或许会让当时的评论家们感到诧异，但即使到今天，仍有很多上市公司会选在一个像石油城一样遥远的地方召开年度股东大会。2014 年，雪佛龙就把股东大会的地点从旧金山总部挪到了得克萨斯州的米德兰，那里距离最近的大型机场也有 4 小时以上的车程。

格雷厄姆第一次参加北方管道公司股东大会时受到的待遇很糟吗？如今的股东没有遭受过那样的待遇吗？虽然按现行法律要求，上市公司在年度股东大会上有义务回答股东提出的问题，但他们有时却拒绝回答。

2006 年，美国家得宝公司的董事会直接跳过了股东大会流程，脾气暴躁的公司董事长兼 CEO 罗伯特·纳德利（Robert Nardelli）要求每位股东只能提一个问题，限时 60 秒，超时的股东会被穿着家得宝围裙的人员粗暴打断。

北方管道公司 CEO 那种"我说了算"的作风在他第一次会见格雷厄姆时就展现无遗。在格雷厄姆之后，又有无数投资人听到过类似的话。有时，公司内部人士还会刻意瞒报业绩，试图以此阻止股东增持公司的股票。巴菲特曾投资过一家国有商贸公司，该公司的总裁曾专门给巴菲特写信说，公司资产的估值"实在太高"，下一年的净利润将远低于巴菲特的估算。我自己也遇到过这种情况，一家上市公司的董事长告诉我，他们公司的业务"毫无价值"，还说我"购买他们公司的股票简直就是疯了"。

北方管道公司除了不拿公司的大股东当回事，其故事还有更多值得我们深思的地方。在本书的序言中我们就提到，上市公司应把为股东谋利作为目标。这意味着公司的管理层和董事会都必须善用公司资产，帮助投资者实现利益最大化。如果的确如此，北方管道公司的管理层为什么要向股东们隐藏账上囤积了大量现金和债券的事实呢？公司不仅拒绝跟股东们分享过剩资本，而且还通过压缩信息披露，隐藏其流动性资产的真实价值。

北方管道公司是公司权力监督和制衡机制不健全的典型代表：股东们对公司的关注度非常低，董事会被核心管理人员把控。董事会的5名成员中有3人都是公司高管，包括公司的总裁和另外两名标准石油系的董事。在《联邦党人文集》（Federalist Papers）中，詹姆斯·麦迪逊（James Madison）警告道：

> 任何人不得做自己案件的法官。

事实上，北方管道公司的高管们通过控制董事会，扮演了自身监督者的角色。董事会的成员本来应该受到公司股东的监管，但在格雷厄姆出现之前，股东的监督事实上完全处于缺位状态。

洛克菲勒基金会虽然拥有许多公司的股份，但它仅仅把自己当成一个被动的投资者。就在格雷厄姆第一次前往石油城的前几年，洛克菲勒的法律顾问托马斯·德贝沃伊斯（Thomas M.Debevoise）给威克利夫·罗斯（Wickliffe Rose）写了一封信，罗斯是洛克菲勒基金会最早的受托人之一，也是通识教育董事会的董事长，在这封信中，德贝沃伊斯将通识教育董事会的角色描述为上市公司的股东：

> 我认为董事会始终坚守自己的定位非常重要，它要做的是慈善事业，因此仅仅作为投资人持有有价证券；它无意干涉任

何一家商业企业的日常活动……如果它对自己所投资企业的经营管理不满意，唯一可行的途径就是放弃投资……

在被本杰明·格雷厄姆盯上以前，北方管道公司的管理层不对任何人负责。公司囤积的现金和有价证券给了公司管理层巨大的缓冲空间，这确保了他们的收入和地位。由于没有任何来自股东们的压力，管理层闭口不谈公司良好的财务状况，只有标准石油大厦内的那些富豪们对此心知肚明。由于无须承担责任，公司管理层很容易做出对他们个人有利的决定，而不是让股东们从中受益。当然，这在一定程度上也是人性使然。

上市公司在资本支出方面肆意妄为导致的恶果

北方管道公司在资金分配问题上不正当的做法绝非特例，还有许多其他上市的管道公司对股东隐瞒资本过剩的事实。在成功对抗北方管道公司后的几十年里，本杰明·格雷厄姆还对其他一些囤积现金的公司发起过类似行动，以促使他们向股东派发更多股息。

北方管道公司对格雷厄姆的回应非常直接。在一封写给全体股东的信中，董事会阐述了自己的观点：

> 我们认为，对股东们来说，所有这一切都可以归结为一个问题——为了一个立即就能派发现金的承诺，你们是否愿意把公司管理这样专业的事情，交给一群毫无经验的人？

很显然，北方管道公司的声明有误导之嫌，格雷厄姆并没有控制公司的想法，也无意涉足公司的核心业务。这也是所有资金分配纠纷的症结所在：**作为一名投资人，你应该把信任票投给谁？是公司的管理层和董事会，还是股东积极主义者？前者号称要把盈余资金投入生产，为股东们带来最佳的长期回报，后者送上的则是很快就能拿到分红或回购股票的大礼。**

管理者偏向于自我保护，而股东们很容易被短期收益打动。在理想情况下，董事会能够在两者之间起到制衡作用，但事实上董事会经常会偏向一方，结果就可想而知了。

上市公司在资本支出方面肆意妄为的事情屡见不鲜，在此我必须举几个例子。首先要提到的当然是美国通用汽车公司。在下文中，我们还会详细阐述这家公司在20世纪80年代的异常行为。当时的CEO罗杰·史密斯浪费了数百亿美元，用途包括存在问题的收购行为以及其他资本支出项目，更离奇的是，为了让罗斯·佩罗离开董事会，史密斯竟然砸了7亿美元。

1989年，美国西方石油公司宣布，将花费5 000万美元建造一座博物馆，用来存放公司董事长兼CEO阿曼德·哈默（Armand Hammer）收藏的艺术品。据说这个项目最终的花费超过1.5亿美元。此外，哈默还动用公司的资金购买艺术品，其中包括花费500万美元购得达·芬奇在15世纪所著的《莱斯特律典》（Codex Leicester）手稿，他还把这部手稿重新命名为《哈默律典》（Codex Hammer）。

事实上，相较于公司管理层以权谋私动用的资金，阿曼德·哈默挪用的资金仅是冰山一角。在2002年申请破产保护的前两年里，美国世通公司将高达20%的现金余额3.66亿美元借给了公司的CEO伯纳德·埃伯斯（Bernard Ebbers），用于偿还其个人交易账户中透支的保证金。当然，最显而易见的资本浪费就是为表现不佳的公司高管们提供奢华的待遇、高额的薪水和遣散费，许多公司都出现过这样的问题，比如家得宝、惠普、美林和辉瑞。

巨额资金还曾被浪费在恶性战略收购上。2008年的金融危机之前，荷兰银行和美国国家金融服务公司的收购方不幸在数月之内破产。

各家矿业公司和煤炭公司也遭遇了同样的不幸，它们在2010和2011年的发展顶峰时期由于不恰当的并购行为而导致公司价值大幅缩水。另外还有2000年时代华纳为了与美国在线合并，将55%的公司股份拱手让人。

不过，在这些悲剧性事件中，公司的股东并非没有任何过错。很多糟糕的资本配置并非董事会的本意，而是为了安抚反复无常的投资者不得已而为之。很多周期性运转的公司都会在发展高峰期购买更多资产，当公司的股价持续上涨时，公司则会大量回购股份。

美国南方著名的超市连锁店温-迪克西和全球办公用品公司巨头欧迪办公之所以会把自己搞垮，原因则在于把太多现金回馈给股东，导致公司运营捉襟见肘。

更极端的例子是美国第二大电子零售商电路城，电路城的特色是把商铺装饰得像洞穴一样深邃昏暗，以凸显其电视机的明亮和音响的浑厚。当百思买和好市多开始为顾客提供更惬意的购物体验时，电路城并没有及时调整店铺环境，反而在2005年年底、2006年年初投入10亿美元回购股票，直接使公司面临破产清算的结局。

取笑公司糟糕的决定来显现后见之明很容易，但大部分资本配置选项并不是那么黑白分明、非此即彼，代理投票权之争也极少有清晰的好坏之分。即便如北方管道公司那么显而易见的案例，也难免引发"怎样才算正确管理公司"的争议。我们通常会把板子打在管理团队身上，但糟糕的企业行为并不单单是由公司高层造成的。

在北方管道公司，洛克菲勒基金会主导的股东群体在格雷厄姆出现之前几乎是毫无作为。董事会的职责本应是监督管理层，到头来却变成被 CEO 控制的内部组织。董事会和股东事实上都应该为北方管道公司那"荒唐且令人遗憾的状况"承担责任。

格雷厄姆发起的股东维权行动，其关注点完全聚焦于公司的资本支出状况，这一做法意义非凡：管理团队在业务运作方面可能非常出色，但这并不意味着他们也是资本管理高手。按理说投资者才是评估公司价值和配置资本的专家，如果他们能够了解一家公司的财务状况，就应该让资本发挥最大的作用，这可能包括把多余现金用于业务再投资、回购公司的股票、给股东派发特殊股息，或者有目的地进行并购和投资。这种类型的股东干预与上市公司的组织架构模式也是相符的：董事会负责监督 CEO 并掌管公司的钱袋子，CEO 负责公司的日常运作，董事会负责批复预算、设定核心员工的薪酬并对股东们提出的问题予以答复。

本杰明·格雷厄姆引发的股东积极行动也在不断演化：如今维权行动的关注点已不仅是公司的资本配置，CEO 的位置和对整个公司的掌控同样可能是股东积极行动的目标。

温和的代理权之争打响了公司控制权的战斗

1927 年，格雷厄姆不辞辛苦地奔赴石油城，只不过是为了发表一次简短的演讲，那次会议没人把他视为真正的威胁。北方管道公司的管理层严重低估了格雷厄姆争取董事会席位的意愿和决心。从他们那不屑一顾的态度就可以看出，争夺代理投票权在当时是多么的罕见。正如格雷厄姆在回忆录中所说：

如果有股东试图干涉公司事务，通常都会被人怀疑是别有用心，也会因此遭到鄙视。

在早期，华尔街的业务基本上是绅士们玩的游戏，而且有非常复杂的游戏规则。其中最基本的原则之一就是：不要侵犯别人的地盘。

但格雷厄姆没有遵守所谓的游戏规则。他认为华尔街的投资者们对企业的管理团队太过仁慈，他要毫不犹豫地代表股东与公司抗争。他的这种态度显然感染了自己的追随者，其中不少人相继投身到投资行业，而且都以某种方式反抗华尔街的游戏规则。

在格雷厄姆之前，普通股的买卖都是被投机商操纵的，通常对公司的业务没有什么影响。格雷厄姆创设了一种新的世界秩序。他让大家相信，公开交易的股票是一种不可分割的权益，与企业的内在价值息息相关，他把这些股票当成了一种强有力的工具，来确保公司董事和高层对他们的行动负责。

格雷厄姆对抗北方管道公司的行动影响了华尔街的精英。1928年北方管道公司股东大会后，格雷厄姆惊讶地发现，公司其他董事迅速改弦易辙，转而支持给股东们派发现金。

洛克菲勒基金会虽然把代理权投给了公司管理层，但同时也要求公司向股东派发现金。随后大部分的管道公司都从善如流，开始向股东们派发超额现金。

格雷厄姆写给基金会的信显然得到了认同。尽管他们此前宣称绝不干涉其投资控股公司的日常运营，但就在格雷厄姆采取行动1年后，小约翰·洛克菲勒自己也发起了一场代理权战役，并在其旗下基金会的支持下成功罢免了印第安纳标准石油公司的董事会主席。

21

虽然事实证明投资北方管道公司是明智的，但格雷厄姆却因为其投资组合过于多元化而没能得到丰厚的回报。他在回忆录中写道：

这项投资的重点并不是回报，而是追逐的快感。

这就是格雷厄姆的行事风格。退休后，格雷厄姆读到了著名金融家伯纳德·巴鲁克（Bernard Baruch）的回忆录，巴鲁克讲述了自己辞掉工作后专注于个人投资的情形。格雷厄姆对此评价道：

当我读到那么一个毫无说服力又那么自私的结论时，我记得自己的嘴角浮现出一丝轻蔑的笑意。当时我就在想，那么一个天赋异禀、家财万贯的年轻人竟然决定把所有的精力用来为自己挣更多的钱，这也太不光彩了。

艾丽斯·施罗德在所著的《滚雪球》一书中写道，巴菲特说格雷厄姆曾告诫他不要过于关注金钱：

沃伦，记住一件事情，金钱并不会让我们的生活有太多不同。我们现在都将去楼下自助餐厅吃饭，每天在一起工作，还不是一样很开心？

当巴菲特成为超级明星并把公司里的其他分析师甩在后面时，格雷厄姆不仅自己出钱给巴菲特报了舞蹈课程，还亲自去跟工作室核实，确保他的确去上课了。

格雷厄姆61岁退休，他提出让巴菲特接替他在格雷厄姆–纽曼公司的合伙人地位，并担任投资组合经理。巴菲特开始受人追捧，但其实这并不是他想要的。他之所以还愿意忍受纽约这座城市，是因为他在跟自己的投资英雄共事。格雷厄姆离开后，巴菲特决定回到家乡奥马哈开创自己的事业。1956 年，格雷厄姆关闭了自己的公司，正式退休后搬到了加州。

淡出投资界后，格雷厄姆过了 20 年的退休生活。他周游世界，多次就各种问题到国会作证，加入美国政府雇员保险公司董事会，又在各地做有关投资的讲座。他修订过一次《证券分析》、三次《聪明的投资者》，还翻译出版了一本乌拉圭的小说。他甚至还发明了一种计算尺和一种记忆摩斯密码的巧妙方法。他跟巴菲特始终保持着密切联系，巴菲特会帮助格雷厄姆以及他以前的学生们定期组织聚会。

格雷厄姆的部分晚年生活是在法国度过的，1976 年他与世长辞。在他离世前不久，距他第一次在华尔街谋到职位 60 年左右，他对《聪明的投资者》做了最后一次修订。这个版本中包括这么一句话：

> 从 1934 年开始，我们就以书面形式呼吁过，股东们应该更机智、更积极地对待公司的管理团队。

即便格雷厄姆能够预见自己对未来投资者造成深远影响，他也肯定想不到自己的学生在他去世后的几十年里，能够创造出如此巨大的财富。截至 1976 年年底，伯克希尔·哈撒韦公司所持有股票的市值已达到 1.21 亿美元。到 1996 年，这个数字已飙升至 280 亿美元。2013 年，伯克希尔持有的普通股市值高达 1 280 亿美元，此外旗下还拥有众多极具价值的私有企业，包括美国政府雇员保险公司、北伯林顿铁路公司和中美能源控股公司。

巴菲特和他的支持者采用了格雷厄姆的价值投资框架，将其发扬光大后形成自己的投资风格，经过在美国的长期经济扩张，积累了令人难以置信的巨额财富。

随着美国富裕程度扩展得更广更深，持有上市公司股票的人群也更加广泛，有关公司控制权的斗争也开始遍地开花。按照今天的标准来看，格雷厄姆与北方管道公司的代理权之争实在是过于温和。他曾在书中写道：

> 我们并不奢望成为董事会的多数派，因为那样我们就需要承担运营公司的责任，而我们知道自己没有权利那么做。

但后来的股东积极主义者则没有那么节制了。如果说格雷厄姆对抗北方管道公司的行动是一场让董事会始料未及的游击战，那么等到20世纪50年代，许多企业董事会已然成了硝烟弥漫的战场。

持续分红为股东创造价值，也提升企业自身价值

本杰明·格雷厄姆是 20 世纪最伟大的投资者之一。在经历了 1929 年的股灾后，他逐渐形成了自己的投资理念。格雷厄姆强调价值投资，即根据公司基本面进行投资。他主张投资者应关注企业的长期发展潜力，而非短期股价波动。

本章主要介绍了格雷厄姆参与投资的北方管道公司案例对股东积极主义的影响。这直接启发了其他机构投资者，如洛克菲勒基金会也开始介入其投资公司。可以说，这是股东积极主义的开端。

尽管在北方管道公司案例中，格雷厄姆并未从中获得丰厚利润。但这场斗争的历史意义远大于经济利益。它加强了股东的地位，推动了公司治理的进步。股东不再是公司的旁观者，而是主人翁。

公司的"天职"之一就是给股东持续创造价值，格雷厄姆推动被投企业给股东分红对后世的公司治理产生了极为重要的积极作用。而分红本身也会反向刺激企业不断精进，持续发展。

比如在中国资本市场，就不乏这样的案例：招商银行、万科、格力、中国平安等 A 股优秀企业多年来持续地对股东进行现金分红，这种做法对企业自身和广大股东都产生了重要的积极影响。

1.持续的股息分配政策能够提高企业的投资价值，有利于企业自身的长远发展。通过股利分红，股东可以获得稳定的现金回报，这增强了股东对企业前景的信心，提升了企业股价，降低了企业的融资成本。

2. 要实现长期持续分红，企业需要具备稳定的经营现金流，这将促使企业管理团队提高经营效率、降低成本、完善治理，实现企业的可持续发展。分红也能够避免管理层利用企业资金进行损害股东利益的投资。

3. 持续分红还能帮助企业树立良好的社会形象，显示企业有强大的社会责任感，愿意让广大股东分享企业成果，从而获得公众的认可和支持。持续稳定的股息分配也让广大个人股东获得了实实在在的收益和回报。

4. 良好的分红政策也能促进企业的规范运作。股息分配减少了企业可自由支配的现金资金，迫使企业需要通过股权融资来筹集所需资金。这有助于优化公司股权结构，防止股权过度集中。同时，股东从分红中获得直接利益，也会积极监督企业的经营管理，推动公司治理水平的提升。

综上所述，招商银行、万科、格力、中国平安等优秀上市公司多年持续地、高比例地分红，不仅提升了自身的企业价值，也让广大股东获得了实实在在的投资回报，实现了股东利益的最大化。这种做法值得更多的上市公司学习和借鉴。

格雷厄姆致洛克菲勒基金会的信件[①]

1927 年 6 月 2 日

小约翰·洛克菲勒先生，

雷蒙德·福斯迪克先生，

弗雷德里克·施特劳斯先生，

洛克菲勒基金会财务委员会，

纽约。

亲爱的先生们：

各位的注意力都转移到了众多石油管道公司身上，它们前身大多为标准石油公司的子公司。为了洛克菲勒基金会和其他股东的利益，我们必须采取具体行动。笔者与这些公司有着深厚的利益关系，并且是其中一家公司（即北方管道公司）史上仅次于洛克菲勒基金会的第二大股东。此外，我们与众多小股东也保持着密切联系，也能够恰当地代表他们表达观点。

自从 1915 年洛克菲勒基金会投资这些公司，它们的行业环境和财务状况都发生了实质性变化，但公司还执行着十二年前还算合情合理的政策，致使公司处于惨淡经营中。近年来，除了大平原公司和伊利诺伊公司，其他公司的管道投资的经营价值正在大幅下降，但它们持有的市场有价证券的数量却在大幅上涨。因此，尽管在 1915 年它们的资产被公平划分成工厂资产和现金资产，在过去几年中，现金资产让管道的经营价值相形见绌，创造出一种全新且反常的公司形态。

[①] 本信件的原始英文信件见 P294。

现在，这些公司更多地体现了投资信托的特征，而不是工业企业的特征。股东的大部分资金都投入金边证券中，以获取极低的净收益。请允许我们指出，现在的状况对于洛克菲勒基金会来说非常不利，对于管道公司其他股东来说更加严峻。这些投资大部分放在铁路债券上，由此产生的利息收入需按照13.5%的公司所得税率纳税。如果基金会直接持有这些证券，而不是通过投资管道公司股票这样的中转方式，由此产生的收入就可以免缴公司税，净收益也会显著提升。为了避免高额赋税，公司的大部分现金被用于购买政府债券和市政债券。但也有人表示，免税债券的收益远低于贵基金会自主投资的平均收益，基金会若是自己用这些钱来投资，甚至不用考虑税赋的影响。

针对这些公司面临的特殊财务状况，我们建议你慎重思考，其他股东正在努力扭转的巨大劣势。由于大股东的身份所带来的声望，洛克菲勒基金会必须为了少数参与者，站在受托人的道德位置上。因此，我们满心期待，基金会在多方面体现出的崇高关切，可以在基金会对股东的态度中有所反映。

现在，这些公司的投资者发现自己拥有一系列混合证券，完全超出了惯常的财务实践范围。每股股票都代表持有大量高等级债券，与之相关联的是，波动较大、衰落明显的工业企业的较低收益。在这样的情况下，股票本来的投资价值大部分被管道资产的投机属性掩盖了。此外，金边债券的投资收益相对于股票投资来说太低，特别是管道行业相关的债券。因此，在大众甚至股东看来，这些投资的实际价值出现了不可思议的贬值。由于股东无法取得自己公司真实、详尽的资产与赢利情况，这样的情况变得更加固化。

股东遭受的困境并不是臆想，而是真实情况。从以下例子来看，这种情况非常令人震惊。1926年年底，北方石油管道公司有1 909名股东，而 1924 年年底，它有 2 154 名股东。这意味着，在这两年间，至少有 12% 的股东抛售了手中的股票。几乎所有股东因出售股票获得的价值远低于流动现金资产的价值，这意味着北方管道的主业虽然挣了不少钱，但几乎没有给其任何估值。一些股东变现后拿到的，仅相当于手中股票 80% 的现金资产。

为了具体解释现在的状况，我们附上了涉及 3 家公司的相关数据（见表 A.1）。

表 A.1　3 家相关公司财务数据（1926 年 12 月 31 日）

	纽约交通公司	尤里卡石油公司	北方石油公司
每股现金及投资（市值）（美元）	52.40	49.50	89.60
每股管道及其他资产净值（账面价值）	77.60	101.20	21.30
每股总资产（市值）（美元）	130.00	150.70	110.90
1926 年 12 月 31 日市价	31.25	50.50	72.5
1927 年 6 月市价	35	57	85

我们迫切地要求，为了洛克菲勒基金会和其他股东的利益，返还盈余，这一要求简洁明了。管道公司在正常商业运作和应急储备所需之外的现金，应当以特别分红和（或）减资的方式返还给股东。两家公司已经采取了类似措施：南方管道公司（资本分配，每股 50 美元），坎伯兰石油公司（特别分红 33 美元）。但其他公司的股东并没有得到承诺或得到消息，那些公司似乎并不会在合理期限内采取类似措施。

我们希望最终发放过剩资本，事实上这是对于公司现有缺陷的一种无效修复，特别是在应急措施可以马上被采取的情况下。

过去两年间，笔者在不同时间段，分别与北方和南方集团的总裁讨论过该问题。我们渐渐了解到，洛克菲勒基金会几年前提出了类似建议，但公司迟迟没有采取措施，因为政府赋税情况悬而未决。这些问题现在已经得到解决，形势有利于公司，我们心怀诚意，要求公司再次认真考虑这个问题。

我们认为，我们并没有在指出问题时有不当行为，这样的建议来源于股东，而不是管理层。在法律和实际操作上，都是合理的。决定公司是否需要资金，即决定这部分资金是继续留在公司，还是提取出来，应当由资本所有者而不是管理者决定。因此，签名的各位、大部分股东和代替他人发声的各位，强烈要求有机会与洛克菲勒基金会代表进行讨论谈判，最终制订全面方案，改善公司不佳的现状，提高所有股东的地位。

诚挚敬意。

本杰明·格雷厄姆

纽约市比弗大街60号

R.J. 马洛尼

纽约市百老汇大街42号

抄送：小约翰·洛克菲勒先生

雷蒙德·福斯迪克先生

弗雷德里克·施特劳斯先生

DEAR
CHAIRMAN

第 2 章

罗伯特·扬向纽约中央铁路发起规模之最的代理权争夺大战

代理权劝诱人运动标志着恶意收购的诞生

1929 年"大萧条"来临前夕，扬跳槽到华尔街，他通过对市场下跌的正确预判和精准选股，成功赚到了第一桶金，他试图建立自己的商业王国。

年仅 41 岁，手头没有充足资金的扬，和强大的纽约中央铁路公司正面交锋，他如何取得压倒性胜利？

诸多颇有野心的年轻人都注意到了扬，他们从扬的斗争中学到了制胜策略，掀起代理权大战风潮，这会带来什么样的影响？

> 在我们看来，纽约中央铁路落入现在的糟糕境地，是因为去年的股东委托书显示，现在的董事会成员只持有公司 13 750 股股票，不到所有已发行股票的 0.25%。
>
> 罗伯特·扬，1954 年

罗伯特·扬一向行事果断且极具说服力，他来自得克萨斯州，对华尔街那些"讨厌的银行巨头"多有不满。1938年，他陷入了一场抢夺切萨皮克-俄亥俄铁路（简称切俄铁路）公司控制权的股权争夺战，对手正是令他讨厌的担保信托公司。这家公司作为信托受托者，管理着价值 8 000 万美元的债券，而这些债券由扬所持有的切俄铁路公司担保。

担保信托公司在宣布罗伯特·扬的抵押品价值下降到足以触发合约条款后，立即采取行动，获得了股票的所有权，并运用其投票权，企图将罗伯特·扬赶出董事会。扬控股切俄铁路公司仅一年，但在此期间内，他已经与铁路同行业者及其主要放款人渐行渐远。他坚信，担保信托公司正在与另一家"讨厌的银行巨头"摩根大通密谋，将自己赶出铁路产业。

就在切俄铁路公司股东会议召开的几个星期前，联邦法院发文，暂时限制担保信托公司和扬以其持有的争议股份进行投票。在股东大会召开之时，法院决议仍然有效，所以双方不得不采取行动，获取切俄铁路公司其他股东的代理投票权。担保信托公司和扬原以为，双方只需在争议股份上一决高下，没想到最后却必须去争取60 000多名切俄铁路小股东的支持。

第一轮代理权争夺战中，扬运用了巧妙战术。他了解到，大众长久以来对华尔街银行诟病颇多，他投大众所恨，通过新闻媒体对华尔街银行展开全面抨击，获得了广泛的共鸣。作为策略的一部分，扬针对担保信托公司发布了一系列充满恶意的公开信。这些公开信表面上是扬写给对手的，实际却旨在影响切俄铁路公司的小股东。最终，在这场抗争中，公开信发挥了重要作用，扬获得了许多股东的代理投票权，他们持有的股票占到切俄铁路公司普通股的41%，占法院限制令外自由流通股票的70%以上。

这场切俄铁路公司的代理投票权争夺大战给美国境内的上市公司董事会敲响了警钟。年仅41岁的扬手头没有充足资金，仅靠游说股东便打败了担保信托公司，还很有可能同时打败相传支持担保信托公司的摩根大通。后来，扬被《星期六晚间邮报》(*Saturday Evening Post*)称为"华尔街的年轻斗士"。

诸多颇有野心的年轻人都注意到了扬，这些年轻人在"大萧条"中起步，试图建立自己的商业王国。他们从扬对切俄铁路公司发起的斗争中学到了制胜策略，即如何通过争取代理投票权，进而获得上市公司的控制权。第二次世界大战过后，美国经济开始复苏，这群年轻人采用扬的策略，目标直指市场表现较差的上市公司，包括一些主要的铁路公司，以及蒙哥马利·沃德公司、迪卡唱片公司、20世纪福克斯电影公司、美高梅集团等家喻户晓的公司。这群令人生畏的年轻人在1951年获得了一个特别的称号，美国联合烟草-惠兰连锁店集团管理层将这类恶意收购者称为"代理权劝诱人"。

33

对于投资者而言，20 世纪 50 年代可以被称为"丰收的十年"。这十年间，道琼斯指数的增长率是历史上增长率最高的几个十年之一，收益率高达 240%。正是这十年，上市公司股权结构经历了大幅更迭。华尔街积极推动扩张股权，例如，纽约证券交易所开展了"分享美国公司股票"运动。代理权劝诱人在这场运动中完成了自己的试炼。他们先是从想将股票变现的股东手中购买上市公司的股票，再以维护股东权益的名义，大肆攻击管理团队。管理层不敢相信他们竟然会做出这样的事情，公司 CEO 的第一反应通常是疑惑："这是谁？我怎么从没听说过这个人？"但是代理权劝诱人并不会轻易被打发走。

正如代理权劝诱人查尔斯·格林（Charles Green）所言：

> 如果拥有股权并不能让我成为公司的一分子，那么他们说的"持有股票就能成为美国商界的合伙人"就都是瞎扯。

正如我们今天看到的一样，代理权劝诱人运动开启了恶意收购的时代。正如从 19 世纪 90 年代兴起的并购、20 世纪 20 年代兴起的股票市场操控一样，代理权劝诱人运动改变了美国人对资本和其社会影响力的看法。美国社会担心这些年轻人会迅速占领董事会，于是呼吁把股东利益放在优先位置。此前，包括众多公司管理人员在内的大多数人都认为，公司需要将工人利益和公司利益而非股东权益放在首要位置。但是美国人很快放弃了这种幼稚的想法。

《巴伦周刊》将 1954 年称为"代理权争夺大战之年"。那一年，"猫王"埃尔维斯·普雷斯利（Elvis Presley）录制了他的第一首单曲，他用独有的夸张舞步震惊了世界。大约 30 年后，英国摇滚明星奥齐·奥斯本（Ozzy Osbourne）不仅当众咬掉一只蝙蝠的头，还在阿拉莫纪念碑上撒尿；在此同时，卡尔·伊坎直截了当地告诉目标公司的CEO："我做这一切不针对任何人，只是为了钱。"

1954年，扬掀起了又一场代理权争夺大战，堪称那个时代的代理权争夺战"代表作"。此前在切俄铁路公司争夺战中的胜利给了扬巨大信心，于是他又将矛头指向了美国第二大铁路公司——著名的纽约中央铁路公司。纽约中央铁路公司由范德比尔特家族掌控，扬通过导演一出企业民主大戏，成功吸引了全美的关注。双方共计投入超过200万美元竞逐代理投票权。扬与对手在《与媒体见面》(*Meet the Press*)节目上针锋相对，报纸上充斥着征求代理投票权的广告。

1867年，绰号"船长"的科尼利尔斯·范德比尔特通过残酷的竞争和幕后交易，获得了纽约中央铁路的控制权。大约90年后，扬通过讨好普通股东发起了控制权之争。他利用自己的戏剧天分，把股东公报从法律文件变成趣味横生又傲慢无礼的信件。在他写给纽约中央铁路股东的众多信件中，最为挑衅的一封信结尾这样写道：

> 如果任何银行家、律师、货运公司、供应商或其他人员希望你把代理权交给现任董事会，你可以质问他们有什么特殊利益，或者纽约中央铁路公司给了他们多少好处。正如现任董事想要从公司谋利一样。

扬是代理权劝诱人中的头狼，这场针对纽约中央铁路公司的斗争，堪称他数十年来对抗华尔街行动的高峰。当时他已腰缠万贯，在棕榈滩、佛罗里达、纽波特、罗德岛等地都置有豪宅。但在他眼中，纽约中央铁路是一座奖杯，是他打败范德比尔特家族以及摩根大通的终极战利品。

"做火药的小男孩"蝶变"华尔街的年轻斗士"

罗伯特·扬的职业生涯始于1916年。最初，他进入杜邦火药厂，成为一名普通工人。随后，他因为个人生产量最高而受到表扬。值班经理在得知他能读能写之后，给他升了职。到"一战"尾声，扬已经升迁至美国特拉华州威尔明顿的杜邦财务部门工作，他的顶头上司是财务主管唐纳森·布朗（Donaldson Brown）。

皮埃尔·杜邦（Pierre DuPont）掌权杜邦公司后不久，扬便跟随布朗，来到通用汽车公司。此后，扬在通用汽车服务7年，他写道："我在这里接受了有关公司财务的训练，我坚信在这个国家里，没有什么比这份工作更能适合我。"1927年，扬升任财务副主管。当时正是通用汽车迈向全盛时期之际。布朗向他保证，不久他将担任高管职位。但扬明白，通用汽车的最高职位已经被布朗和时任总裁阿尔弗雷德·斯隆（Alfred Sloan）牢牢控制。1929年，扬抓住机会跳槽到华尔街，当时的华尔街创造了许多财富，但数月后，"大萧条"来临，这些财富随之烟消云散。

扬在皮埃尔·杜邦和约翰·拉斯科布（John J.Raskob）成立的投资公司担任财务主管。由于在"大萧条"前对市场下跌的正确预判及之后的精准选股，他收获了可观的财富和良好的声誉。1931年，扬成为纽约证券交易所会员之一，开始为自己和客户进行投资，他的客户包括通用汽车的布朗和斯隆，投资收益相当可观。从1931年3月代理投资到1934年1月与客户结束合作关系，他的投资组合收益率达到40%，而同期市场跌幅超过70%。

扬之所以终止合作关系，是因为他不甘屈居人下。刚开始，布朗和斯隆让扬全权掌控他们的投资资产，根据业绩支付报酬，不久后，他便对接受这样的安排感到后悔。因为有一次扬在未经二人允许的情况下到海外度假，布朗对此大发雷霆。这使扬意识到，为他人管理资金，不可能像用自己的钱投资一样独立。十年前在通用，他要向两人汇报工作；十年后在华尔街，他还要向他们汇报投资业绩。他要改变这种现状，于是他准备成立自己的公司。

扬与强大的纽约中央铁路公司第一轮较量

1935 年，由于无法负担巨额债务，范·斯韦林根兄弟掌控的铁路巨头阿勒格尼公司倒闭。两兄弟虽然事后募集到足够资金，在法院拍卖上买回了这家公司，但他们在之后的 14 个月内相继去世。1937 年，扬和其他两位合伙人仅用 640 万美元就买下了范·斯韦林根兄弟持有的 43% 阿勒格尼公司股份。这笔交易做成后，年仅 40 岁的扬实质掌握了 23 000 英里的铁路，资产的账面价值达到 30 亿美元。

当然，公司负债累累，扬意识到如果想保住阿勒格尼公司对名下铁路的控制权，他要与债权人开展激烈斗争。第一场战争便是 1938 年为争取切俄铁路公司控制权而对上担保信托公司。直到 1942 年，扬才算真正保住他对阿勒格尼公司股份的所有权，并取得切俄铁路公司董事会多数席位。

稳住控制权后，扬展开了一系列并购计划，但都以失败告终，不过这些尝试为其 1954 年争夺纽约中央铁路公司奠定了基础。他的首个目标是铂尔曼公司，这是一家拥有卧铺车厢并提供服务的公司。由于美国政府命令其母公司铂尔曼股份有限公司拆解业务，于是在 1944 年铂尔曼公司被出售。当扬出价最高的消息传出后，纽约中央铁路公司领导的铁路联盟也递交了投标申请。扬对自己的投标进行提价，同时铁路联盟也提出了匹配的竞标价格，最终铂尔曼董事会接受了铁路联盟的投标。扬一怒之下，将自己的申诉递交到洲际商务委员会和法院，同时向公众公开了事件的整个过程。

1947年，洲际商务委员会和最高法院判定，铁路联盟购买铂尔曼公司案件合法。不过从舆论角度来看，扬毫无疑问才是获得胜利的人。1945年年末，铂尔曼董事会接受铁路联盟的出价，不久之后，扬开始在全国范围的报纸上投放广告，对抗铁路行业。他相信，铁路联盟购买铂尔曼公司只会加剧行业垄断，这样下去，糟糕的顾客服务就永无改善的一天。扬投放的广告中最有名的是，"一头肥猪能不换火车穿越整个美国，而你却不能！"这在大众中引起了广泛共鸣，他们早已受够糟糕的铁路服务。扬顺带推介切俄铁路公司，将其吹捧为一家顾客至上的现代铁路企业。

1947年，扬与强大的纽约中央铁路公司展开了第一轮较量。切俄铁路公司收购了纽约中央铁路公司超过6%的股份，扬同时要求出任公司董事。随即他又发起了新一轮广告攻势，与之前针对铂尔曼公司的宣传活动如出一辙。广告被设计成切俄铁路公司写给纽约中央铁路公司的信件。其中一则是这样的，"来自切俄铁路公司致纽约中央铁路公司的第二封信：为长期遭受忽视的乘客呼吁，为何不能马上做出努力，改善顾客体验？"

不久前刚刚阻止扬介入普尔曼公司的洲际商务委员会，此时又禁止扬同时出任切俄铁路公司和纽约中央铁路公司董事。因为该委员会判定，连锁董事（Interlocking Directorships）将弱化两家公司之间的竞争。扬对于洲际商务委员会"模棱两可的公正"感到怒不可遏，因为这种"公正"默许了其他像铁路联盟收购铂尔曼公司这样冲突的发生。当时看来，纽约中央铁路获得了胜利。扬虽然失败离场，但他的努力赢得了更多民众支持，甚至登上了《时代》周刊的封面。就在洲际商务委员会颁布针对扬的裁定之前，他告诉记者，"我随时可以从切俄铁路公司董事长位置上卸任，然后跟他们在公开市场上一决高下。"他还说道，"他们很了解我，知道我不会虚张声势！"

1954年1月19日，扬宣布卸任切俄铁路公司董事长。他同时透露，阿勒格尼公司出售了大量的切俄铁路公司股票，将成为"纽约中央铁路公司的大股东"。有人可能对扬的意图感到疑惑，但切俄铁路公司的记者发布会对这一切进行了释疑："扬已准备好随时取得另一家铁路公司的控制权。"

卸任前，扬在棕榈滩拜访老范德比尔特的曾孙哈罗德·范德比尔特（Harold S. Vanderbilt）。哈罗德是定约桥牌（Contract Bridge）①的发明者。他不仅是扬的朋友，还是扬在棕榈滩的邻居，同时也是纽约中央铁路公司的董事。扬的此次拜访目的并非叙旧，而是谈生意。扬说他和合伙人阿伦·科比（Allan Kirby）正在大量收购纽约中央铁路公司的股票，他想要成为公司董事长和CEO。哈罗德告诉扬，董事会将在2月10日召开的下一场会议中讨论此事。哈罗德将这个消息告诉了纽约中央铁路公司CEO威廉·怀特并表示，"看来我们要在下一次股东大会上，展开代理权争夺战了"。

当时的怀特担任纽约中央铁路公司CEO不到两年。他与扬同龄，二人攀爬权力高峰的历程也多有相似之处。不同的是，扬接受的训练主要在火药、汽车和财务领域，怀特则是一个彻头彻尾的铁路人。

怀特16岁辍学，开始在伊利铁路公司工作；经过25年努力，他成了弗吉尼亚铁路公司的总经理；3年后，他又升任特拉华、拉克瓦纳

---

① 第四代桥牌，前三代分别是惠斯特、惠斯特桥牌和竞叫式桥牌。由哈罗德·范德比尔特在等待通过巴拿马运河的游艇上发明。

和西部铁路公司董事长,创造了出色的运营状况和财务数据。

1954年2月2日,扬和怀特在克莱斯勒大厦顶楼共进午餐。两人就铁路产业进行了深入讨论,之后,扬提出了一个折中方案:怀特可以继续担任公司总裁和COO,他自己出任董事长和CEO,并为怀特开出了高价股票期权组合。

然而怀特并不想为扬工作。在他任职纽约中央铁路公司期间,公司的收益提高了37%,分红也翻了一番。他在美国铁路行业备受敬重,此外,他还担任着美国电话电报公司董事、国家饼干公司董事。他当场拒绝了扬的提议。几星期后,当有人问怀特那顿午餐的结果时,他说:"总之我没有亲他的脸。"

在后来召开的纽约中央铁路公司董事会会议上,扬表示,如果他和科比不能获得董事会席位,他将发动代理投票权争夺战。但董事会仍然宣布:"若同意扬先生的要求,公司利益将受损……公司在大约18个月前与怀特先生签订合同,任命其为公司总裁兼CEO,董事会不愿怀特先生被迫交出职位。"战争随即打响。

扬回应道:"如果股东和大众能够获得优质的而非惩罚式的服务,那么真正的问题就在于公司的所有者,即全体股东是否……有权在美国体系内,享受到所有诚信经营公司应该享受到的权益也就是拥有一个愿意为股东发出强有力声音的董事会。我相信纽约中央铁路公司的股东会在5月26日做出正确的选择。"

代理权争夺大战中,扬对大股东、小股东和媒体确有一套

为了讨好外行小股东,CEO怀特承诺要"赤手空拳上阵",但他将所有广告预算都投入代理权投票争夺战中,又聘请了纽约顶级公关公

司与广告代理商。另外,怀特还邀请了其他顶级公司与他的团队达成合作,包括主营业务为征集代理权的乔治森公司,以及科瓦斯·斯怀恩·摩尔律师事务所、佳利律师事务所。为了能够将广告有针对性地投放到合适的地区和媒体,他们仔细分析了纽约中央铁路股东的背景:30%的股东来自纽约,占比最高;其次是俄亥俄州、宾夕法尼亚州和伊利诺伊州;马萨诸塞州和加利福尼亚州也有不少股东,总之,这是一场全国性的争夺战。

纽约中央铁路公司董事会里有很多商界名流,包括美国最具权势的银行界高管:摩根大通董事长乔治·惠特尼(George Whitney),大通国有银行、梅隆国民银行-信托公司、第一国有银行等机构的董事长。除了银行家,董事会中还有两位来自范德比尔特家族的成员,哈罗德·范德比尔特和威廉·范德比尔特(William H. Vanderbilts),以及许多其他领域的商业巨贾。

怀特的策略非常简单:以上任后的管理成就和经营业绩作为武器。他相信,如果股东能够看穿扬的口号,就能恢复理智,选择经验丰富的铁路公司经理人。怀特认为自己对美国企业界怀有一份责任:他要抵抗扬挑起的民粹主义威胁。同时,他更不希望纽约中央铁路公司成为第一家落入代理权劝诱人手中的大型企业。在第一次动员会上,怀特对员工说:

> 如今,美国企业的股权分散程度已达到历史新高,这是一桩好事,代表了民主。但如果这种分散成为一些别有用心的人煽动群众的工具,那么这将成为一种不幸。

另一方,扬一开始只带领一个团队应战。他并没有直接宣布拟定的董事会候选人名单，而是在争取代理权的活动中逐一推荐这些人，让他们最大限度地获得曝光。扬也没有聘请公关公司和广告代理商，而是选择自己撰写广告语。他和科比只是找来切俄铁路公司公关部总监，另外还请人处理行政事务、接听电话和接受捐款的年轻助理。

扬计划"用家庭主妇都能理解的词汇"向大众说明铁路产业的概况。一家公关公司总监对扬书写材料的能力感到惊叹，称他的"只言片语就有极强的说服力"，虽然语言简单，却对纽约中央铁路公司构成了精密且多角度的攻击。扬的攻击有三大主题：

第一，有必要建立一个真正代表股东而不是由银行业巨头占据的董事会；

第二，相比切俄铁路公司，纽约中央铁路公司的运营业绩和分红收益记录都不佳；

第三，纽约中央铁路公司提供的服务体验很糟糕，未来要建立高速通勤铁路与横跨美国大陆的直达列车服务。

扬将自己的抗争描绘成"大卫与歌利亚之战"[①]。他指出，纽约中央铁路公司董事会中那些银行家们正在暗度陈仓地将公司财富转交给代理权征集公司、律师事务所、公关公司和广告代理商，而他的团队开销都由他自掏腰包。扬承诺，如果他当选董事长，只会象征性地拿1美元年薪。他解释道，他代表的利益与小股东的利益一致。

在推敲文案以及向小股东传递信息方面，扬最大的优势是"时间"，而这恰恰是怀特的劣势，因为他必须花费精力经营一家庞大且绩效不

[①] 讲述了年轻的牧羊人大卫，仅用自制的投石器，就打败了强大的巨人歌利亚，后多指以弱胜强。

佳的铁路公司。他的代理权争夺团队每周只能聚集两次，讨论策略，而扬每天都在为此奋战。扬每天都会举行记者见面会，甚至还会花几个小时接电话，接受人们捐款。他的攻势让怀特疲于奔命，使其不能及时回应，而一旦怀特作出回应，扬也会谴责他花过多时间争夺代理权而非经营公司。

扬指控道，公司付钱请他是运营铁路业务而非争夺代理权的。怀特则暴躁回应道，通过争夺代理权来保护股东，是他作为 CEO 的职责之一。他还补充道，自己仍在积极经营"纽约中央铁路公司的方方面面"，而且"永远不会躺在棕榈滩或纽波特远程遥控"。斗争开始仅仅 6 天，争论便延伸到私人生活上了。

1954 年 2 月 23 日，威廉·怀特得到消息，切俄铁路公司持有的 80 万股纽约中央铁路公司股票（约 12% 的公司股权）即将转手，但这一消息的来源既非买家也不是卖家，怀特怀疑"背后有什么阴谋"。怀特和扬都知道，扬在担任切俄铁路公司董事长期间购入的这 80 万股股票对于投票结果至关重要。

财经专栏作家约瑟夫·利文斯顿（Joseph A.Livingston）在撰写有关文章时提到"这部分股票落入谁手中，谁就将拥有纽约中央铁路公司"。但切俄铁路公司为了避免违反反垄断规定，采用信托的方式持有股票，所以扬的朋友兼盟友赛勒斯·伊顿（Cyrus Eaton）领导的切俄铁路公司管理层不能进行投票，投票的受托人是大通国民银行行长佩西·艾伯特（Percy Ebbott）同时也是纽约中央铁路公司的董事。

扬在 1 月时面见过艾伯特，当时艾伯特让他自信地认为，大通国民银行会在代理权争夺战中保持中立。

然而当艾伯特参与了拒绝他担任董事的无异议投票后，扬终于看清现实，认定大通国民银行最终会投出对他不利的一票，所以他需要为切俄铁路公司持有的那80万股股票找到对他更友善的买家。

扬找到两位来自得克萨斯州的石油大亨锡德·理查森（Sid Richardson）和克林特·默奇森（Clint Murchison Sr.）购买那些股票。为帮助这两位投资者降低风险，同时又能保证出价让切俄铁路公司满意，扬的阿勒格尼公司贷款给他们750万美元，而股票购买总价为2 000万美元。

阿勒格尼公司还发行了一项允许两位买家在股票跌破买入价时，依然可以以买入价卖出的"看跌期权"。扬的合伙人阿伦·科比又借给两位买家500万美元，并将这一部分借款加入另一半看跌期权。换句话说，阿勒格尼公司和科比不仅借给他们股票购买价格60%的贷款，还保证了他们的投资不会受到任何损失。

纽约中央铁路公司千方百计阻止这笔交易：他们拒绝将股票凭证转交给理查森和默奇森，并且请求洲际商务委员会介入调查，还向纽约最高法院提起诉讼，指控这是一笔"欺诈"交易。

诉讼持续到5月26日股东大会召开都没有结果，但扬已经达成了目标：他让那部分股票摆脱了大通国民银行的投票控制，防住了对自己不利的一票；同时又将理查森和默奇森加入董事名单，由于二人都被认为是极为精明的商人，又与政界保持着重要联系，扬借此提升了自己的威望。

对于扬构建的董事会将持有100万股股票这一现实，怀特感到非常失望，但他还是为斗争争取到了一些"枪支弹药"：他指控扬两面三刀，一面要捍卫纽约中央铁路公司小股东的利益，另一面却在牺牲阿勒格尼公司小股东的利益。

毕竟阿勒格尼公司的股东们有什么理由保证两个富得流油的得州人对纽约中央铁路公司的投资不受损失呢？

对小股东承诺高分红特别管用

1954年3月5日,扬向纽约中央铁路公司的股东寄出了第一封信。他使用了阿勒格尼公司的专用信纸,在信中介绍了科比、理查森、默奇森以及自己,表示他们组成了多元化的董事会,并且持有超过90万股股票,远远超出现任董事的13 750股。这封信简短而正式,犹如一份法律文件。扬在许多场合称自己为"署名人"。在代理权劝诱人出现前,这是股东沟通的典型方式。例如,北方管道公司董事会在对抗本杰明·格雷厄姆时,就曾在一封信的开头礼貌性地承认格雷厄姆发起的攻击:"敝董事会成员已知悉……"

但没过多久,扬就不再拘泥于形式。在接下来的一个月,他不知疲倦地为争夺代理权撰写信函,语言变得更加犀利和引人注目。4月8日,扬写给纽约中央铁路公司股东的信函效果惊人。第一页只有两句话:

亲爱的股东们:

让我们接手公司,努力让您的股票升值。正是秉持着这一信念,我们已购买了市值2 500万美元的股票。

在这封信中,扬完整地论述了为什么要取代纽约中央铁路公司董事会。首先,他列出公司的糟糕业绩,把责任归咎于CEO怀特及其他董事,同时展示自己执掌切俄铁路公司的业绩;其次,他还提及纽约中央铁路公司的资本配置决策,质疑怀特享受的巨额报酬和退休补偿;最后,在这封信结尾处,他附上了一则"警告",提醒股东警惕那些争夺代理权的人另有所图。

这则警告戳到了一些人的痛处。纽约中央铁路公司的许多董事感觉受到了人身攻击，因为他们被影射说别有用心。一位董事公开致信扬，谴责他"以老套的煽动性言论，指控并抹黑银行家涉嫌操纵一切且道德败坏"。扬没有想到董事会竟有如此愤怒的回应，他决定在全国范围内投放那则警告。

扬的指控可能是老套的煽动性言论，但对于银行家涉嫌操纵一切的指控，在4月8日的信函中，他写出了最有力的段落：

> 问问你自己，现任董事会有4位银行家，他们持有的股票加起来才450股，为什么他们那么坚定地留在公司，难道不是因为这么做能给自己的银行带去巨大利益吗？

从2月斗争的第一天到5月26日股东大会，扬都以一个"简单的问题"作为他最具说服力的信息：

> 你希望代表你利益的大股东进入董事会，还是支持那些只持有少量股票，甚至利益与你们相斥的银行家？

怀特和纽约中央铁路公司董事坚持认为，在整场斗争中，扬关于银行巨头控制董事会的论点站不住脚。"所有独裁者都喜欢创造出假想敌，"怀特说道，"这就是那些自诩为恺撒的人的小伎俩。"怀特认为，在15个董事会席位中，银行家仅占据4席，而且他们尽心尽责为股东争取利益。但扬含沙射影的指控远胜怀特的据理力争。扬在4月8日的信件中还写道：

> 这4位银行家一共控制了50家工业企业及14家铁路公司，

这些企业的总资产超过 1 070 亿美元。作为中央铁路公司的股东，你认为这 4 位会对你们有多高的忠诚度？

扬在信中用几大段描述了纽约中央铁路公司"令人遗憾的现状"。他将纽约中央铁路公司股票市场表现及收益和阿勒格尼公司持有的几家铁路公司，包括自己掌控的切俄铁路公司进行了比较，以凸显前者的糟糕表现。他还列举数据，表明纽约中央铁路公司和怀特之前任职的拉克瓦拉铁路公司均经营不善。

当然，扬提供的数据并不那么有说服力。在整场斗争中，怀特和纽约中央铁路公司借助精心挑选的数据和时间段，对扬和切俄铁路公司也发表了类似批评。

例如，拉克瓦拉铁路公司在怀特担任董事长的期间，股价上涨了 157%，而扬旗下的切俄铁路公司同期股价下跌了 7%。

扬确实因此遭受了打击，但他揶揄怀特在接下来 4～5 年只打算发放 2 美元股息，的确命中了怀特的要害。扬不断暗示，若自己上任董事长兼 CEO，纽约中央铁路公司将为股东派发更高股息。在一场与怀特的言语交锋中，扬说道：

> 如果妥善经营纽约中央铁路公司，使之达到与切俄铁路公司相同的收益率，每年每股的分红将达到 11 美元……以去年的铁路运输量为参考，我们很有可能在 5 年内，将纽约中央铁路公司的效益提高到与切俄铁路公司齐平。保守估计，到时候 60% 的收益都将用于分红。

有钱能使鬼推磨，扬预计分红将对外行小股东产生极大诱惑。

怀特则认为扬的高分红承诺"信口雌黄，蛊惑人心"，他告诉《纽约时报》记者：

> 我认为以高分红作为钓饵，对股东来说非常不公平，我们知道这根本不可能，至少不可能达到扬承诺的数字，在他或我的有生之年内都不可能达到。

之后怀特投放了一则广告回应扬：

> 通常，我喜欢在实现成就、获得收益之后，再谈及成就和收益。但现在是特殊时期……纽约中央铁路公司的股东们需要做出选择：是支持现在的管理团队，相信他们已经取得的成果和正在创造的价值……还是将这一切抛诸脑后，相信某些人开出的空头支票。

双方用信件，借助媒体对股东进行思想上的狂轰滥炸

就在双方用各种信件加广告轰炸来影响股东之际，扬也同步开始拟定他的董事会成员名单。他提名的第一个人是来自巴尔的摩的瓦特·格拉汉姆（R.Walter Graham），一位受到尊敬的外科医生。格拉汉姆响应了扬的公开提名。他们两人从未谋面，但格拉汉姆持有41 800股纽约中央铁路公司的股票，有成为董事的资格。

尽管扬的很多提名都选择了商业巨贾，例如理查森和默奇森，但他还是有一些出人意料的提名。在代理权争夺战之初，扬便宣布他要提名一位女性。"我们需要一名女性加入铁路行业。"扬说道。他最终

选择了莉拉·贝尔·艾奇逊·华莱士（Lila Bell Acheson Wallace），她是《读者文摘》（Reader's Digest）的联合创始人和联合编辑。著名的维权股东维尔玛·索斯对这一决定相当满意，因为她也是美国企业女性股东联盟（Federation of Women Shareholders in American Business）的创办人。她曾问过怀特是否有计划提名一位女性董事，怀特的回答是："已经没有空缺席位了。"

提名华莱士不久后，扬又宣布提名退休的机车工程师威廉·兰德斯（William Landers）成为董事。兰德斯在纽约中央铁路公司工作长达42年，同时他也是机车工程师联合会的成员和公司股东。20世纪30年代早期，他在员工股票认购计划中购买了80股公司股份。兰德斯作为一名地地道道的工人，愿意在斗争期间游走在纽约中央铁路公司体系内部，为扬争取支持。

最后一位获得扬提名的是大湖疏浚与船坞公司的经营者威廉·费里（William Feeley）。费里是圣母大学（Notre Dame）的毕业生，由学校校长西奥多·海思堡神父（Father Theodore Hesburgh）引荐给扬。扬表示，费里不仅是一位经验丰富的经理人，还是一位虔诚的天主教徒。《纽约客》杂志作家约翰·布鲁克斯（John Brooks）写道，怀特的一名员工听到这个消息宣布之后，尖叫道："天哪，太无耻了！"

宣布完董事候选人提名不久，扬又对外发放了一份双方董事候选人的持股明细表。扬的所有提名候选人持有 1 089 880 股股票，而纽约中央铁路公司的现任董事仅持有 73 600 股股票。在扬的提名候选人中，有 8 人持有股份超过 10 000 股，而现任董事中只有哈罗德·范德比尔特持有 60 000 股，CEO 怀特仅持有 1 000 股。

随着 5 月 26 日股东大会日益临近，扬和怀特也对对方发起了更猛烈的攻击。他们频频出现在广播和电视转播中，对彼此的批评也越来越尖锐。纽约中央铁路公司向股东派发了一本长达 23 页的小册子，封面上赫然写道："罗伯特·扬究竟是什么样的人？"

扬也用一本同样页数的小册子予以回应，题为"卑劣的怀特谎言——回应对于罗伯特·扬的污蔑"。之后，怀特又撰文《扬的真面目》以回击，他在文章中表示，将纽约中央铁路公司的业绩数据与切俄铁路公司的数据比较，这一行为"极其愚蠢"。扬则将怀特的撰文称为"怀特先生的狡猾小短文"。

双方某些宣传公告的内容很专业，比如扬写给摩根大通乔治·惠特尼的公开信，这封信从技术层面批评了纽约中央铁路公司在 1938 年的一笔证券交易中损失 24.7 万美元；而某些宣传公告则有些奇怪，比如爱好游艇和桥牌的纽约中央铁路公司董事哈罗德·范德比尔特，在一篇宣传稿中写道：

> 总是待在棕榈滩、纽波特和其他娱乐场所，学不到任何运营铁路的知识。这一点我深有感触，因为过去几年我就是这样度过的。同样地，扬先生大多数时间也待在那些地方。不过跟他不同的是，我不会立志成为纽约中央铁路公司的 CEO。

有一些宣传稿则相当有说服力。最出色的一篇应该是机车工程师兰德斯写的一页纸宣传稿。"我作为纽约中央铁路公司的一名忠诚雇员，在这里贡献了 42 年青春，也持有公司股票长达 23 年。"信的开头写道，"我曾为公司出色的经营业绩自豪不已，而如今，它糟糕的分红记录让我大感失望。"这则宣传稿件列出了自兰德斯 1931 年购买股票起公司的分红数额。他写道，把钱藏在床垫下也比购买公司的股票好，至少床垫不会让他亏损。他的结论是：

第 2 章 | 罗伯特·扬向纽约中央铁路发起规模之最的代理权争夺大战

有些人可能会认为我对中央铁路公司不够忠诚，但他们错了。我人生中最引以为傲的事情之一，就是公司在我退休之际，颁发给我的服务证书，以及把我的名字添加到公司的荣誉榜上。真正对公司不忠的人，是现任董事会中的银行家，他们试图阻止拥有 100 多万股的股东进入董事会，以便自己继续霸占现在的位置。公司员工了解他们的真面目，股东也知道他们的小算盘，无论是像我一样只持有 80 股的股东，还是持有 10 万股的股东。

斗争后期，怀特收到了《财富》(Fortune)杂志 5 月刊的意外助推。该杂志刊登了一篇文笔犀利的社论——《扬的喧哗与骚动》，对扬的"商业方法和道德"提出疑问，并表示"将权力赋予这样的人，后果是令人担忧的"。杂志同时发表了一篇表扬纽约中央铁路公司"再次雄起"的文章。一褒一贬两篇文章让怀特和他的团队振奋不已，他们想借此大造声势。然而遗憾的是，怀特的律师并不建议他们投放使用大段引文的广告。

《财富》杂志所属的时代公司也不希望文章的内容被用到这场争夺战中，他们拒绝授权纽约中央铁路公司将文章内容用作商业用途。"不要告诉我什么不能做，"怀特对律师吼道，"告诉我哪些能做！"

怀特的一位公关顾问曾是获得普利策奖的记者，他告诉怀特，如果他愿意承担侵权风险，擅自引用文章也没问题。"终于有人和我想法一致了。"怀特说道。他们最终选择不经时代公司允许，逐字逐句地将文章印刷出来。果然，时代公司发起诉讼，纽约中央铁路公司被罚款 7 000 美元。怀特觉得在代理权争夺战中，这笔钱花得最值。

就在股东大会召开的前两天，怀特设宴招待那些曾报道代理权争夺战的媒体记者。他提到了《扬的喧哗与骚动》那篇社论，开玩笑道：

我不是一个文人，最初不知道"喧哗与躁动"引自莎翁的《麦克白》——"生活就像孩子讲的故事，满是喧哗与骚动，却没有任何意义。"这引用相当不错，不是吗？

宴会行将结束时，几杯威士忌下肚的怀特发表了一席演讲，但态度却发生了巨大转变。"说到这件事情，我真的搞砸了。"他说道。怀特在之前的宣传活动中一直保持自信和淡定。无论是为了自己，还是为了给团队增加信心，他在面对坏消息时从不气馁。但那晚，怀特因为在场所有人都不知道的事而陷入沮丧，这件事扬也并不清楚，那就是纽约中央铁路公司的财务状况已经无可救药。公司需要筹资才能支付员工薪水。怀特在演讲尾声说道：

万一我们在对抗中失败，我指的是万一中的万一，我希望见证扬先生在32层，每天面对公司的各种问题。老天作证，看他能不能坚持5年。

1954年5月26日，纽约中央铁路公司给予所有股东特殊待遇，安排他们乘坐从纽约中央火车站到奥尔巴尼的股东专列。许多乘客穿着印有"心向扬"或者"我们需要怀特"的衣服，分别围绕在两人身边。在奥尔巴尼的华盛顿大街军械库体育中心，超过2 200名股东和记者济济一堂。报道该事件的记者甚至将其比喻成一场政治集会。

军械库体育中心非常宏伟，如同一座城堡，是次级联盟篮球队奥尔巴尼传奇队的主场，但偶尔这里也会举办诸如格斗赛和化装舞会等娱乐活动。

虽然1954年的纽约中央铁路公司股东大会绝对能称为一场联盟级

的比赛，但很快大家就发现，它沦为了一场化装舞会及格斗爱好者所谓的"真人秀"。

怀特努力让会议按照流程进行，但是惹是生非的人总是打断他。股东在走廊里乱晃，发表各种即兴演讲，而公共广播系统时不时发出巨响，怀特的话筒不时传出刺耳的杂音。但在介绍扬和他提名的候选人时，人群中传出了前所未有的欢呼声。提名环节结束后暂时休会，大家开始享用免费的鸡肉午餐盒，会场气氛也趋于缓和。

午餐结束后，会议重新开始，进入了异常混乱的提问环节。扬提名的女性候选人索斯在台下发表了一段很长的演讲，讲到激动之处她甚至上台批评怀特，因此被保安拉走。

事情最终要尘埃落定的时候，扬打断了会议，向股东宣布"我非常高兴地告诉大家，你们胜利了"。怀特通过杂音不断的话筒回应道："扬先生有权宣布这件事情吗？"扬确实不能。三位法律顾问事后花费一个星期才统计完票数，又经另外两位法律顾问确认后，才宣布结果。

计票是一个浩大而艰难的工程，90%的股东都参与了投票。很多人多次行使了代理权，但是只有最新的投票才会最终被计入选票结果，这意味着需要统计数以万计的代理选票。

6月2日就有消息传出扬获得了压倒性胜利，6月14日，正式计票结果公布：扬以1 067 273票的绝对优势胜出。这样即便法官判定理查森和默奇森拥有的80万股无效，扬也稳压怀特一头。在结果宣布之后，扬立即从克莱斯勒大厦赶赴他在纽约中央铁路公司的新办公室上任。

门口的野蛮人开始虎视眈眈

扬对纽约中央铁路发起的代理权争夺战占据了所有媒体头条，"代理权斗争大战之年"也触发了许多其他有意思的冲突。在纽约中央铁路公司股东大会后的几个星期，一家规模相对较小的明尼阿波利斯-圣路易斯铁路公司（简称明圣铁路）也开始了激烈的代理权争夺战。

在这场争夺战中，才华横溢的年轻律师本·海纳曼（Ben Heineman）领导的投资团队收购了公司25%的股份，要求在11人的董事会中占据3个席位。3年前，海纳曼因成功让芝加哥西部铁路公司提高股票分红而一战成名。

但明圣铁路公司董事长兼总裁，时年69岁的卢西恩·斯普拉格（Lucian Sprague）并未把这位年仅40岁的资本新贵当回事。海纳曼说自己是大股东，斯普拉格甚至都不相信。"如果海纳曼先生果真持有公司10%的股份，那他大可以召集特别股东大会。我们也期待他这么做。"海纳曼接受了斯普拉格的挑战。这次他要求的不再是董事会的3个席位，而是发动代理权争夺战，企图掌管董事会。

海纳曼对明圣铁路公司的抗争不同于20世纪50年代的代理权争夺战，那时的代理权劝诱人通常针对摇摇欲坠的公司，股东通常也对公司不满。但明圣铁路公司当时正处于上升期。它旗下的"皮欧利亚通道"虽窄，却能够让货运车辆在芝加哥铁路拥堵的时候，拥有新选择。公司依此优势收益颇丰，几乎没有负债，火车也进行了现代化更新，全是内燃机车。相比之下，纽约中央铁路公司的火车只有75%是内燃机车。

许多人将明圣铁路公司的成功归功于老总裁斯普拉格。1935年，他从尤因塔铁路公司来到明圣铁路公司之际，这家公司已处于破产管理（receivership）状态12年。斯普拉格凭一己之力将明圣铁路公司变为一家利润极高的公司，他并不相信，一名没有任何铁路管理经验的律师能够取代他这个头号功臣。

海纳曼对于明圣铁路公司最主要的抱怨是分红太低。相较于其他公司，明圣铁路公司只将一小部分利润用于分红。斯普拉格回应道："将利润重新投进公司，是公司未来利润的保障。"对此，海纳曼反驳道，管理层不但没能有效利用资金，而且不必要支出过多，比如他们的无度挥霍。海纳曼在一封写给股东的信件中说道：

> 明圣铁路公司对管理层来说就是一辆载满外快的火车。

海纳曼向股东派发了一本小册子，名为《这就是那辆外快火车》，里面细致地列出了斯普拉格奢侈的消费支出，这些支出远超他的实际薪水，包括他和妻子的国际旅行开支、两辆豪华凯迪拉克汽车、专用司机的薪水、优渥的汽车补贴，以及明尼苏达一座私人岛屿的使用费。海纳曼指出，公司里没有人想要降低这类支出。斯普拉格和现任董事会仅持有2 350股公司股票，而海纳曼和他的团队则持有20万股。

1954年5月，明圣铁路公司股东将斯普拉格踢出了董事会。当月，纽约中央铁路公司股东投票选举扬担任董事长。相较于已深陷泥潭的纽约中央铁路公司，美国商业精英对于斯普拉格的倒台更为震惊。斯普拉格沦落成一个赋闲在家，将其仅有的铁路运营经验倾注在铁路模型身上的老人。**所有人都明白了，即便是发展状况良好、利润颇丰的公司，也可能落入代理权劝诱人的手中。**

在那个美国人认为反抗活动令人不安却忍不住参与其中的年代，代理权劝诱人受到了许多关注。1955年，《时代》杂志发表了一篇文章，题为"管理层的挑战：掠夺者"。文章中的一位代理权劝诱人激动地表示，"我们正在进行一场反革命，一场针对经营革命后必然衍生的不节制行为而发动的反革命"。另一位代理权劝诱人则表示，"这是我们股东的起义"。海纳曼是个思路清晰的人，针对这场运动，他为《财富》提供了一个更为理性的视角："当权力的界线难以撼动，那么所谓的突袭，就是投资人突破这条线之后夺取公司经营权。"

大多数代理权劝诱人则用更美好的方式描绘了他们在市场中的角色。例如扬认为自己就是战胜了歌利亚的大卫；而最有魅力的代理权劝诱人之一路易斯·沃尔森则自认为是股东权益的维护者。他表示："我关闭了几家用股东的钱建起来的俱乐部，并且我将关闭更多。"

沃尔森曾是大学足球运动员，长着一张好莱坞明星脸，但后来令人生畏的是，他成了铁面无情的公司资产清算人。1949年，他购买了华盛顿特区首都公交公司51%的股权，接着，他提高了股东分红，不久后，他就收获了1.5倍的投资利润。同时，他要求提高车票价格，并拒绝了员工工会提出的养老金争议仲裁。

1955年，公司员工集体罢工，导致华盛顿公交和有轨电车停运。监管机关非常愤怒。沃尔森收到了参议院下设委员会的传票，让他到场作出解释。一位委员会成员在参议院表示，沃尔森"似乎认为他比国会更大"。事实上也确实如此，沃尔森在听证会上的表现可以用"目中无人"来形容。他为自己在公司出台的政策辩护，解释他认为股东有权自由获得分红，如果不能提高车票价格，他就不能给员工涨工资。对沃尔森来说，即便相对国会的监管政策，股东权益也是绝对优先。当时，他正在公开对抗蒙哥马利·沃德公司，进行代理权争夺战。记者问他，为什么他积累了那么多财富，还和公司斗争？沃尔森回答：

> 我要对股东负责，正如华盛顿一位老妇人告诉我，她的收入全靠公交公司的分红，她为我祈祷，祈祷我能赢。如果这都不能打动我，那我还是人吗？

第 2 章 | 罗伯特·扬向纽约中央铁路发起规模之最的代理权争夺大战

沃尔森是一名极为精明的商人，他宁愿让许多老人在交通罢工中走路回家，也要保护一个老妇人的分红。但是他虽然看似伪善，却也是代理权劝诱人时代最有意思、最具天赋的人。但在国会对议员和监管人员嗤之以鼻，以及与美国证券交易委员会的对抗，让沃尔森付出了巨大代价。由于违反美国证券交易委员会的规定，沃尔森被送进了监狱，他的金融生涯就此在耻辱和毁灭中终结。但是最后，沃尔森做了一件其他投资人不会做的事：他清算了自己公司，选择维护股东利益，而不是留给自己一家"外快公司"。

至于其他代理权劝诱人，不难看到他们在争取股东利益表象下的破绽。掌管董事会前他们对职业经理人抱怨连连，但在出任董事长后，却做着他们痛恨的事。扬用阿勒格尼的资金购买切俄铁路公司持有的纽约中央铁路公司股票，之后股票上涨所获的收益都归了理查森和默奇森，而阿勒格尼的股东却要承受所有风险。其他代理权劝诱人也经常被指责中饱私囊，最后他们自己又成了新一批代理权劝诱人的目标。

即使在漫长的职业生涯中掌控了 80 多家公司的托马斯·梅隆·伊万斯（Thomas Mellon Evans），也会在有利可图时习惯性地欺骗大多数股东。伊万斯是代理权劝诱人时代的巨人之一，他将旗下的克瑞公司和香港波特公司作为投资工具，改造成一家超大型企业。波特公司最终通过强制手段对付极力反对的小股东，把公司进行了私有化。克瑞公司通过启动黄金降落伞（Golden Parachutes）[①]和毒丸策略，化

[①]指作为企业的高级管理层，在失去他们原来的工作后，公司从经济上给予其丰厚保障，最早产生在美国。"黄金"指补偿丰厚，"降落伞"指高管可规避公司控制权变动带来的冲击而实现平稳过渡。这种让收购者"大出血"的策略，属于反收购的"毒丸计划"之一。其原理可扩大适用到经营者出于各种原因的退职补偿，而这些补偿包括股票期权、奖金、解雇费等。

解了潜在敌对股东介入的可能。戴安娜·贝·亨利克斯撰写了一本有关伊万斯和代理权劝诱人的《华尔街白鲨》(The White Sharks of Wall Street)，她在书中写道：

> 克瑞公司声称自己的毒丸计划能够防止"恶意收购"，比如当一名掠夺者不想给股东溢价时，也可以获得控制权。但恶意收购正是伊万斯年轻时最喜欢玩的游戏。

从某些方面来说，代理权的争夺其实是某种致命的投资策略，而不是平民运动。每次牛市在持续前行时，似乎就会引来并购高峰，明智的做法就是利用它。20世纪50年代，人们通过争夺代理权来并购公司。但我们不能忽略一点，代理权劝诱人对市场和上市公司产生了持久深远的影响。以前除了格雷厄姆等公司外部人员，很少有人会把股东权益和股东价值放在心上，但在委托书争夺战的影响下，世人在辩论上市公司的角色时，这两个概念又成为主题，最终甚至成为最重要的概念。虽然代理权劝诱人后来被时代浪潮所吞没，但他们的策略得到了后来大型企业领导人、企业狙击手和对冲基金经理的不断改良与使用。

扬因长期抑郁开枪自杀，代理权劝诱人让位企业狙击手

罗伯特·扬就任纽约中央铁路公司董事长的第一年间，他的影响力达到巅峰。他聘请丹佛-格伦德河西部铁路公司的阿尔弗雷德·波尔曼（Alfred Perlman）作为帮手，两人开始着手改善纽约中央铁路公司糟糕的财务状况，同时一步步更新陈旧资产。1955年，公司的收入和股票价格大幅提升，短时间内，扬的投资资产增长了两倍不止。但到

1957年，整个铁路产业都遭到重创，货运量开始急速下降。随着经济体系在1958年陷入衰退，纽约中央铁路公司的收益也下降了78%。

1957年年末，有谣言传出，扬遇到了财务问题。此时，理查森和默奇森看跌期权的履约价格已经是中央铁路股票价格的两倍，他们把80万股股票全都卖给了阿勒格尼公司和阿伦·科比。扬持有的阿勒格尼公司和纽约中央铁路公司股票价值大幅缩水。

1958年1月，纽约中央铁路公司董事开会讨论公司的财务状况，他们支持取消季度分红。在会议上，扬的沉默和冷淡使一些成员觉察到不对劲。他们都听到了他财务状况的传闻，主动提出帮助，但扬只是表示感谢并表示自身的财务状况良好。一个星期后，扬在自己位于棕榈滩的别墅中开枪自杀。有谣言称扬由于持股阿勒格尼和纽约中央铁路而导致破产，死的时候身无分文。

事实上，扬留下了大笔财富，包括现金、证券、艺术品和房产。他真正的死因很可能是抑郁症，因为他一生大部分时间在与抑郁症抗争。20年前，就在担保信托公司宣布他违约后不久，扬精神崩溃，住院治疗。在纽波特疗养院，扬鼓起勇气对担保信托公司发动代理权争夺之前，他写了一首诗：

直至今日，
我似乎都在向上攀爬；
但如今，
我发现自己在不断下滑；
坡度越来越陡峭，
直到我看见，
昏暗的，遥远的，虚无之地……

扬死后，阿勒格尼公司的大股东展开了对公司控制权的争夺。阿伦·科比在很短时间内代替了扬，成为董事长兼总裁。1961年，科比被默奇森的儿子小克林特·默奇森和约翰·默奇森赶出了董事会。科比出局后，他试图想出重夺控制权的最佳办法，但这时的上市公司为了防止再次陷入代理权争夺战，形态已经变得更为复杂。曾几何时，那些如斯普拉格般自信满满的董事长因低估对手而狼狈出局，如今这样的情况已一去不复返了。

20世纪50年代末，因代理权争夺战而兴起的公关、法律等产业都出现了大型企业。涌入最多资金和人才的是法律企业，精通收购战的新一代优秀律师陆续在这个行业崛起。1959年的联合工业公司代理权争夺战，就像乔·弗洛姆（Joe Flom）和马丁·利普顿的训练场。二人是形塑未来几十年收购产业的重要功臣。弗洛姆通过企业并购业务，将世达律师事务所打造成世界上最大的律所之一。利普顿后来成为最杰出的公司辩护人，并且发明了毒丸计划。

在这些强有力的智囊团的帮助下，很多公司都开发出了抵制恶意股东的巧妙策略。当海纳曼意图并购固特里奇公司时，该公司签订了一项价值2 500万美元的贷款协议，协议规定，一旦并购就将违约。通常来说，公司都会为了震慑恶意收购者，对其他公司进行收购，来减少超额现金，或是给收购者公司制造反垄断麻烦。一些公司甚至发动反击，以攻为守。

例如，利奥波德·修波斯泰（Leopold Silberstein）针对费尔班克·莫尔斯公司发动了一场代理权争夺战。当时，公司总裁小罗伯特·莫尔斯（Robert Morse Jr.）支持阿尔特·兰达（Art Landa）对修波斯泰的投资工具宾夕法尼亚-得克萨斯铁路公司发动了一场漂亮的反击。

回到阿勒格尼公司，科比不愿对精明的默奇森兄弟发动一场花费高昂、不确定性过大的代理权争夺战。相反,他选择了迅速购买足量股票抢夺控制权。这是他最佳的攻击策略,这在20世纪60年代迅速成为广泛使用的收购武器。在公开市场完成大额股份的购买,最有效的方式就是进行恶意股权收购。随着代理权争夺战让位于恶意收购,代理权劝诱人也逐渐退出舞台,企业狙击手即将粉墨登场。

代表人或机构投资者代表中小投资者权益牵头维权

1954年，罗伯特·扬当时只是纽约中央铁路公司的一个小股东，但他针对纽约中央铁路公司发起了大规模的代理权争夺战。面对强大的现任管理层，扬用各种广告和公开信讨好股东，承诺会提高股息分红，获得小股东支持。

1954年2月，扬击败现任CEO就任纽约中央董事长。任期内他兑现诺言，加大股息分配，于1957年退休。这场代理权战彻底改变了纽约中央铁路公司的经营。

在当时的背景下，代理权劝诱人之所以能获得广泛的公众支持，有以下原因：

第一，20世纪50年代，美国股市进入长达17年的牛市，吸引了大批公众进入股票市场，股东人数增加了3倍。上市公司也纷纷扩张业务，通过兼并收购做大做强。这两大趋势导致股东权益被进一步稀释。

第二，传统的华尔街精英集团把持公司控制权已不再符合当时的社会形势。代理权劝诱人号召小股东反对这种力量垄断的格局，因此获得不少公众支持。

第三，20世纪50年代美国经济繁荣，居民收入增加，对上市公司的管理表示关注，支持代理权劝诱人作为公司监督者的角色。

第四，代理权劝诱人将股东利益置于首位，这与广大投资者的需求一致。他们主张分红，反对管理层薪酬过高，反对只注重业绩扩张等。

相比之下，我国资本市场发展时间更短，上市公司治理仍不规范。但随着股权分散和机构投资者比重提升，出现了代表人或机构投资者代表中小投资者权益牵头维权的案例，与美国代理权劝诱人运动存在相似之处。

比如，康美药业公司连续 3 年财务造假，涉案金额巨大。2021 年 11 月，广州中院对该案作出判决，相关主体赔偿 5.2 万名投资者 24.59 亿元，标志着我国特别代表人诉讼制度成功落地实施。

这是 2020 年新《中华人民共和国证券法》确立具有中国特色的证券特别代表人诉讼制度后的首单"证券集体诉讼案"和首单"特别代表人诉讼案"，也是迄今为止法院审理的原告人数最多、赔偿金额最高的上市公司虚假陈述民事赔偿案件。

投资者按照"默示加入，明示退出"的原则参加诉讼，除明确向法院表示不参加该诉讼的，都默认成为案件原告，分享诉讼"成果"；同时，通过公益机构代表、专业力量支持以及诉讼费用减免等制度，大幅降低了投资者的维权成本和诉讼风险，妥善快速化解群体性纠纷，提升了市场治理效能。这是我国资本市场历史上具有开创意义的标志性事件。

康美药业案例验证了特别代表人在维权中的重要作用，显示了这一制度保护中小投资者权益、提升资本市场法治的巨大潜力。这有助于未来建立常态化的特别代表人制度，更好地维护资本市场秩序。

扬致纽约中央铁路公司所有股东的信件[①]

各位亲爱的股东们：

让我们接手公司，努力让您的股票升值。我们秉持着自己可以做到的信念，购买了市值 2 500 万美元的中央铁路公司的股票。

罗伯特·扬

为了阿勒格尼-扬-科比有限公司董事会所提名的候选人

1954 年 4 月 8 日

请将代理委托书装入随函附上的信封，并寄回。

无须邮票。

为什么贵公司急需新的领导方向

在 3 月 15 日的纽约证券分析师会议之前，怀特先生能够为中央铁路公司股东带来的最佳状况便是未来四五年，每年分红为每股 2 美元，或者再少一些。如果我们与他想法相同，就不会购买现在手中的这些股票了。

除去税额和费用，1929 年纽约中央铁路净收益为 7.7 亿美元。当年分红为每股 8 美元，相当于现在股票数量情况下每股 5.75 美元。1953 年，公司净收益为 3.4 亿美元，较 1929 年下降了 56%，而同期其他铁路收益为 1929 年的 102%。尽管中央铁路在这段时间投入 7.5 亿美元进行资本完善，但收益还是有所下降。

---

① 本信件的原始英文信件见 P299。

1929年，穆迪铁路股票均价指数最低点为96.92美元，中央铁路公司股票最低价为160美元。同年4月2日，穆迪指数降至46.33美元，下降了52%，而中央铁路收盘价为23.62美元，暴跌85%。因此，中央铁路公司的股票市值在过去25年中有所下降，比市场均值还要低33%。如果中央铁路股票能够与均值保持步调一致，而不是远低于均值，如今股票价格将比现价高出53美元，也就是约77美元。

有此结果，是因为在过去的25年中，纽约中央铁路董事会受到范特比尔特家族、第一国家银行、J.P.摩根的财务管理和董事会中代表银行利益的资本的操控。

优秀的管理会做哪些事情？

我们希望你能够仔细观察表B.1，上面比较了阿勒格尼公司和其附属公司在1938—1954年的市场表现。在这段时间中，股票价格由于产业赢利能力逐渐扩张，得以整体上涨。判断管理是否得当，可以看有多少增长的收益用于调整公司，而这最终都反映在之后股票的市值上。切俄铁路与阿勒格尼公司投资组合中的其他主要铁路和工业公司股票不同，在1938年处于良好的财务状况。因此，切俄铁路既没有像组合中的其他铁路股票那样有所下降，之后也没有上升。

我们要留意煤炭的竞争优势正不断下降，阿勒格尼公司出售了1 941 033份股票，也就是切俄铁路所有股票，1938—1954年，总价大约为8.3亿美元。也就是说股票均价为42.88美元，相比之下，今年的最高价约为36.875美元，最低价约为33.125美元。

糟糕的运营表现

在东区和波卡洪特斯以及南区19条铁路线路中，州际商业委员

65

会交通数据局经过列表选择，认为纽约中央铁路在 1952 年货物运输营业比率（费用除以收益）排名中名列倒数第二。中央铁路的比率为 73.85%，而其他 18 条铁路的平均比率为 66.72%。

在我们看来，这些数据完全打破了之前的错误观念——之前大家认为纽约中央铁路运营表现较差仅仅是因为其较高的乘客搭载量（即货运运营比例较低）。

尽管如此，中央铁路位于世界上最好的交通区位，是能够达到水运级别的最优路线的。

需要注意的是，怀特先生在拉克万纳铁路担任了 11 年主席，于 1952 年调出，这条线路在 1953 年交通费用比率位列东部 77 条铁路干线前列，仅次于已经破产的长岛铁路、加拿大政府的大干线西部铁路和规模较小的萨斯奎哈纳铁路。

为什么中央铁路陷入可悲境地？

纽约中央铁路的可悲境地在我们看来，基本上是因为现在的董事会仅仅拥有 13 750 股股票，根据去年代理权声明显示，也就是不到 0.25%。

扪心自问，为什么仅拥有公司 450 股股票的 4 家银行董事，紧紧抓住你们的公司不放。难道不是因为巨大的利益收入吗？他们可以通过存款、委托和其他不计其数的方法为所在的 4 家银行带来巨大收益。

这 4 家公司董事和管理人员与其他 50 家工业公司和 14 家铁路公司相互联结，资产达到 1 070 亿美元。你认为这所在的 4 家银行对你们的中央铁路公司有多少不可分割的忠诚度？

缺乏乘客

我们的首要措施就是集中精力解决中央铁路的乘客部门问题，该部门去年损失了 5 000 万美元。切俄铁路（在普尔曼标准汽车制造公司的帮助下）正在开发 X 列车，一款全新、现代、底盘低、轻量的列车。根据工程师预计，X 列车可以达到州际商业委员会的安全标准，并且运营成本仅为现在设备的一半，生产成本仅为三分之一。我们相信，X 列车可以经久不衰，帮助中央铁路公司乘客部门解决赤字问题。

如果没有铁路的合作，切俄铁路基本上不可能安装 X 列车，但是中央铁路可以。

纽约房地产

1947 年，切俄铁路一直催促中央铁路出售其账面价格达到 4 876 万美元的纽约房地产，我们估计，现在的价格已经达到 15 亿美元。如今这一估值收益已不足 5%。如果将出售房产的收益，用于购买现在挂牌价大概为之前报价七成的纽约中央铁路的债券，我们相信将极大改善公司的财务状况。在我们坚持不懈的要求下，中央铁路董事会最终采取了措施，通过起诉 J.P. 摩根公司、债券委托人中的其他 4 家银行和纽黑文铁路，让法庭进行宣告式判决，决定房地产出售所得资金如何处理。

参议员兰格论银行家控制

并不是只有我们才对银行管控 130 条一级铁路感到担忧，这一点可以从以下段落得到印证，段落选取自时任美国参议院司法委员会主席威廉姆·兰格（William Langer，共和党人，北达科他州）于 1954 年 3 月 18 日写给时任州际商业委员会主席门罗·约翰逊（Monroe Johnson）上校的信件。

"在担任参议院司法委员会主席的这段时间以来，我一直在关注，我国铁路被一小部分位于纽约、匹兹堡、费城的银行和金融机构所控制。

我担心铁路控制权过于集中，因此希望一些个人或是团队能够打破一直以来掌控我们铁路的摩根、洛布和梅隆的利益网络。

"因此，对于我来说，我个人心怀感激，看到罗伯特·扬先生正在担负此重任，努力获得纽约中央铁路控制权。我认为，时机已经来临，必须帮助纽约中央铁路摆脱银行集团的控制，回到股东的控制之下，而据我所知，扬先生和他提名的董事会成员为公司最大股东。如果扬先生和同仁赢得这场战斗的胜利，我认为未来还需要采取长远措施，打破如今铁路领域的垄断状况。"

代表自己进行诉讼

现任董事会并没有无限权利享有你们的公司收入，他们正努力维持自己作为董事的地位，排挤我们提名的候选人。我们提名的候选人与公司没有类似冲突，他们拥有中央铁路公司上百万股股票。然而现任董事会表示，他们将在新闻媒体、广播、电视和杂志等领域发动全面战争。

他们雇用了顶级公关公司罗宾逊-汉尼根公司和乔治森专业代理征集公司，争取你们的选票。显然，他们相信，你们股东不能够阻止他们花你们的钱为他们争取选票，也不能阻止他们命令你们公司成千上万的员工为其提供代理权服务。

我们代表公司和你们，现在已经在纽约对现任董事会提起诉讼，阻止这些用于帮助他们自身的费用支出。

怀特和梅茨曼的终身合同

问问自己，有什么理由足以让怀特先生从拉克万纳处得以调出并升职，拿到一份直至65岁退休前年薪保持在12万美元，65岁退休后到70岁每年能拿到7.5万美元，之后每年拿到4万美元。

这样的合同毫无疑问消除了人们努力工作的动力，并且在我们看来，这有损你们的利益。

你们公司的现任董事会并没有向你们征询意见，便通过了这份合同和另一份公司前董事长古斯塔夫·梅茨曼每年2.5万美元的终身合同。

梅茨曼先生的合同远超于他每年2.6万美元的全额退休金，更不必说他现在68岁，还从美国铁路列车协会处拿到6万美元的年薪，这个汽车制造商贸易协会的成员由出售设备给包括纽约中央铁路在内各铁路的列车制造商组成（你们公司的前任董事长威廉姆森先生，1942年从供应商处继承了10万美元）。你认为梅茨曼先生的履职给你带来的价值是否与他的薪酬相匹配呢？

中央铁路的其他员工并没有收到这样的认可，他们没有成为J.P.摩根公司或者是纽约第一国家银行的董事，梅茨曼先生和怀特先生却先后成了董事。如果这些合同递交到你面前，切俄铁路就不会给现任董事的行为投赞成票，他们的行为就是牺牲你们的利益，给这两个人提供终生财务保障。

你们的公司细则第七条规定："董事会在任何时候都有权辞退任何一位管理人员，本细则应当写入每位雇员的合同中。"我们法律顾问洛代洛律师事务所认为，怀特先生担任董事长的任期应由董事会决定。

你们要相信，如果新任董事会还是坚持继续向他支付12万美元年薪，那么前提必须是，他修正自己对于未来收益的悲观看法，并且每天来上班。签字人若成为董事会主席，会象征性领取1美元年薪，以期为股东效劳。但若成为首席运营官，则工资另算。

竞争削减成本

阿勒格尼-扬-科比公司推动了铁路债券竞争密封投标原则的发展，

将其推广到电话和公共设备领域,为股东、消费者和运输机构节省了数以百万计美元,并最终让银行承担费用。

在介绍州际商业委员会颁布的竞争投标规则之前,中央铁路、其员工、银行家站出来,反对这一基本的美国竞争原则应用到他们的朋友——摩根士丹利身上。

只有公司的拥有者坚定地将竞争引入到公司事务的方方面面,只有顶层谨慎、坚定地引领,才能够降低银行家控制的中央董事会留下的大额交通比率。在我们看来,怀特先生不可能在竞争中保持坚定的立场,因为在现任董事会掌控之下,公司与供应商、特许经销商和合同商存在纷繁关系。

为什么我们要代表你,消费大家的金钱和精力?

首先,因为我们购买了公司上百万股股票,坚信在合理的管理之下,股票市值可以以更高的价格出售,产出更高的分红。

除了作为股东,我们与分红和股票升值的利益攸关,我们还会为铁路、广大旅行大众和运输人员带来更大利益。

罗伯特·扬

为了被阿勒格尼-扬-科比有限公司董事会所提名的候选人

4500号,克莱斯勒大厦

纽约州纽约市,邮编:17

1954年4月8日

警 告

如果任何银行家、律师、运输人员、供应商或其他人员希望获得你对于现任董事会的代理权，你可以质问他们有什么特殊利益，或者你们的公司是否在为他的效力支付薪水。正如现在担任董事的银行家们，这个人也希望从你们的铁路或者是银行家处获得特殊的好处。

如果你的股票列在某位经纪人或者其他提名候选人名下，仔细观察，看他是否遵循你的指示，我们是否收到了你的代理授权。

你的代理权授权随函附上。希望你能够立刻签字，并且跟随信封寄回。无须邮票。

比较市场历史

尽管在1937年5月，罗伯特·扬和艾伦·科比都成了阿勒格尼公司董事，扬还成了公司董事长，他们和自己的伙伴科比仅占董事会九席中的三席。他们一直需要面对一位充满敌意的公司总裁和董事会大多数成员，直到1938年1月5日，他们敦促现任总裁辞职，由科比出任。同时，他们扩大了董事会，将席位扩大到10位，并且他们首次获得了董事会大多数的控制权。

阿勒格尼股票当时最早到期（1944年到期）报价为71美元，1950年到期的报价为37.5美元，普通股出售价格为1.5美元。1938年1月19日扬出任镍片公司董事，当天普通股市售价18.5美元，1938年10月到期的6%黄金期票售价为60.75美元。他在1938年5月3日出任佩雷·马奎特公司董事，当天普通股售价10美元，各类优先债务56～66美元。

阿勒格尼董事掌控还延伸到了阿勒格尼子公司皮茨顿公司和债务人公司密苏里太平洋铁路公司。关于密苏里太平洋公司，阿勒格尼成功出击反对由银行和保险业务利益支撑的三项连续重组计划，在每一次挫败计划过程中确保进一步改善对于所有各类股东的平等待遇。

表 B.1　阿勒格尼和附属公司 1938—1953 年市场价格比较表

	1938		1953	
	高	低	高	低
阿勒格尼				
居前优先	21	8	80t	
A 列优先	17	5	152	130
普通	1 5/8	7/8	5	3
			赎回价格	
共同可兑换 5s 1944	85	45	102 1/2*	
共同可兑换 5s 1949	76	44	102 1/2*	
共同可兑换 5s 1950	51	25	102 1/2*	
纽约芝加哥圣路易斯铁路　1947				
优先	38	12	123[§]	
普通	23	7	34[§]	
			赎回价格	
6% 黄金票据 1938—1941 年[a]	106[a]	30	100[a]	
第一 3 1/2s 1947	95	65	101*	
参考 5 1/2s 1974	74	30	103 1/2*	
参考 4 1/2s 1978	62	27	102*	
切俄铁路[♀]				
普通	38	22	42	33

（续　表）

	1938		1953	
	高	低	高	低
尼皮尔马克特				
居前优先	43	17	99	91[b]
优先	38	15	85	67[b]
普通	18	5	21	16[b]
			赎回价格	
第一 5s 1956	81	53	105*	
第一 4s 1956	75	50	100*	
第一 4$1/2$s 1980	76	50	105*	
密苏里州太平洋铁路				
第一 & 退款	25	14	118	102
普通 4s，1975	8	4	117	84
可兑换 5$1/2$s，1949	6	3	101	69
优先	4	1 1/8	58	33
普通	2	1/2	14	6
皮茨顿				
普通	3/4	1/8	31	18
投资人多样服务[c]				
普通	18 1/4[d]		98	82

73

§ 该股票的大部分在 1953 年都以全新价值 4 美元的最优先可转换股进行兑换。未兑换部分以每股 80 美元赎回。

* 所有星号标注的发行在 1943—1945 年间以赎回价格兑现。

♀ 1947 年 11 月 10 日价格，切俄铁路将镍片公司股票分配给切俄铁路股东，作为额外分红。

a. 6% 黄金期票在 1938 年 10 月到期，但到 1938 年并没有还清，因此偿还期限延长到 1941 年。之后他们以 20% 现金兑换，剩下以 6s 兑换，1950 年到期，1943 年 12 月兑现为 100。

b. 佩雷·马奎特公司在 1947 年被并入切俄铁路，这些价格相当于切俄铁路股票兑换报价。

c. 投资人多样服务为 3 家附属国内开放投资公司的投资经理：投资人共同基金，投资人股票基金和投资人选择基金，他们拥有的投资组合涉猎广泛，包括铁路股票和债券。

d. 控制股票的收购成本，购于 1949 年 4 月和 5 月。

DEAR
CHAIRMAN

第 3 章

沃伦·巴菲特早期经典投资，
拥抱落难的运通公司

掀起了美国第三次并购风潮

1960 年，作为美国最受尊敬的金融公司，运通公司为其最大客户联合公司作保，为什么最后成为一个骗子的贷款人？

色拉油大骗局败露，运通公司跌入谷底，年仅 33 岁的巴菲特为什么会选择信任和支持运通公司？

企业狙击手寻找被市场忽略却拥有隐秘资产的公司，开启了并购浪潮，为什么企业狙击手不是威胁或祸害，而是资本市场新兴力量？

> 我向你保证,大多数股东(尽管很多人并不怎么会发表自己的看法)认为,你居然能在台风过境之际将船保持平稳,并且全力前行,这说明你干得非常漂亮。
>
> 沃伦·巴菲特,1964 年

沃伦·巴菲特让投资这件事看起来轻而易举。他的部分投资理念源于本杰明·格雷厄姆。他们都认为持有股票意味着持有公司部分所有权,而且购买股票需要预留足够的安全边际。但巴菲特与格雷厄姆有一点不同:如果巴菲特认为某一标的证券的交易价格远低于其应得的估值,他就会牺牲投资的多样性,大笔购入该标的证券。

巴菲特在理性思考方面天赋异禀,对他来说,价值投资策略非常简单,但对于我们凡夫俗子来说却是个雷区,铺满了千万具实践这一信条的从业者的尸体。在大笔投资中,我们很难运用集中式的价值投资策略,同时还能避免犯错。而巴菲特是少数几位能够运用这一策略的投资者之一。

每年,我都会去内布拉斯加州奥马哈市"朝圣",参加伯克希尔·哈撒韦公司的股东大会,聆听巴菲特和他的搭档查理·芒格(Charlie Munger)的真知灼见,他们会在长达 6 小时的会议上回答各种问题。我很乐意听他们讨论商业模式和行业发展,甚至在他们讨论枯燥的政治和宏观经济学时，我也不会感到丝毫不耐烦。但当他们开始将价值投资上升到哲学高度时，我开始感觉有些许不安。

需要说明一点，巴菲特和芒格在谈及价值投资时，不会说任何不实的话。例如，他们认为：

一个人不需要超高智商，也能成为成功的投资人；

无论是评估一个行业的动态，还是给一家公司估值，都比较容易；

只要你有足够的耐心，市场就会馈赠你几副好牌，让你大展身手；

如果你分析得当，把投资组合的资金集中到你最好的投资策略上，就能得到最丰厚的回报。

这些话都是金玉良言。

在价值投资领域，巴菲特秉持的信条都是真知灼见，但具有讽刺意味的是，巴菲特这种风格的投资几乎是为他自己量身打造的，在极大程度上渲染了非理性思考。没有什么能像超大体量头寸那样，引诱出投资经理心中固有的非理性倾向——贪婪与恐惧。

芒格曾说过，即使将他的净资产都压在一笔投资中，他也不会惴惴不安。但如果怀着最诚挚的心情去参加伯克希尔·哈撒韦公司股东大会的商学院学生，真的一开始就用这样的方法投资，那么这个开始可能就是其职业生涯的结束。只有超级冷静的投资人，才能利用集中式的价值投资赚到钱。

巴菲特的传记《滚雪球》讲述的并不是一个典型的美国式故事：普通人依靠辛勤的工作和坚定的信念获得成功。巴菲特是独一无二的，即便是错误的决定，他也能将其演绎成一个有趣的故事。例如，他投资伯克希尔·哈撒韦公司，曾经看似是一个错误的决定，因为这家公司集高投资和低回报于一身。换句话说，即便投入大笔资金，也只能获得极少量的回报。但巴菲特却能扭转乾坤，成功使伯克希尔·哈撒韦公司增值。如今，该公司已经成为全球市值最高的几家公司之一，雇用了超过34万名员工。

伯克希尔·哈撒韦公司是一家不按常规发展的公司，如同其控制人巴菲特一样，不按常理出牌。该公司是一家全球性联合大企业，架构庞大、分散，把卓越作为企业文化。**它的商业模式十分简单：找到一家由能力出众的管理层运营的公司，让他们自由发挥，公司就能坐收现金收益。**这种模式和巴菲特的价值投资策略一样，能够创造惊人的收益。人们只需要直觉就能够运用这一策略，但没有人像巴菲特那样将其运用得炉火纯青。

在投资领域，巴菲特曾一度达到令人难以置信、登峰造极的地位。他从1956年初次合伙投资起，便已是一个成熟的投资经理人，虽然当时他才25岁。在此后12年间，他以惊人的速度为自己和投资人积累了大量财富，而且从未失手。尽管过去的投资记录斐然，巴菲特合伙公司并没有停滞，还在不断前进和发展。巴菲特一直在调整自己的投资风格，有段时间甚至玩起了做空和配对交易。

1990年，他在接受《纽约时报》采访时说道："我进化了，但我并不是以优雅、平稳的方式从猿类进化到人类。"巴菲特不仅从他犯下的错误中吸取教训，也从取得的成就中总结经验。在他的投资案例中，最成功的便是美国运通公司，这一投资是他职业生涯中最重要的转折点。

20世纪60年代的色拉油大骗局欺天罔人，将运通公司几乎逼到绝境。这是一个非常复杂的故事，但提供了许多极为宝贵的经验教训，例如商业人士有时会变得不可靠，或是在公司发展的关键时刻无法认清现实。这一连串故事，一方面披露了许多为人所不齿的行为和一个货真价实的流氓；另一方面也表明，许多诚实又有能力的人会在无意间出现致命盲点。大骗局的另一附带影响就是将巴菲特放在了许多股东的对立面上，许多股东希望运通公司无视色拉油受害者的索赔，从而在短期内实现利润最大化。

当巴菲特以大股东身份介入运通公司时，他没有要求董事会席位，也没有向公司管理层质询经营管理业绩，或是要求公司采取更高分红的政策，更没有质询公司的资本支出。相反，他希望运通公司可以自由支配资本，赔偿骗局中的受害各方。巴菲特对运通公司做足了研究，他发现这是一家非常有前景的公司。之后，他将这类利润颇高且利用利润再投资还能获得相同水平利润的企业称为"复利机器"。

巴菲特明白，如果运通公司对色拉油骗局的赔偿要求不管不顾，将损害它的声誉和其长久以来的巨大品牌价值。他想要阻止短视的股东仅为了几美元伤害"复利机器"的传动装置。这是巴菲特的全新立场。他在购买运通公司股票之前，属于那种尽可能想从股票中快速挣钱的吝啬投资者。

初出茅庐的巴菲特在资本市场崭露头角

1957 年，罗伯特·扬掌控的纽约中央铁路公司开始走向崩塌。大概同一时间，年轻的巴菲特给他投资的某家公司的某位董事寄了一封信。信中写道："我之所以写这封信，是因为你在国家商人财产公司明显是一个'外来'董事。"也许是因为我的敏感程度与巴菲特不同，毕竟时隔 60 年，但我还是从字里行间读出了点挖苦意味。他接下来的几个字不会让你感到惊讶:"……对此我深受困扰。"

尽管巴菲特没有摆弄刀剑,也没有像代理权劝诱人那样在国会接受质询,但是他为了自己位于奥马哈的合伙公司,默默使用了相似的投资策略。他购买低估值且运营状况不太理想的公司,然后争取董事席位,甚至控制权。

巴菲特公司最典型的一笔投资就是邓普斯特机械生产公司。这是一家始建于19世纪,位于内布拉斯加州的风车农业设备生产商。巴菲特这样描述:"本质上来说,公司状况并不好,但是它的运营数据非常吸引人。"

邓普斯特公司所属的制造行业处境艰难。公司只在名义上收入可观,因此它的股票在市场上折价交易,且折价的比例非常高。巴菲特购买该公司股票的价格,仅相当于公司现金价值、存货价值、应收款项减去负债价值的一半。1956年,巴菲特第一次购买了邓普斯特公司的股票。1958年,他加入了公司董事会。1961年,他持有的股份超过50%,获得了公司控制权。

巴菲特希望管理层能提升毛利率,但收效甚微,几年来公司业绩都没什么改进。多年以后,公司还是没有起色,于是他找了一个能力出色的经理哈利·波特尔(Harry Bottle),邀请他打理邓普斯特公司,大刀阔斧地进行改革。波特尔紧缩开支,出售收益率低的资产,清算存货,同时将非流动资产变现。巴菲特借此迅速将这笔现金投入股市。到1963年,公司股票价值已经超出当初巴菲特买下整家公司的价格。那年,他写道:

> 巴菲特合伙公司花费 1 262 577.27 美元持有邓普斯特公司 71.7% 的股份。1963 年 6 月 30 日,邓普斯特公司在奥马哈国有银行有一个小保险箱,内有价值 2 028 415.25 美元的证券。

以这个价值进行计算,我们所持的 71.7% 的股份价值达到了 1 454 373.70 美元。所以说,多出来的都是利润,甚至不仅如此。

根据 1960 年巴菲特致股东的信中的描述,他在桑伯恩地图公司的投资,同样值得深入研究。桑伯恩公司比邓普斯特经营状况稍佳。这家公司制作城市地理详图,并将地图卖给火灾保险公司。几十年来,桑伯恩公司的收益率一直很高,直至 20 世纪 50 年代,一种新的承保方式出现,导致它的收益率开始下降。巴菲特最初购买桑伯恩公司的股票时,每股交易价是 45 美元,但在资产负债表上,每股价值达到了 65 美元,而且当时已有业务还是有一定潜力的。当收益一直在降低,巴菲特认为桑伯恩公司的董事——大部分是保险公司的高管——正在忽视公司发展。

巴菲特购买了足量股票以获得一个董事席位,然后对其他董事发起进攻。他希望能通过重新分配持股比例,重振地图业务。他提出将多余资本回馈给股东,董事们表示拒绝。于是他威胁要召开股东特别会议,取代现任董事会。

巴菲特向《滚雪球》作者艾丽丝·施罗德抱怨自己在桑伯恩公司的经历:"我记得董事会上,雪茄传来传去。每支雪茄里 30% 的钱都是我付的,而我却是唯一一个不抽雪茄的人。"最终,巴菲特获得了胜利,公司将多余的证券变现,回购了 72% 的股份。

在巴菲特早期的投资中,他购买了大量资产颇丰,却在市场上大幅折价交易的公司。这些公司往往状况不佳,耗费时间精力,通常还会产生一些冲突。例如邓普斯特公司所在的比阿特丽斯市是一座很小的城市,而该公司是当地唯一的一家工厂。而本地媒体会污蔑巴菲特,说他要裁掉一百名员工。他不想承受那种污蔑,而事实上他也的确不用再承受了。因为一系列不可思议的事情即将让美国最伟大的公司之一——运通跌到物超所值的价位。

拥有极高品牌价值的运通公司被其最大客户欺骗

1960 年 6 月，一位匿名线人向运通公司通风报信，透露联合植物油提炼公司正在制造一个巨大的骗局。当时，联合公司是运通公司现货仓储子公司的最大客户，仓储公司根据联合公司的豆油存货，为其担保了数百万美元贷款。运通公司的员工都将这个通风报信的人称作"消息之声"，他说自己在联合公司的一个机构上夜班，地点在新泽西州的贝永市。他提出让运通公司的员工监视第 6006 号油罐，这也是货场上最大的油罐之一。之所以这么做，是因为只有测量盖下面的一小块金属仓里装满了豆油，而油罐的其他位置都是海水。

我想你们应该没有管理过现货仓储公司。如果你们曾经管理过，想象一下接到这样的电话，"你以为仓库都是装满货物的，其实都是空的！"没有其他电话能像这类电话一样，把你们吓得夜不能寐。现货仓储公司的唯一职责，就是看管与核查顾客储藏的存货。运通公司开出了仓库收据，证明联合公司的数百万磅（1 磅 ≈ 0.45 千克）大豆油囤积在运通公司仓库，然后利用这些盖有运通公司公章的收据证明，作为数百万美元贷款的抵押品。

诺曼·米勒（Norman C.Miller）曾作为《华尔街日报》记者报道过色拉油大骗局，并由此获得普利策奖，他引用联合公司贷款人的话："我们经过验证，发现运通公司确实开出了这些收据，我们借钱给他们不会有问题的。"运通公司因为一些位于贝永市的生锈油罐，押上了自己的资金和声誉，但弄清油罐里有什么，有这么难吗？

运通现货仓储公司总裁唐纳德·米勒（Donald Miller）与"消息之声"交谈之后，下令迅速展开突击检查。调查人员检查了空油罐，想要寻找其中隐藏的金属仓，但没有找到。他们对使用中的油罐，包括第6006号油罐进行了抽样。调查人员向米勒报告，抽取的样品中15%的油罐里水含量超标，并且超标的水并非凝结所致。但是他们不能排除第6006号油罐设置有隐秘仓的可能性，因为除了测量盖，所有的豁口都被焊接密封了。尽管有这些危险信号，检查人员还是判定油罐里面有足量的油，可以偿付所有未偿的仓库收据。

"消息之声"和米勒第一次谈话时，他提出先拿到5 000美元才肯提供更多相关消息。夏季快结束时，"消息之声"对运通公司懦夫般的回应极为失望。

于是无论有没有酬金，他都想要证明自己提供的消息不是假的。他对米勒的气愤致使他直接打电话给运通公司总裁兼CEO霍华德·克拉克办公室。他没有故弄玄虚，提供模糊线索，而是直接提出详细的6点计划来揭露骗局。这当中最重要的一步就是聘请"无论如何也不会被收买"的第三方工程师，检查贝永市的油罐。克拉克的行政助理觉得"消息之声"可靠，于是安排了运通公司的一位检查员仔细调查联合公司。

检查员罗奇（R.T.Roche）没有费很大力气便发现一些有关联合公司老板安东尼·蒂诺·德·安吉利斯（Anthony Tino De Angelis）的惊人事实。罗奇在1960年11月18日的内部记录中写道，安吉利斯7年前被司法部起诉，税务局曾考虑过以逃税名义对安吉利斯提起刑事诉讼。安吉利斯还需偿还超过100万美元的税收留置权，他还被怀疑贿赂政府检察院。罗奇表示，安吉利斯可能与组织犯罪有关联，建议运通公司在联合公司安插一名卧底。

安吉利斯此前的多项商业行为都存在问题。他曾是一名肉贩，1938年开始做肉类加工生意。第二次世界大战期间，他通过在黑市销售肉品，以及战后走私积累了大量财富。1949年，安吉利斯买下阿道夫·戈贝尔公司，这是一家在美国证券交易所上市的大型肉类包装公司。1952年，公司因向联邦学校午餐项目提供次品肉类，又向美国农业部虚报价格，失去了一大笔收入可观的政府合同。一年之后，美国证券交易委员会开始调查该公司虚报收益及存货的问题。从安吉利斯收购阿道夫·戈贝尔公司算起，仅仅5年，他就让公司破产了。

美国证券交易委员会表示，安吉利斯在阿道夫·戈贝尔公司的收入报表上添加了虚假订单，并且利用根本不存在的存货进行抵押借款。1953年，由于安吉利斯在证券交易委员会调查期间，逼迫一名员工制作关于公司存货价值的虚假报表，司法部起诉了他。值得强调的是，1957年联合公司成为运通公司现货仓储公司的最大客户之时，它的老板安吉利斯早就因强迫公司员工虚报存货而被起诉。运通公司为一个正在被证券交易委员会指控虚报库存的人担保，金额还高达上百万美元。

从联合公司的表现不难看出，安吉利斯在阿道夫·戈贝尔公司破产后，并没有任何改过自新的迹象。

1958年，农业部对安吉利斯伪造运单进行调查，因为之前他利用伪造运单从美国政府骗得了120万美元。1960年，美国政府以民事欺诈罪起诉安吉利斯和联合公司，同年，"消息之声"致电运通公司，提醒他们警惕联合公司的存货骗局。

以上就是运通公司派出的检察员罗奇调查到的信息，任何人要查到这些信息其实都不难。《华尔街日报》对阿道夫·戈贝尔公司丑闻和联合公司的民事欺骗起诉案件进行了报道。所有相关可靠报道都会列出安吉利斯的税收问题、阿道夫·戈贝尔公司的破产状况和违法事实。

不过这也正是联合公司需要运通公司的根本原因。如果没有经过第三方审查的担保品，银行根本不会借钱给安吉利斯。

作为美国最受尊敬的金融公司之一，运通公司通过担保联合公司存货，成了一个骗子的最后贷款人。这个骗子不仅诈骗美国政府，还曾为美国学生提供次品肉类。

色拉油大骗局败露，运通公司股价暴跌超 50%

1960 年的运通公司与现在没差别。它是一家备受尊敬的公司，拥有极高的品牌价值，经营着一系列赢利出色的业务。直到色拉油骗局差点将运通公司弄垮，很多人才知道这家公司居然还经营现货仓储业务。公司的主营业务是旅行支票，每年开出的金额超过 10 亿美元，刚开展的信用卡业务每年也有 25% 的增速。

相比之下，现货仓储业务在过去 16 年的一半时间里都在赔钱，即使赢利，也利润微薄。如果不把联合公司的这笔诈骗生意计算在内，仓储业务其实一点赢利都没有。

即便仓储业务达到了 CEO 克拉克设定的每年 50 万美元的净利润目标，这依然不是一个优质业务板块。仓储业务的顾客都属于资本密集型，往往需要利用存货抵押贷款，而由于这些顾客信誉较差，贷方都会要求其提供已被核实的担保品。而仓储公司需要通过承诺减少干涉才能争取到客户，于是他们就会在检查存货方面作出让步。所谓的独立现货仓库，事实上就是客户自己的仓库，只不过换上了仓储公司的招牌。

而所谓的第三方员工，只是把客户的现任员工暂时移到仓储公司的工资支付清单上而已。在这种情况下，利益和目的往往会发生冲突，联合公司骗局揭露后的几年中，又发生了几起大型现货仓储骗局。

《华尔街日报》色拉油丑闻报道披露，安吉利斯会给"第三方员工"额外支付一份工资，而且金额高于运通公司支付的工资。毫无疑问，这些员工肯定效忠于联合公司，只有这些人知道油罐是怎么回事，知道与油罐相连的管道的复杂分布，同时，他们也是为运通公司记录存货数据的人。

1960年夏天，当"消息之声"第一次向运通公司的管理人员揭露联合公司的骗局时，运通公司本可以较少损失从安吉利斯的骗局中抽身，因为未偿的仓库收据为6 500万磅色拉油，价值650万美元。然而令人难以置信的是，这个骗局直到3年后才被揭露。

这3年间，色拉油骗局规模已扩大了10倍，运通公司担保的色拉油数量，已超过全美色拉油的储量。每周存货都会疯涨，到处都是危险信号。事实上运通公司根本不可能在这么短时间内囤积这么多色拉油。但运通公司的高层似乎没起丝毫疑心。有许多根据安吉利斯仓库收据发放贷款的银行业人士都会向运通公司打电话询问："你们确定自己对存货掌握得一清二楚吗？"运通公司对如此明显的警示置若罔闻，是不是因为其中有人意图不轨？

与其说运通公司现货仓储业务的管理人员图谋不轨，不如说他们的确上当受骗了。安吉利斯从未，也不需要贿赂或逼迫他们通融。运通公司最接近发现骗局的时刻就是"消息之声"来电后下令开展的突袭检查。但安吉利斯用进攻取代了防守——他冷冷地表示要终止合作。运通公司眼见安吉利斯动怒，立刻转质疑为安抚。

在安抚安吉利斯的同时，运通公司高层也没有有效处置危险信号。检查报告下结论说，油罐里有足够多色拉油，可以偿付所有仓库收据，但报告同样表明："没有办法解释那通神秘电话。充足的证据表明油罐里有水，公司有可能已经开出了一些空头支票，现货仓储业务将蒙受巨大损失。"那么为什么运通公司愿意在人力和监管都没有多大改善的情况下，还与联合公司保持合约？调查报告的结论表明："联合公司是我们仓储业务账面上最大的利润来源，如果失去这位客户，该业务将亏本运营。我相信我们需要拉拢这位客户。"

运通公司的仓储业务需要大客户维持正常运转，而业务管理人员则为追求短期利益和成功的职业生涯而甘冒风险。直至1963年，他们仍然相信安吉利斯是诚实正直的。因为包括业务主管米勒在内的多人都将个人资产投到了安吉利斯的其他风险项目上。

在较短时间内，运通公司一些自满而又不切实际的员工让公司遭受了风险。CEO克拉克想要关闭仓储业务的念头已有数年，但他的下属每次都劝说他打消这个念头。有一次，克拉克亲自到访联合公司存储货物的仓库。他仅爬了一座油罐，就发现油罐顶部已是锈迹斑斑，但是他并未表露出自己的关切和困惑。终于，在丑闻暴露的几个星期前，他决定摆脱联合公司，却为时已晚。

1963年，色拉油大骗局以惊人的形式败露。当安吉利斯偷偷为公司递交破产申请之后，联合公司的债权人集聚贝永市。他们最初的困惑变成了恐慌。贷方和出口商手上持有的13亿磅色拉油仓库收据，由运通公司出具，价值达到3.95亿美元，但后来他们发现收据是伪造的，油罐里面大多是清水或是莫名的淤泥。联合公司破产托管事会在排光6006号油罐之后，发现了里面除了海水，还有一个装有豆油的狭小金属仓。

50多家公司都受到了影响，包括美国银行、美国信孚银行、布朗兄弟哈里曼银行、大通曼哈顿银行、大陆谷物公司、摩根信用担保公司和宝洁公司。

87

安吉利斯还将他的骗局带到了华尔街，对市场造成了巨大破坏，也瓦解了他的商业帝国。他利用仓库收据开设保证金交易账户，自不量力地想要垄断大豆油市场。

交易最后不可避免地针对安吉利斯，美国农产品交易所为了结清他的仓位，不得不休市一整个交易日。一家备受尊敬、拥有2万多名客户、持有价值5亿股票的券商，由于和安吉利斯进行保证金交易，遭受了巨大损失。纽约证券交易所中止交易并进行了清算，这是该所在171年的历史中第二次发生这样的事情。

运通公司处境非常困难。它从保险公司大约能获得8 000万美元的赔偿，但这还是不够偿还骗局造成的损失。在公开场合下，克拉克再提及运通公司的保险政策时，对公司未来发展和繁荣保持乐观；私下里，克拉克召集了几位律师，探讨公司是否有足够资金支付赔偿。丑闻暴露后不久，克拉克就发表了一份正式声明：

> 如果保险赔偿不能覆盖法律责任要求的金额，运通公司在道义上有必要竭尽全力，监督偿付巨额债务。

随着指控和诉讼的增多，公司的股票价格急剧下跌，这引起了时年33岁的巴菲特的关注。

运通公司对巴菲特投资理念产生了巨大影响

运通公司在联合公司倒闭后的数月里，股票价格下跌超过50%。股东承担的并非有限责任，因此投资人加剧了对公司的担忧。运通公司是最后一家改为股份公司的大型上市公司，这意味着持股的股东全部需要对公司债务和义务承担责任。巴菲特向《滚雪球》作者施罗德描述了这种动态关系：

> 所以，美国所有相关机构都恐慌了。我还记得，大陆银行持有运通公司5%的股票，突然，他们发现不仅自己信托账户的股票变得一文不值，还可能需要承担受害人的损失。运通公司的股票被大量抛售，市场在一段时间里都没办法有效运转。

巴菲特购买了运通公司大量的股票。运通公司股票一度占到巴菲特投资组合三分之一的仓位。但他在给合伙人的信件中从未提及该笔投资。他只提到了自己握有一些具有控制权的仓位，对该仓位对应的股票名称则含糊带过。1964年年初，当巴菲特迅速购买运通公司股票之际，他在写给投资人的信中，提到的唯一一只新股票就是得克萨斯国家石油公司。那是一笔小规模的全面收购，收益也只有10万美元。

尽管巴菲特在信中非常低调，并未提及运通公司，但运通公司对于巴菲特的投资理念还是产生了巨大影响。巴菲特将他的投资组合分成了三类：

控制类（Control Positions）：如邓普斯特公司和伯克希尔·哈撒韦公司；
定价反常类（Work-outs）：如得克萨斯国家石油公司；
低估类（Generals）：如运通公司。

1963年年初，巴菲特对于"低估类"的描述主要关注价格和安全边际。他写道："通常'低估类'会带来一飞冲天的机会，我们相信掌握控制权的股东团体有更好利用亏损的或未被充分利用的资产的计划。"换句话说，这类股票多是低回报公司，股票交易价格低于其账面价值，就像邓普斯特公司和伯克希尔·哈撒韦公司一样。

购买运通公司股票一年之后，巴菲特更新了自己对于"低估类"的认识："**定量研究应该放在第一位，且是十分重要的，但定性分析同样重要。我们喜欢优秀的管理层，喜欢体面的产业，喜欢管理层和股东团体心中的那股'骚动'。**"

到1967年，也就是巴菲特通过运通公司股票获得暴利之后，他这样写道：

> 尽管我认为自己主要还是属于定量研究一派（写这封信时，我可能是这一派硕果仅存的人），但有意思的是，近年来，我的一些不错的想法却多是侧重于定性分析的。在定性分析中，我获得了"高概率事件洞察力"……能够做出正确的定性决策的投资人更有可能赚大钱，但如果想要稳妥赚钱，在我看来应更多地依靠定量研究。

运通公司的股价暴跌吸引了巴菲特的注意，而公司的股份结构和无限责任解释了市场的反应过度。但巴菲特入手运通公司股票并非为了等到市场稳定时快赚一笔。在调查过该公司产品的表现后，他知道自己找到了一家伟大的公司，而在1963年以前，他几乎不会投资这样的公司。

在那之前，巴菲特大部分时间都在用购买资产庞大但价值被低估的公司的股票。但是运通既没有工厂也没有设备，这家公司的价值在于名声。巴菲特对银行、酒店、餐厅、顾客进行了调研，研究丑闻对于品牌有没有产生影响，之后他意识到了轻资产运营方式的巨大赢利能力。资产类型丰富的公司，例如伯克希尔·哈撒韦公司需要许多投资才能有效运转。

运通公司的旅行支票业务事实上创造了超额资本，在顾客购买支票到使用支票期间，运通公司坐拥大量剩余资金。由于运通公司持续的运营能力，巴菲特把色拉油的赔偿方案比作在邮递过程中丢失了分红支票，也就是说这件事恼人，但不至于是大灾难。

巴菲特对运通公司的"高概率事件洞察力"到底是什么？正如他在1969年接受《福布斯》采访时说道："你们看，运通公司其实是世界上最伟大的特许连锁公司之一。"

"奥马哈的先知"称号的由来

在骗局暴露之后，运通公司的市值蒸发了1.25亿美元。最终，公司与色拉油索赔者达成了协议，该协议的税后净额为3 200万美元。但是在达成协议期间，发生了一件有意思的事情：运通公司的决议意想不到地受到了公司股东的阻拦。一小群股东认为运通公司没有义务偿还子公司的债务，因而发起诉讼，阻拦任何解决方案。

CEO克拉克可能认为，自己对于债权人在道义上负有责任，但股东辩称运通公司在法律上不需要承担任何责任。他们认为现金赔偿等于"白送礼"，且随意使用资产将会损害股东利益。尤其让他们生气的是，那些手持伪造票据的债权人，竟然可以收到现金赔偿。

当上市公司的股东没有意见或谨小慎微地发表意见时，那些想要发言的人就可以掌握相当大的话语权。但是如果一小群有权势的人想要代表股东发言，我们怎样才能确信，这些人是为长期效忠公司的股东着想呢？运通公司股东开始闹事，希望公司对色拉油赔偿置之不理。巴菲特担心这些活跃股东所产生的影响可能强到无法控制的程度。虽然他知道这种可能性很小，但也没必要冒险让这些股东主导整个问题的解决进程。

巴菲特在早年时期，偶尔会与运营不佳、资产庞大的公司的管理团队和董事会发生冲突。如果他不得不参与公司运营，那就意味着他要夺取控制权，拆分资产。例如在邓普斯特公司，他从公司迅速抽走资金，为股东创造了分红。但是运通公司完全不一样，管理层做出了正确的举动，想要保护公司品牌，而其他股东在努力阻止公司解决问题。骗局成为全国性大新闻，许多索赔者都是出售运通公司旅行支票的大型金融机构。

巴菲特担心股东阻碍解决方案的短视行为将永久性损害运通公司宝贵的品牌价值。眼看这样一家高品质公司岌岌可危，巴菲特打算插手干预，保护公司的核心竞争力。

某种程度上，巴菲特在 1964 年 6 月 16 日写给运通公司 CEO 克拉克的信像是在给他加油打气。他高度赞赏了管理团队，鼓励他们继续保持良好的工作势头。在这看似积极的鼓励背后，巴菲特似乎想说："拜托，我们基本上顺利地收拾了这烂摊子，有这么好的企业在手，现在可别再搅糊了。"

信中最令人震惊的部分就是巴菲特背后所隐含的意思，他认为联合公司的这场骗局最终会提升运通公司的信誉。他写道：

> 我敢肯定，由于仓储公司事件，管理团队现在可能认为公司跌到了谷底，但是我认为三四年之后，这可能会给公司带来更大的价值，因为公司为金融诚信和责任制度设定了更高准则，这是其他普通的金融公司难以企及的。

认为运通公司的地位将在乱局中不降反升的想法看似是白日梦，或者说可能是巴菲特想要讨好克拉克的一种方式，但1987年，皮特·格罗斯曼（Peter Grossman）在他出版的书中这样解释道，"运通公司遭遇了成立以来前所未有的危机，而这场危机壮大了公司和管理团队，它产生的影响有悖常理。事实上，公司获益颇丰，每几年就会有人问克拉克，色拉油丑闻到底是不是一件好事。他的回复是，'我不觉得自己有生之年还有精力来处理另一桩丑闻'。"

最终结果证明，巴菲特完全正确。他也因此获得了"奥马哈的先知"的称号。在巴菲特从投资运通公司中大赚一笔之际，周围的市场开始热捧大型企业集团和光鲜亮丽的共同基金。但巴菲特还是继续低调地走自己的进化之路。在投资运通公司之后，巴菲特渐渐远离了格雷厄姆的投资风格。

数年后巴菲特解释道："我对用适当的价格买下成功的企业非常感兴趣。"1969年，他宣布关闭自己的合伙投资公司。他已经根据定量分析赚了许多"有把握赚到的钱"，现在他准备好将目光投向更大的"猎物"。

随着时间推移，巴菲特越来越喜欢买下公司的控制权，例如运通公司。持有一家优秀的企业很简单，而且它比持有部分的股权更加有趣，因为仅仅持有部分股权会浪费利用优质资产的机会。正如提炼金色的豆油，巴菲特逐渐提炼自己的价值投资风格，他要利用这种投资风格，让位于新英格兰的纺织厂——伯克希尔·哈撒韦公司成为纺织产业中的制高点。

新一代企业狙击手诞生了

20世纪60年代末期，巴菲特通过购买一家保险公司和一家银行，极大地提升了伯克希尔·哈撒韦公司的市值。但在同一时期，却有不少坐拥优质企业的人，用一连串无知的收购行为，玷污自己原本优质的企业。

20世纪60年代，投机风气甚盛的股票市场，开启了美国第三次并购风潮（第一次是在19世纪90年代，第二次是在20世纪20年代），但这很大程度上是一种无意义的行为。之前的并购风潮关注横向并购和纵向整合，而20世纪60年代的上市公司沉迷并购纯粹是为了增长，无论通过什么方式并购，华尔街都会投入大笔资金鼓励这种做法。投机股票市场很快崩塌，但废墟中又诞生了新一代企业狙击手。1978年，吉姆·林恩与哈罗德·西蒙斯展开斗争，凸显了企业狙击手日益提升的优越地位。

"并购之王"吉姆·林恩是大型综合企业林恩-特姆科-沃特公司（简称LTV）的经营者。他利用华尔街愿意为公司的壮大买单的心理，赚得了巨额财富。1955年，林恩的小型电气公司在达拉斯上市。为公司的股票寻找买家，对当时的林恩来说是一项巨大挑战，他甚至在得克萨斯州展销会上派发公司的招股说明书，不过他还是成功募集到了100万美元。他以这笔钱为起点，开始了一系列的并购活动，并让自己的公司顺利挤进《财富》世界500强榜单。

林恩不断从华尔街筹资，开展一系列复杂的重组，以便未来筹资。他出售了手中的多种混合证券，例如一些可以从优先股转成普通股的证券，且经常提供让人迷惑的报价，把新股置换成之前发售的股份。到1969年，在对钱斯沃特公司、威尔逊公司和琼斯-劳克林钢铁公司成功进行恶意收购后，LTV公司在《财富》世界500强榜单上的排名攀升到第14位。他收购琼斯-劳克林公司的报价达到4.25亿美元，这在当时是最大的现金股权收购案。

随着 LTV 公司逐渐壮大，林恩也因其"金融才能"受到越来越多赞赏。有人描述 LTV 公司的崛起是一个诡计，全靠林恩忽悠人的本事和华尔街对于收益增长和市盈率的重视。由于林恩的公司在公开市场上获得了很高估值，他可以筹到足够多资金，再通过并购，助推更高的收益增长。不过这样的模式无法一直运转下去。

LTV 公司背后隐藏着一个肮脏的秘密：林恩的并购记录参差不齐。并购威尔逊公司可以算作是成功之举，但是投资钱斯沃特公司和琼斯-劳克林公司的结果并不好。不久，投资人就看透了那些大型综合企业领导人的阴谋，LTV 公司股价随之崩塌。由于林恩凭借他的 LTV 持股大肆举债，因此他的私人财产也随着股价崩盘而灰飞烟灭。

并购之王的进化：寻找被市场忽略却拥有隐秘资产的公司

20 世纪 60 年代中期，"并购之王"的名声正值巅峰时，年仅 33 岁的药店老板哈罗德·西蒙斯给林恩写信，希望能够与他见面。西蒙斯密切关注林恩的事业发展，他被林恩快速并购公司的能力所折服。西蒙斯如果不在打理自己的药店，就在阅读年报，玩转股票市场，他觉得自己找到了一家被市场远远低估的公司——缅因州的巴斯钢铁公司，他想要听听林恩的意见。林恩答应了西蒙斯的见面请求，这让西蒙斯兴奋不已。当他听到林恩表扬自己的投资分析时，他更加激动了。

1976 年，两人再次相见之际，林恩刚成立并投资的企业欧米茄-阿尔法公司正身陷囹圄，他又一次跌入谷底。在过去 10 年里，他一直是人们崇拜的对象。另一边，西蒙斯正渐入佳境。他以 5 000 万美元卖掉了自己的药店帝国，一步步通过收购上市公司赚取了 10 亿美元。西蒙斯模仿了林恩充满创意的股权收购方式，获得了公司控制权，但是林恩的目标是不惜一切代价发展 LTV 公司，而西蒙斯关注的是购买被低估的企业。西蒙斯最大的天赋之一，就是寻找被市场忽略却拥有隐藏价值的公司。

1975 年，林恩的欧米茄-阿尔法公司申请破产，正是在这一年，西蒙斯找到了一家名不见经传的瓦利公司，它的交易价为每股 5 美元，但每股净资产却达到 50 美元。西蒙斯通过密切关注萨帕塔公司前 CEO 多伊尔·迈兹（D.Doyle Mize）的一系列操作，才发现瓦利公司的价值。迈兹从萨帕塔公司辞去 CEO 之后，又出任经营土地业务的索斯当公司 CEO，这家公司是萨帕塔公司的子公司。萨帕塔公司后来将索斯当公司独立，把公司出售给股东，迈兹借此集中了自己的股权，并且大赚了一把。之后，他试图在瓦利公司身上再次运用这一招。

迈兹将索斯当公司中的最佳资产注入瓦利公司。从索斯当公司辞职后，又出任瓦利公司 CEO，将瓦利公司独立，出售给包括他自己在内的股东。西蒙斯出价每股 15 美元，想要买下瓦利公司的股份，这让迈兹颇为惊讶。于是迈兹加价到每股 17.5 美元，西蒙斯最后以每股 22.5 美元成功收购瓦利公司，获得控制权。

就在西蒙斯成功获得瓦利公司的控制权后，林恩登门拜访。他提议与西蒙斯建立合作关系，但西蒙斯并未同意。但西蒙斯为他心中曾经的"并购之王"开出了一份两年期合同，邀请林恩担任西蒙斯主要投资工具康特兰公司的顾问。

林恩立刻提供了几个投资想法，康特兰公司后续也按照林恩的建议，通过购买欧米茄-阿尔法公司的债券，赚了不少钱。不过林恩的分析存在一些缺陷。西蒙斯意识到，林恩虽然很聪明，但他也是个技艺高超的大忽悠。他说话速度很快，运用许多令人不解的专业术语来解释自己的想法，却对关键且显而易见的细节视而不见。LTV 公司的破产虽然对林恩来说十分屈辱，但这件事以及林恩糟糕的个人财务状况并没有影响他的自信。与康特兰公司的两年合同到期之后的第一个星期，林恩便向西蒙斯表明了他想恶意收购康特兰股份的意图。

西蒙斯跟他的律师说："这就是林恩的典型作风，但凡你忽略了一点点细节，他立刻就能置你于死地。"林恩在康特兰公司待了两年，知道市场远远低估了这家公司。他发现康特兰公司的子公司瓦利公司潜藏着许多隐秘价值。如果他获得控制权，就能清算公司，获得巨额收益。

但林恩忽视了一个非常关键的细节：西蒙斯拥有公司42%的股权。如果林恩想要超过西蒙斯，他需要购入剩下所有股权的90%，这几乎是不可能的。

康特兰公司在市场上的交易价为每股20美元，林恩出价每股35美元，买下了几个大股东手中的股票。之后他又以每股50美元公开收购，最终获得了公司41%的股票。当时，西蒙斯已经将自己的股权提高到了44%。如果林恩能够持股超过50%，他就能回到自己当初拥有LTV公司时的光辉地位。但是如果他失败了，就只能简单持有由他对手掌控的公司股票，这些巨额股票不但不能立即兑现，而且还是通过负债购买的，控股人还是他在资本市场的对手。

林恩最终没能够获得康特兰公司50%的股权。更糟糕的是，在之前的股权争夺期，康特兰公司的股票一直在每股50美元高位徘徊，但现在公司股价暴跌。林恩希望西蒙斯能够以每股50美元的价格买走自己手里的股票。西蒙斯回复道："你可以一直持有这些股票，因为我对它们不感兴趣。"康特兰公司最终用一些现金和证券，买下了林恩手中的股票，对价为每股30美元。林恩再次陷入困境，他逐渐从往日的"并购之王"变得无人问津。风水轮流转，西蒙斯和林恩初次见面的时候，西蒙斯还只是一个初学者，但他现在已成为大师。后来，有问西蒙斯对林恩的"未遂政变"做何感想，西蒙斯没有表现出丝毫不悦。他强调，这只是商业常态。就这样，冷血的企业狙击手时代来临了。

真实世界中的有效市场假说

林恩和西蒙斯都是利用市场错估上市公司价值，而成就了自己的职业生涯。林恩的辉煌得益于那个年代的明星基金经理，他们过度追捧看似具有增长潜力的投机企业。林恩利用自己被高估的股票进行筹资，投资其他生意。20世纪70年代，经济处于滞胀状态，市场遭受重创，投机股不再流行，西蒙斯则在此期间崛起。他在市场的残骸中找到了高价值企业，并以低价买入。林恩利用大众的非理性乐观积累资本，西蒙斯则利用大众的非理性悲观来谋利。

令人难以置信的是，正是在这段时间，学术界酝酿了一场革新，提出了一个非常奇怪的假说：金融市场近乎完美。这改变了关于恶意收购的舆论导向，帮助那些企业狙击手走出阴影，大步迈入美国大型公司的董事会。

有效市场假说（Efficient Market Hypothesis）诞生于20世纪60年代的芝加哥大学。该假说认为，股票市场价格全面地反映了公司所有的公开信息和股票最合理的估值。即便一些投资者不够理性，对于信息的反应迟钝，但这些事件是随机分布的，因此可以互相抵消。以有效市场假说为基础，投资者便可利用复杂的数学公式来计算股票的预期收益率：

$$预期收益率 = 无风险利率 + 贝塔系数 \times (市场预期收益率 - 无风险利率)$$

现在我必须承认，我特别喜欢对经济和金融进行学术研究。科学假说非常美妙，优质的科学假说能够帮助我们更清晰地分析手头上的问题。了解诺贝尔奖获得者默顿·米勒（Merton Miller），正如了解他在芝加哥大学的很多同事一样，是一件趣事。米勒在一场采访中这样描述自己金融理论的效用："假说只是智慧的开端，并不是终点。"他解释道："如果理论不能成功运用到真实世界，我们也可以通过了解假说失败的原因，从而变得更有智慧。"

但是有效市场假说的早期支持者关注更多实证研究，这看似更像是智慧的终点，而非起点。经济学家喜欢处理数据，这会导致一些很致命的偏见。他们对于数据的执念，使他们认为投资股票市场只是一场收集信息的游戏。他们关注市场参与者是否拥有同等机会获取信息，而不是关注判断力是否会出现差错。由于研究独立事件例如收益报告、冲减收益出售、股票拆分、并购等相对简单，许多人的实证研究更加关注市场腰包，因为它们有可能变得更加高效。对于投资人来说，拿出计算器，就能迅速准确地计算股票分割，这些事情都很简单。但若要研究投资人对公司长期发展的整体判断，则非常困难。

几十年来，学术界的经济学家都以为能从市场参与者身上得到完全理性的分析，而这显然是不可能的。

在有效市场中，相冲突的想法会相互作用达到某种平衡，指导股票价格处于一个合理水平。在真实世界中，错误的判断很可能将人带向一个有偏见的方向，此外公众有时会集体歇斯底里，这也并不是不常见。即便在股票市场价格稳定时，投资人也会严重误估公司。我曾上过乔尔·格林布拉特在哥伦比亚大学开设的证券分析课，他喜欢在第一堂课上打开《华尔街日报》，指出一些较为稳定的公司不同年份股票价格存在的巨大差异，例如可口可乐和沃尔玛。

基金经理霍华德·马克斯（Howard Marks）引用雅虎的股票价格数据，该公司的市值在1997—2001年从30亿美元上升至290亿美元，继而上升至1 150亿美元，然后又下跌到160亿美元，最后又下跌到90亿美元。

为什么这对我们来说很重要？因为如果市场并不是有效的，那么市场参与者就有机会在混乱中为自己谋取利益。公司可以利用股东，股东也可以利用公司。以下就是这种现象的典型例子：如果你相信理性市场，那么以高于市场的价格买下公司，对于所有股东来说，都是一件利益最大化的事情。在真实世界中，并购是一种投机行为，人们有可能会被骗。

我们同样不能忽视市场在影响管理团队方面扮演的角色。每一个想要保住职位的CEO，都会担心股票价格起伏。卡尔·伊坎曾经说过："你最好自己推高股价，不然其他人就会'帮你'这么做。"但是如果投资人对公司进行了错误的估值，会发生什么？你会看到，突然之间，所有激励措施被扭曲，管理团队做出了错误的决定。

我曾经在2006年纽约公共图书馆的一项活动上，听到埃迪·兰伯特（Eddie Lampert）发表了一些有趣的观点，兰伯特是一位对冲基金经理，担任希尔斯公司董事长。他讲到管理一家上市公司会面临许多挑战，之后，他提出了一些在场人不曾思考过的问题：如果股票价格被高估，你将如何运营公司？如果管理团队无法满足投资人不切实际的期望，怎样做才能避免更大的风险？如果所有人都努力工作，股票价格还是下跌，员工的士气会有什么影响？兰伯特当然知道自己在说什么。希尔斯公司那天收盘价为每股175美元，而现在仅仅为每股35美元。

在一个有效市场中，建立一整套有关公司最佳治理的学说相对简单。但一旦你意识到股票价格有时非常疯狂，那么所谓的信条便需要抛诸脑后。

企业狙击手不是威胁，而是资本市场新兴力量

20世纪70年代，有效市场假说被更多人接受，促使整个国家对公司并购的态度更为温和。20世纪60年代，像林恩这样的人利用恶意收购的方法，将一些中小企业打造成大型企业集团。华尔街和监管人员能够接受弱肉强食，同时也允许中型企业互相吞食。但是当蓝筹公司发现自己背后被他人瞄准时，所有人都紧张了。1969年，索尔·斯坦伯格与强大的纽约化学银行开展的短期较量，就是最好的证明。

化学银行是一家有着长达150年历史的银行，其总资产达到90亿美元。斯坦伯格当时还只是一名29岁、充满干劲的年轻人。1961年，他创立了第一家公司——里斯克公司，专门为顾客提供IBM电脑租借服务，其提供的租赁价格甚至低于IBM公司。1965年，斯坦伯格将里斯克公司上市，在几年强劲增长之后，股票获得了比较理想的估值，斯坦伯格开始有意识地将公司业务多元化，使得IBM公司无法在短时间内打压里斯克公司。

1968年，斯坦伯格宣布将出价收购诚信保险公司。这是一家资金充足的企业，规模超过里斯克公司的10倍。之后的收购非常成功，里斯克公司从一家小型设备租赁公司，摇身一变成为《财富》世界500强企业，每年收益达到270亿美元。到1968年为止的5年间，里斯克公司的股票增长了54.1倍。约翰·布鲁克斯将其称为"当之无愧的高价股票之王"。

1969年，斯坦伯格将注意力转移到了银行业，他认为这个行业如同他的投保人一样呆滞保守。他开始购买化学银行的股票，为股权收购做前期准备。化学银行的管理团队发现斯坦伯格试图购买公司股票后，先发制人，暗中向记者透露自己已成为收购目标，逼迫斯坦伯格

收手。之后，公司运用自己对监管机关的影响力，阻止斯坦伯格进行股权收购。

司法部致信里斯克公司，表达自己十分担心并购之后会产生垄断问题。同时，纽约州政府起草并通过了反银行收购法案。美国参议院银行委员会也提出了反收购法案，试图叫停这场收购。

之后，斯坦伯格告诉布鲁克斯："在过去的两周里，我们可能触到了某些人的神经，一些我根本不认识的银行家和商人突然不断给我打电话，抨击我只想着收购一家大型银行。我一直知道有这样一个权威人士核心集团的存在，却错误地以为自己也是其中一分子。"

斯坦伯格针对行业巨头的资本运作，远远走在了时代发展前沿。更幸运的是，他还没到30岁。不久后，斯坦伯格和他的公司收购同仁就迎来了春天。

20世纪70年代，在有效市场假说和自由市场运动的帮助下，越来越少人将企业狙击手视作行业祸害和威胁，反而将他们视作一股颇为自律的资本市场新兴力量。

20世纪80年代，企业狙击手利用经济增长和迈克尔·米尔肯的空白支票，走向了名利的巅峰。

王磊专业解读 DEAR CHAIRMAN

追随巴菲特，在市场低迷时，识别价值被低估的机会

巴菲特投资美国运通公司，是他职业生涯的重要转折点。

20世纪60年代，运通公司卷入色拉油骗局，股价大跌。巴菲特发现运通公司本身经营优秀，抓住良机大量买入其股票。运通公司使巴菲特转变投资理念，不仅买入资产被低估的企业，也开始买入管理优秀、赢利能力强的优质公司，并且掌握控制权，这成为他后来投资策略的重要组成部分。

总体来说，巴菲特代表了传统价值投资哲学中稳健的一面，他注重分析每个投资决策的风险和收益。巴菲特的投资历程证明，在市场波动中保持清醒和理性，最终会获得丰厚回报。

在中国投资界，也不乏巴菲特的追随者。段永平就是其中的佼佼者。

2002年，中国互联网公司网易面临着被美国纳斯达克摘牌的困境。出身游戏界的段永平看好网易未来的发展潜力，决定投资入股。当时网易股价跌至0.64美元，处于极低位。但段永平通过对财报的分析发现，网易每股价值虽低，但公司账面上的现金达到了每股2美元以上。这意味着网易的股价被严重低估。

段永平判断，网易具有巨大的互联网游戏增长空间。他组建了专业团队对网易进行风险评估。最终，段永平投入了200万美元，购买了网易5%的股份。这一投资获得了丰厚回报。2年后，网易股价大幅反弹，段永平的投资增值数十倍。但他并未轻易停止持股，而是继续持有直到5年后才逐步套现，最终获得了上百倍的投资回报。

段永平分析，成功的投资在于判断公司的长期价值，而不是短期股价变动。他说："以低位买入优质公司，并长期持有，是价值投资的关键。当发现好的投资机会时，必须持之以恒，不能轻易放弃。"段永平投资网易的案例，成为许多投资者学习的典范。它展示了如何在市场低迷时识别价值被低估的机会，并坚持不懈持有，以获得丰厚回报。这种远见和定力，是段永平成为杰出投资者的关键。

段永平曾经多次提到，他的投资逻辑核心就是坚定使用巴菲特的"三不原则"——不做空、不借钱、不做不懂的。同时，他也坚定认为买股票就是买公司，需要在能力圈之内看到好的生意模式、好的企业文化以及好的价格，也就是要坚持价值投资的本质。

2006年，段永平以约62万美元的"天价"拍得与巴菲特共进慈善午餐的机会。段永平当年接受采访时称："我从巴菲特身上学到了很多东西，因此希望有一个向他道谢的机会。"

从此以后，段永平不断在公开场合表达对价值投资理念的深度思考。这位小霸王、步步高、vivo、OPPO等一众顶尖品牌的幕后关键人物，开始真刀真枪地将"价值投资"作为自己积累财富的一种方法论，并逐步脱离自己在实业领域的位置，全身心地投入二级市场中。

显而易见，对段永平来说，巴菲特就是其投资策略的导师。

巴菲特致运通公司总裁的信件[1]

1964 年 6 月 16 日

霍华德·克拉克先生，总裁

美国

百老汇 65 号

纽约，纽约州，邮编：10006

亲爱的克拉克先生：

  我们的合伙公司最近购买了美国运通公司约七万股股票。此次购买是在广泛调查旅行者支票使用者、银行出纳、银行管理人员、信用卡部门、信用卡持有人和尝试不同路线的竞争者之后完成的。所有人都确认，美国运通公司的竞争力和杰出的金融地位并没有因为色拉油问题而遭受损害。我敢肯定，由于仓储公司事件，管理团队现在肯定认为公司跌到了谷底，但是我认为三四年之后，现在我们所经历的困境反而会让公司达到更高的高度，因为公司为金融诚信和责任制度设定了远超其他商业企业的标准。

  考虑到我们刚刚购买了贵公司的股票，股票证明书上的墨迹还未全干，就给管理层提出建议，这似乎有一些放肆。我满怀尊重之情地建议，或许致股东的年中信可以按顺序强调年会中所提到的几项重点内容，表明公司仍然处于极具竞争力的地位。

  我并不认为长线持有的股东会过度担心关于色拉油确切的美元净额结算问题，或是说前六个月的净收益（也许你不想就此发表意见，

---

[1] 本信件的原始英文信件见 P310。

因为存在季节差异、全球范围内不同会计准则等复杂的问题），但是他们一定会对旅行者支票的销售、银行卡持有人、银行卡兑换、外币储蓄等是否保持着色拉油问题发生前的增速感兴趣。

我们得知，一位股东发起诉讼，防止母公司对子公司在色拉油问题中承担的责任进行主动分配。我是财务分析师联合会和公司信息委员会的成员。几个月之前，我们跟美国运通公司或者其股票没有任何关系。我愿意自费证明，如果我们认为母公司会忽略针对子公司的索赔，我们就不会购买手中的这七万股股票，一旦对索赔置之不理，公司的长期价值将会有非常显著的降低。

换句话说，我们认为，美国运通公司通过提出合适，甚至是丰厚的和解方案，而不是拒绝对子公司行为承担责任，能够成为一家市值更高的公司。我们已经通过投资280万美元来支持这一观点。

我不知道这些话与法庭判决是否相关，法庭需要判定管理层在提出解决方案中表现是否得当，但是如果相关，我想要重申自己愿意作证的强烈意愿。

对您和管理层其他人员来说，这可能是极为煎熬的日子。但是我向您保证，大多数股东（但不一定是那些最愿意发声的股东）认为您表现出色，会带领公司这艘大船平稳并全力以赴地前行，尽管遭受了台风的袭击，但这基本上属于不可抗力。台风终将过去，历史会证明，大船将扬帆，继续前行。

献上诚挚敬意！

沃伦·巴菲特

D E A R
CHAIRMAN

第 4 章

"华尔街狼王"卡尔·伊坎
挑战菲利普斯石油公司

企业狙击手的盛衰荣辱

伊坎在经济上非常自私，他愿意戴任何帽子，只要帽子能赚钱，他因经常采取绿票讹诈手段而臭名昭著，早期遭人鄙视的伊坎如何成为"华尔街狼王"？

在没有充足资金的情况下，又面临对手的毒丸计划，伊坎如何与菲利普斯石油公司一争高下？

企业狙击手幕后操盘者米尔肯是这场"掠夺者的盛宴"最大赢家，为何大众关注米尔肯的命运？米尔肯传奇能得到什么评价？

> 然而，我一直强烈反对董事会拒绝股东以合理价格持有股票这件事。
>
> 卡尔·伊坎，1985 年

1985 年 2 月 4 日，卡尔·伊坎致信菲利普斯石油公司董事长兼 CEO 威廉·杜斯，提出要收购该公司。他写道，如果菲利普斯石油公司不接受他的出价，他将为争夺控制权发起一场恶意收购。在伊坎长达 7 年的收购生涯当中，菲利普斯石油公司是他的第十五个目标，他写给杜斯的那封信是一封典型的企业狙击手"熊抱函"（Bear Hug Letter）——先开出一个价码，如果对手不予理会，他就会转而使用威胁手段。伊坎在之前的争夺中，运用了相同的剧本，但这一次较量与之前明显不同：菲利普斯石油公司是世界上最大的公司之一，比伊坎之前试图收购的公司规模大数倍。

伊坎表示，他之前的恶意收购只是"玩扑克牌游戏"。他从别处借得大笔资金购买股票，威胁要取得这些公司的控制权，但那往往都是虚张声势。他解释道："我没有足够的资金支撑长时间的争夺，没有足够的资金支付利息。"当伊坎威胁将以 81 亿美元收购菲利普斯石油公司时，几乎没有人把这件事情当真。投资菲利普斯石油公司的投行职员乔·福格（Joe Fogg）告诉伊坎："这太荒谬了。关于石油产业，你知道些什么呢？"菲利普斯石油公司之前刚与另一位企业狙击手托马斯·布恩·皮肯斯（T.Boone Pickens）经历了一场硬仗，这一次遇上伊坎的收购，公司在报纸上登了一整版广告，质问道："伊坎当真要收购吗？"但这一次，伊坎是认真的。他回应道：

现金！我们有现金。我们会雇用了解石油业务的员工！

伊坎在他的"熊抱函"里，附了一封来自德崇证券公司莱昂·布莱克（Leon Black）的信。信中写道，德崇证券公司对筹措到 40 亿美元"充满信心"，会为伊坎提供收购所需的全部现金。

如有必要，德崇证券公司可向他们的高净值客户发售一系列垃圾证券和优先股，为伊坎筹措资金。伊坎届时将有足够的现金买下公司，不需要从那些传统的、只知道围绕着金钱打转的银行借一分钱。菲利普斯石油公司质疑德崇证券公司那封"充满信心"的信件的可信度，并说这封信证明伊坎事实上并没有足够的资金支持其收购行为，伊坎指示德崇证券公司兑现承诺，筹措首批所需的 15 亿美元，德崇证券公司的背后人物迈克尔·米尔肯在 48 小时内便准备好了资金。于是，伊坎在报纸上投放广告声明——"我的收购是来真的"。

早期遭人鄙视的伊坎成王之路

相比之前由大型综合企业高管主导的收购，美国第四次收购风潮更具有实质意义。20 世纪 80 年代被称为"收购的 10 年"，在这 10 年间，并购案达到 22 000 起，包括私人股权公司的杠杆收购、在宽松的反垄断政策氛围下进行的战略收购，以及跨国企业在美国市场的扩张等。尽管恶意收购在这10年中占比甚微，却极大影响了华尔街。

公众对于冷漠无情的人物之间的争夺十分感兴趣，这表明20世纪80年代的恶意收购数额巨大、精彩纷呈。趁火打劫的恶意收购者掠夺公司CEO的巨额财富，一些人可能对此十分厌恶，但对于其他人来说，这些大型企业之间的冲突如同好莱坞电影一样精彩。

30年前，没有人真正知道企业狙击手，也不知道这些人如何与CEO争夺。到20世纪80年代，这些人被称为"宇宙之王"。在许多方面，80年代的企业狙击手与50年代的代理权劝诱人并没有什么区别。两个群体都是有进取心的年轻人，在华尔街边缘活动，且非常强势。但代理权劝诱人恐吓CEO的方式是利用普通股东的不满，而企业狙击手手中却拥有更为强大的武器：事先准备好的现金。现金由"垃圾债券之王"迈克尔·米尔肯提供。米尔肯利用他认识的一些高净值客户，为年轻收购者制造了一场清算风潮。

金融家尼尔森·佩特兹（Nelson Peltz）在1984年投入1亿美元入资盲池（Blind Pool）；另一位企业狙击手罗恩·佩雷尔曼（Ron Perelman）次年入资7.5亿美元；1985年，人称"灵活解剖刀"的桑福德·施格罗夫（Sanford Sigoloff）入资12亿美元。盲池成立之初，并没有明确的收购对象，只是为了未来收购设立的专用基金。

康妮·布鲁克（Connie Bruck）撰写了一本有关米尔肯和德崇证券公司的书《掠夺者的盛宴》（The Predators' Ball）。在书中，布鲁克描述伊坎与菲利普斯石油公司的斗争："德崇证券公司即将盛装登场。"对于伊坎，布鲁克说，"那是一个巨人的崛起，而且几乎是魔法般的崛起"。但在该书出版后一年，米尔肯被美国联邦大陪审团起诉，德崇证券公司这台赚钱机器也因此停摆。伊坎收购菲利普斯石油公司，一方面标志着企业狙击手时代的来临，另一方面也是悲剧的开始。

米尔肯倒台后，追求收益的资金规模仍在迅速扩大，并在全球范围内冲刷。米尔肯原来创造的垃圾债券市场的规模也增长了10倍之多。到21世纪第一个10年，全世界都希望享用廉价资本，没有人排队购买不知来源的企业狙击手发行的债券，没有人愿意为恶意收购者的购买狂欢买单。这证明了米尔肯在20世纪80年代的强大实力。

事实上讲，无论米尔肯在德崇证券公司是否通过滥用职权和破坏债券创造收益，无论德崇证券公司是否是一家具有远见的天才建立的合法公司，它都是一家不走寻常路的公司。在米尔肯被关押并永远禁止跨入相关产业时，20世纪80年代的公司恶意收购运动开始渐渐销声匿迹。米尔肯的声誉毁于一旦，还有许多人被认为是米尔肯的傀儡，而米尔肯助推了他们的成功，他们都与德崇证券公司的利益息息相关。在一些圈子里，有人嘲笑他们是小规模从业人员。

《掠夺者的盛宴》一书对佩特兹抱有非常轻蔑的态度，但这之后的20年，他成了一个巨星，成为投资界最为年长的发言人之一。当然，这之中还包括自以为是、胆大无比的伊坎，他每一次投资都会伺机收购更大的公司。他最新的收购目标是史上规模最大的苹果公司。

20世纪80年代，无论是金融界，还是音乐界、电影界和文学界，都非常浮夸。紧跟其后的则是一个罕见的沉稳年代。海鸥乐队（A Flock of Seagulls，乐队名称）的发型可能确实比较奇怪，但他们唱的《太空时代情歌》（*Space Age Love Song*）确实是一首好歌。1987年股票市场崩溃时，行家将其称为负债支撑时代的终结。但他们错了。企业狙击手并非那么经不起考验。由于经济增长扎实，股市得以迅速恢复。20世纪90年代，并购扩张越来越广，交易越来越多。

20世纪80年代，伊坎的职业生涯迅速发展，远超其他企业狙击手。

他的崛起让人匪夷所思。不过在伊坎崛起之后，紧接着就是一场将他毁于一旦的大灾难。今天，他仍然是最出名的企业狙击手，而且从对他最为关键的衡量方式来看，他同样是最富裕的。伊坎在自己职业生涯的早期经常被人鄙视，认为他就是一个只会绿票讹诈的人。但他与菲利普斯石油公司的较量展现了他快枪手的本领。

一位原来在德崇证券公司工作的经理这样描述："伊坎成就了独一无二的自己。"这场较量同样展现了米尔肯和德崇证券公司的惊人能力。在并购史上，这是一件具有标志意义的事件，是马丁·利普顿毒丸计划的雏形，第一封在资金尚未到位时"充满信心"的信件也在此事件中诞生。这场好戏始于1984年年末，菲利普斯石油公司的前雇员布恩·皮肯斯以企业狙击手的身份，试图染指这家公司。

"反达尔文"管理学说：管理层不从经济利益出发

卡尔·伊坎最著名的夸张言论便是他的"反达尔文"管理学说（Anti-Darwinian Theory）。他认为，在美国，公司只看重那些不会做事、只关注政治的人。就像剧作家吉尔伯特（Gilbert）与沙利文（Sullivan）合编的戏剧《女王的海军司令》中的司令一样，这类人从不亲自征战，只靠讨好高层和韬光养晦爬到最高位置。由于CEO总是希望保住职位，所以他们想方设法挑选不如他的下属，于是公司管理层就成了一群傻瓜聚集的地方。当然伊坎也有几分诙谐，他很快指出曾和许多优秀的CEO合作过，确实对其中的真实情况一清二楚。最聪明、最耀眼的高层候选人通常爬不到公司的顶尖职位。皮肯斯在菲利普斯石油公司的经历让伊坎的说法更具可信度。

1951年，刚刚大学毕业的皮肯斯加入菲利普斯石油公司，成为一名初级地质勘查员。皮肯斯的父亲曾在得克萨斯州的阿马里洛为菲利普斯石油公司效力，后来调到总部所在地俄克拉何马州的巴特尔斯维尔市，皮肯斯就在这里出生并长大。皮肯斯的父亲在公司里并不受待见，他也认为公司不适合自己。他的上司非常无趣，也不愿相信别人。他曾经因为自己加班到很晚而被上司责难，后来他便每天17:15准时下班，雷打不动。

皮肯斯在得克萨斯州的科珀斯克里斯蒂担任驻井地质师时，亲身经历的一些事让他发现，菲利普斯石油公司并不是从经济利益出发做决定的。有一次，他判定一口新油井的预期收益将不足以抵消掘井的成本。他的上级领导同意将井封上，但巴特尔斯维尔的公司总部却下令让他们完成掘井工作，最终耗费了30万美元。正如皮肯斯和他的上级领导所料，这口油井产量寥寥。但是高层并没有上报"干井"，他们只在乎探井成功率。

3年后，皮肯斯在菲利普斯石油公司建立了良好声誉。但总部一位高层告诉他："如果你想飞黄腾达，最好学会闭嘴。"皮肯斯认为不值得为继续往上爬而违背自己的原则。他在回忆录中写道："我不想在20年后回首往事时，因为在那里浪费了宝贵的青春年华而痛苦。"

30年后，皮肯斯以最大股东的身份回归菲利普斯石油公司，他还提出了以每股60美元的价格再收购公司15%的股份,掌握公司控制权。总部当然比之前更不欢迎他。于是，巴特尔斯维尔成了美国小城中遭受企业狙击手威胁的典型代表。小城里的许多居民穿着印有"臭小子布恩"的短袖，进行24小时抗议。他们坚信，一旦皮肯斯获得控制权，他不但会掏空菲利普斯石油公司，还会掏空巴特尔斯维尔。

争夺日趋激烈，菲利普斯石油公司在许多地区起诉皮肯斯，拖延他的收购要约。与此同时，油价开始下跌，皮肯斯投资的目的被削弱，于是他决定将精力和资源转移到另一家名叫优尼科的公司身上。菲利普斯石油公司后来经过谈判，与皮肯斯达成协议，回购皮肯斯手里的股票。巴特尔斯维尔居民得知消息后欢呼雀跃。但是当这位公司的前地质勘查员离开不久，来自纽约皇后区远洛克威的恶意收购行家正伺机而动。

"伪装的溢价回购计划"

1984年12月，皮肯斯刚刚计划对菲利普斯石油公司采取行动时，他发誓不会在争夺中采用绿票讹诈手段。他告诉记者，不会将股票回售给公司，"除非获得与其他股东一视同仁的条件"。1984年上半年，德士古公司以高额溢价回购巴斯兄弟公司手中的股票，总共斥资13亿美元。在这之后，一直到皮肯斯盯上菲利普斯石油公司，绿票讹诈一直是非常热门的话题。伊坎因为经常采取绿票讹诈手段而臭名昭著。

普通的公司股东对于20世纪80年代的绿票讹诈风潮感到非常愤怒。CEO和企业狙击手都说自己代表股东利益，但这些绿票讹诈表明他们言不由衷，仍是个人利益至上。公司CEO不会放弃利用公司资金摆脱恶意攻击的机会；至于企业狙击手，即便绿票讹诈会损害公司的利益，让管理团队雪上加霜，他们还是会选择拿钱走人。

皮肯斯在回忆录中写道，菲利普斯石油公司高层利用乔·弗洛姆作为中介，提出每股70美元的绿票讹诈方案，即在牺牲股东利益的情况下，皮肯斯将获利3亿美元。但因为皮肯斯曾公开宣称不会使用绿票讹诈手段，表示自己是股东利益的捍卫者，并以此而骄傲。因此，他提出双方共同收购菲利普斯石油公司。尽管皮肯斯表示会基本保持公司现有架构，公司高层还是不愿与他合作。

随后，菲利普斯石油公司提出一个非常复杂的资本结构调整计划，希望能够以每股 53 美元从皮肯斯手中回购股票。作为资本结构调整的一部分，菲利普斯石油公司的员工持股计划将以公司债券方式，以每股 60 美元的价格购买公司剩下 30% 的股票。菲利普斯石油公司承诺今后将通过出售资产，减轻负债，提高分红，并在第二年再斥资 10 亿美元回购股票。由于承销菲利普斯石油公司股票的投行给剩下股票的估值为每股 53 美元，公司希望此举能够满足皮肯斯的要求。

皮肯斯写道："我觉得每股 53 美元太低，但我们的目的是达成交易。"如果以债换股（允许债权人以债权换股权）比例从 30% 提高到 50%，他就会接受资本结构调整计划。最终，双方同意将以债换股的比例提高到 38%。皮肯斯签订了一份中止协议，目的是防止他未来再次恶意收购公司。菲利普斯石油公司同意补偿皮肯斯 2 500 万美元，后来双方都同意撤诉。皮肯斯在回家的飞机上告诉女儿："能够不受菲利普斯石油公司的约束，我很开心，开心得不知如何是好，就像 1954 年我辞职的时候一样，如释重负。"

菲利普斯石油公司的资本结构调整计划受到了股东的欢迎，但公司的长期投资人并不了解以债换股的复杂内容。套购商人购买了公司大量股票，期待短期内会进行控股权收购，他们极度关心公司将斥资 10 亿美元购买公开市场上股票的承诺。加利福尼亚州财政部原部长杰西·温鲁（Jesse Unruh）曾经担任加利福尼亚州公务员退休基金和加利福尼亚州教师退休基金董事，他表示根本"不知道（资本结构调整计划）是什么意思"，他担心这很可能是一场"伪装的绿票讹诈"。

套购掮客伊凡·博斯基（Ivan Boesky）原本期待一场控股权收购，因此买了大量股票，但得知皮肯斯把股票卖给菲利普斯石油公司后，他失望地表示："圣诞节到了，我原本还期待有一场盛宴。"但是大家都发现，菲利普斯石油公司的股价因此次事件暴跌了18%，每股仅值40美元，而皮肯斯最终却以每股53美元的价格出售了手中的股票，外加进账2 500万美元补偿费用。所有人都觉得这是一场绿票讹诈。

几天内，一些华尔街分析师表示，菲利普斯石油公司在资本结构调整计划中，股票估价大概为每股45元。唐纳森-勒夫金-詹雷特公司极具影响力的能源分析师库尔特·伍尔夫（Kurt Wulff）表示，尽管菲利普斯石油公司当时股价仅为每股42美元，但如果把公司资产全部拆分，股价应该会达到每股75美元。这引起了伊坎的注意。

在伊坎看来，聪明绝顶、深谙能源公司之道的皮肯斯愿意出价每股60美元购买菲利普斯石油公司的股票，想必这家公司确实有隐藏价值。不过菲利普斯石油公司拒绝了每股60美元的收购要约，接着又以每股45美元的方案惹恼其他股东。更糟的是，借由资本结构调整计划，公司超过30%的股份都留在了员工持股计划中，管理团队拥有了投票控制权。伊坎心想：我得让他们付出更大的代价。

二十多岁的伊坎就能将套利交易运用自如

1936年，伊坎出生于纽约布鲁克林，在离法罗卡韦街道不远的皇后区贝斯沃特街道长大。和历史上许多重要的企业狙击手一样，伊坎生在中产阶级犹太家庭，自小天赋异禀。他的母亲是一名高中老师，父亲是一位不得志的律师，工作之余在西达赫斯特区的犹太会堂担任合唱团指挥。

据伊坎的传记作者马克·史蒂文斯（Mark Stevens）称，伊坎的父母对于炫富这种行为嗤之以鼻。伊坎提到他父亲时表示："他看有钱人很不顺眼，非常讨厌社会上一小部分人住在豪华公寓，而大多数人却生活在赤贫中。"犹太教堂的一位高级神职人员发现伊坎非常聪明后，想办法为他争取到了私立学校的奖学金。但伊坎的父母在参观那所学校后，不希望他接受私立学校学生特有的价值观教育，还是将他送到了公立学校。

伊坎在法罗卡韦高中表现出色，这所高中培养了包括理查德·费曼（Richard Feynman）在内的3位诺贝尔奖得主以及第三低音组合的迈克尔·贝林（MC Serch）。伊坎想去普林斯顿大学，但他的导师表示普林斯顿大学根本不会仔细阅读他的申请材料。但伊坎告诉导师："我已经贴上邮票了，我不想浪费。"后来他被普林斯顿大学录取了。

在普林斯顿大学求学期间，伊坎从来不到常春藤俱乐部吃饭，他将自己训练成了华尔街的未来大亨。他经常下棋，学习哲学，毕业时还写了一篇有关认识论的论文，讨论意义的经验主义标准，并因此获奖。毕业之后，伊坎在母亲的坚持下去了医学院。但之后他意识到自己不太喜欢和病人待在一起，便从医学院辍学参军，至少那里能让他远离喋喋不休的母亲。不过伊坎也不太喜欢军队，尽管他会和上级打牌，还赢了他们很多钱。回到纽约之后，他就在华尔街找了一份工作。

伊坎在德雷福斯公司担任经纪人期间，将自己从扑克牌游戏中赢得的钱投到了股市，并大赚了一笔。1962年市场开始下滑之前，他赚到了大约10万美元，但股市暴跌又让他赔光了所有钱。当时身无分文的伊坎25岁，他的母亲不允许他住在家里，除非他答应回医学院读书。但伊坎想继续在华尔街工作，何况他刚在那里学到了宝贵的一课。他意识到需要利用自己聪明的大脑，学习专业知识，练就一技之长。

在市场中寻觅了一段时间之后，伊坎最终选择了期权交易领域。期权市场属于非流动性的，没有中心交易市场，经纪业务竞争的激烈程度远低于股票。伊坎建立起了一个以透明价格为要求的新商业模型，他编辑的每周简报涵盖了最近的交易及价格，吸引了大量读者订阅，

117

但也激怒了许多竞争对手,因为他们是依靠不透明市场衍生的巨大价差来牟利的。不过伊坎已然建立了广泛的业务基础,没人敢忽视他。

20世纪60年代后期,伊坎创立了自己的公司——伊坎公司。他聘请了一位年轻有为的分析师阿尔弗雷德·金斯利(Alfred Kingsley),金斯利后来为伊坎工作了25年。两个人在市场中共同寻找有利可图的商机,最后找到了套利交易,即从同一个发行者手中购买和销售证券。他们瞄准了吉姆·林恩在市场上抛售套购LTV公司的各种杂乱的可转换证券,这些证券的交易状况多有不同。但可转换套购真正的收益源于调整套购保值策略,在优先股上直接押注。伊坎和金斯利运用自己在期权交易方面的特长,上演套利戏码。

20世纪70年代中期,这二人开始讨论"被市场低估的公司"。1977年,伊坎购买了贝尔德-沃纳房地产投资信托公司20%的股份,并要求出任董事,但遭到拒绝。于是,伊坎展开了一场旨在取代董事会的代理权争夺战。他抨击该公司业绩平庸,承诺他当选董事后不会收取任何费用和薪水,免费为公司工作。最终伊坎获得了胜利,成为公司董事长,并将公司更名为贝斯沃特房地产公司。之后他立即开始清算公司资产,建立现金储备,将之应用于其他收购要约中。

伊坎的企业狙击手生涯即将揭幕。他将自己最新的投资策略称为"一种套利"。1980年,他给未来的公司投资人写了一份备忘录,描述了这种策略。伊坎解释道,资产价值在美国一路攀升,但是对于资产充足的上市公司,市场在估值方面没有跟上节奏。由于公司管理团队所持股票的份额少,因此他们对于以出售股票的方式为股东带来利益并不感兴趣。对公司感兴趣的买家有许多,但很少有人会发起收购尝试。但发起控制权之争,对于股东来说,往往都会得到意外收益。

伊坎发现,在上市公司的资产和拍卖的资产之间,存在套利机会。

他写道,购买大量被市场低估的股票,控制公司的命运,这种方式可以赚到大笔钱。控制公司的方式有:

1. 努力说服管理团队清算公司或者将公司出售给"白衣骑士";
2. 发动代理权争夺之战;
3. 提出股权收购要约;
4. 将股票回售给公司。

伊坎将自己投资所得的收益继续用于投资,越投越大,经常有"绿票讹诈"的机会找上门来。金斯利曾说:"有一段时间,我们所要做的就是加价,他们自然会买回股票。有些公司甚至还会主动让我们加价……赚钱就像从婴儿手里抢糖果般简单。"通过绿票讹诈,伊坎从萨克森工业公司、美国制罐公司、欧文斯·伊利诺伊公司、安科·霍金公司和丹·里弗公司处获得了大量报酬。

随着伊坎财富的不断增加,他开始逐渐形成公司治理的理念。他经常谈到,上市公司缺乏担当和问责,这影响了美国的繁荣发展。尽管伊坎有很多民粹主义言论,但他从来不认为自己和皮肯斯一样是一位股东权益的捍卫者。2006年,就在他七十大寿前不久,伊坎向《纽约客》作家肯·奥莱塔(Ken Auletta)总结道:

我很享受胜利和赚钱的感觉,我不想粉饰这一点。我有强迫症,但我没去看精神科医生。如果真的去分析,你会发现像我这样的人更容易成功,而成功就是财富。

到1984年年底,伊坎无意间发现了菲利普斯石油公司,出手时机看起来已经成熟。当菲利普斯石油公司的管理团队被逼无奈，只能绿票讹诈皮肯斯手中的股票时，伊坎肯定，如果对菲利普斯石油公司再施加压力，公司会继续往对股东利好的方向修改资本结构调整计划。对于伊坎来说，整个形势都有利于他发起恶意收购。但伊坎面临了一个问题，在股权收购中他必须报出高价，策略才能达到最优效果。

菲利普斯石油公司当时在《财富》500强企业名单中排名第16，总资产价值达到170亿美元。伊坎的资金还不够多。如果想要对公司造成实质性威胁，他需要更多资金。他需要38岁的奇才米尔肯。

伊坎参战：若不接受他的收购要约，他将发起恶意收购

不到10年，德崇证券公司从一家只有少数客户的中等投行，转变成为华尔街人人羡慕的对象。在此期间，米尔肯操控了急速增长的垃圾债券市场，使得公司收益增长了25倍。1985年，也就是伊坎着手狙击菲利普斯石油公司的那一年，米尔肯找到了一个大有可为的新商机——用垃圾债券筹集的资金发动恶意收购。

在德崇证券公司的年会——掠夺者盛宴——上，CEO 弗雷德·约瑟夫（Fred Joseph）表示："我们首次创造了公平的竞争环境。小公司也可以收购大公司了。"会议结束后的几个星期内，皮肯斯收购优尼科，史蒂夫·韦恩（Steve Wynn）出价购买希尔顿酒店，吉米·戈德史密斯（James Goldsmith）将目标瞄准了皇冠·泽赖巴公司，路里马尔（Lorimar）出价收购美国多媒体公司。所有这些交易都是小公司利用米尔肯债券的资金支持，试图吞下10亿美元级别的大公司。但所有这些交易都不如伊坎收购菲利普斯石油公司那样具有颠覆性。

伊坎首次与德崇证券公司进行合作是为了对美国汽车与铸造公司

第4章｜"华尔街狼王"卡尔·伊坎挑战菲利普斯石油公司

进行资本结构调整。1984年年初，伊坎买下了这家火车制造公司。米尔肯为其筹资3.8亿美元，包括1.5亿美元的超额资金，以备不时之需。伊坎不像德崇证券公司的其他顾客，他为佣金喋喋不休地与公司争吵，而且拒绝把放弃美国汽车与铸造公司的股票作为交易部分。如果伊坎大方一点，米尔肯会为公司筹措到是原来3倍之多的资金。伊坎告诉康妮·布鲁克：

> 我不喜欢放弃股票。在过去几年中，我深刻意识到，一张美元比一个合作伙伴更加靠谱。

伊坎与德崇证券公司开会讨论菲利普斯石油公司时一直在争论。德崇证券公司非常急切地想要筹措到伊坎所需的40亿美元，但是伊坎拒绝支付1%的佣金，因为无论资金有没有被使用，德崇证券公司都会抽取这笔佣金。例如索尔·斯坦伯格试图收购迪士尼，但最终以绿票讹诈收尾，还有米尔肯的其他顾客，他们都签订了购买债券的协议，即便不使用最初筹措的资金，还是要支付1%的佣金。

伊坎告诉德崇证券公司，他不可能在菲利普斯石油公司的交易当中付给他们4 000万美元。

除了高价佣金，德崇还必须向众多垃圾债券投资者披露信息，这也是伊坎不愿看到的事情。在收购菲利普斯石油公司之前，德崇证券公司为两起股权收购案筹措了资金：皮肯斯收购海湾石油公司和斯坦伯格收购迪士尼公司。由于在皮肯斯宣布收购海湾石油公司之前，该公司的股价已经开始疯涨，这导致皮肯斯无法给出有吸引力的公开收购价，最终宣告失败。在迪士尼收购案中，德崇证券公司给潜在的债券购买者发出了密封信件，提示信封内有重要信息。对于想要进行非法内幕交易的客户来说，这一举动意味着邀请他们优先参与交易。

伊坎询问德崇证券公司能否提供一封承诺信，如同大型商业公司在为收购提供资金支持时开出的承诺信一样。但德崇证券公司的莱昂·布莱克并不赞成这一做法，但他提议写一封信，表示公司对于筹措到资金"充满信心"。布莱克告诉康妮·布鲁克，伊坎当时正在考虑要不要接受这一提议，他转头问律师："你觉得如何？"律师回复："他在瞎扯。这封信根本不具有法律约束力，有什么用呢？"如果德崇证券公司这封表示自己"充满信心"的信最后根本不起作用，伊坎就会被认为误信他人。

第二天，伊坎给布莱克打电话，表示他们可以试一试。于是，由于伊坎不愿意支付巨额佣金，德崇证券公司的高收益买家又无法对内幕信息保密，那封"充满信心"的信就这样诞生了。金融界很快就接受了这封信，它也成为有效证据，表明有买家愿意用现金支持收购。没过多久，投行就发现，即使不提供实质承诺，一样可以向客户收取费用。在皮肯斯收购优尼科公司时，也就是伊坎收购菲利普斯石油公司的两个月后，德崇证券公司依样画葫芦地向皮肯斯收取了350万美元佣金。

1985年2月4日晚上，伊坎向伤痕累累的菲利普斯石油公司发起了首次收购要约。他给菲利普斯石油公司的投资银行发出了一个包裹，内含他写给公司董事长兼CEO杜斯的信和德崇证券公司那封"充满信心"的信。在信件开头伊坎就写道，他持有菲利普斯石油公司价值750万美元的股票，"这意味着我也是公司的大股东"。他还写道，自己仔细研究了资本结构调整计划，发现"严重失当"。他提出的替代方案是，自己以每股55美元的价格全面收购公司股票，其中每股27.5美元为现金，另外27.5美元用次级债券支付。他解释道，德崇证券公司"充满信心"，可以在2月21日前筹措到所需资金。

然后伊坎提出一个方案，可以让杜斯和菲利普斯石油公司免受自己的"熊抱"："如果你可以以每股 55 美元的价格回购菲利普斯石油公司流通在外的所有股票，我就会退出。"伊坎警告道，如果菲利普斯石油公司拒绝他的全面收购要约，同时也拒绝他提出的每股 55 美元回购方案，他就会发动代理权争夺战，挫败资本结构调整计划，然后恶意收购公司 51% 的股权。他给管理团队 2 天时间考虑。

到了 2 月 6 日，也就是最后的截止日期，菲利普斯石油公司在美国图尔萨街道法庭以触犯代理权授权和反操控规定的罪名起诉伊坎。公司同时也往股东利好的方向，细微地修改了两处资本结构调整计划：计划新增优先股分红，用现金收购要约代替股票回购。菲利普斯石油公司表示，这两处修改将计划的每股股价提高了 3 美元。但是在这个利好股东的修改中，菲利普斯石油公司往里面塞了一小部分不利于股东的"股东权益计划"，以保证长期价值。皮肯斯之前的收购交易强迫他支持管理团队，但当他看到这一权益计划时则说道："瞎扯！这就是一个毒丸计划。"

毒丸计划失败，伊坎爆赚 5 000 万美元后顺利离场

1982 年，"毒丸"之父马丁·利普顿为了阻止伯林顿北方公司恶意收购埃尔帕索天然气公司，首创了毒丸计划。利普顿认为毒丸计划可以在突发情况下，延缓"两阶段收购与破产计划"。

毒丸计划不能预防恶意收购，但能阻止恶意收购者在公开市场上购买股票进行实际控股，也能防止企业狙击手说服股东接受"前重后轻的要约公开收购"（Front-loaded Tender Offer）[①]。伊坎认为毒丸计

[①]买家分两轮实施对目标公司的收购，前一轮的收购条件明显优于后一轮的条件。

划属于"法律上的漏洞"。正如他告诉自己的传记作家马克·史蒂文斯的一样,"结果就是一家律所试图改写律法"。

在典型的毒丸计划中,公司会给予股东特殊认股权,一旦买家超过特定持股界限,股东的特殊认股权就会被触发。其中最为精妙的设计是,一旦超过界限,除了买家,所有股东都能拥有这种特殊认股权。股东在行权之际,通常通过优先股或普通股来稀释买家的股权。

利普顿为菲利普斯石油公司设计的"股东权益计划"非常独特。一旦有买家持股份额超过30%,其他股东就能够将每股股份兑换成价值62美元的菲利普斯高级债券,每年获得15%的利息。也就是说,即便买家掌握了公司控制权,他拥有的也是一家重度负债的公司,短期负债达到70亿美元。表面上看,毒丸计划的目的是如果任何股东持股超过30%,其他股东就能够获得"公平的价值",管理团队将这个公平的价值设定为每股62美元。杜斯认为没有人会不正常到触发毒丸计划,让公司陷入巨额负债当中。

第二天,伊坎给杜斯写了一封信,信的内容让所有人大吃一惊。他写道:"为了能够让菲利普斯石油公司股东拥有特殊权益,我决定发起股权收购,购买公司大约25%的普通股。"伊坎已经持有公司5%的股票,再加上占比达到25%的新购股票,他的收购将触发毒丸计划。杜斯不敢相信他居然做了这个决定。他不确定伊坎是将触发毒丸计划作为手段来收购公司,还是说他错误理解了计划。

杜斯写了一封态度诚恳的回复信,希望伊坎能够再仔细阅读经过修改后的资本结构计划:"我们提供的股价与您提供的已经非常相近,您肯定不希望菲利普斯石油公司因此崩盘和遭到清算,也不希望只因为您想要在过去几周买的股票上每股多挣几美元,就导致收购之后公司数千员工失业。菲利普斯石油公司为了股东利益,做出了负责任的决定。我们也希望您能够负责任地做决定。"

毒丸计划在当时不常见，菲利普斯石油公司的"股东权益计划"有一个非常特殊的结构。《纽约时报》引用伊坎的话写道："我的对策，实际上是吞下这颗毒丸。"但当菲利普斯石油公司对毒丸计划的结构进行解释后，伊坎发布了一份声明，抱怨他们之前没有披露"歧视条款"。杜斯在一封公开信中激怒了伊坎，称他误解了毒丸计划，"我们建议您在提出后续建议来买下或者摧毁菲利普斯石油公司之前，仔细阅读附件代理条款。"但事实上，伊坎从公开争论中获益颇多，因为媒体愈发关注菲利普斯石油公司的毒丸计划。公司的机构股东对于资本结构调整计划非常失望，认为毒丸计划也给他们带来了沉重打击。

2月13日，伊坎以每股60美元的价格，对菲利普斯石油公司发起了股权收购要约。这是伊坎在没有确定资金的情况下最大的一起股权收购要约。但是收购要约取决于股东是否会在2月22日召开的股东大会上投票否决资本结构调整计划，当然，也取决于德崇证券公司能否筹措到资金。为了避免触发毒丸计划，伊坎提出了一份董事名单，他在收购要约中提出，要确保这些提名董事当选，并撤销"股东权益计划"。伊坎写道，如果收购失败，他将在下一场股东大会上发动新的代理权争夺战；如果他获得了代理权争夺战的胜利，将清算公司。他想表达的信息非常明确：我伊坎不会放手。

大约4 500人聚集在巴特尔斯维尔的体育馆参加股东大会。馆外有一支军乐队正在演奏，还有一群学生正在进行游行抗议伊坎。体育馆内，一群激动且意志坚定的股东正聚集在一起捍卫公司。一位股东表示："过去几个月买下菲利普斯石油公司股票的股东并不是公司真正的股东……他们想要更多钱。我很不愿意用这个词，但是我们都称这种人为伪君子。"他的发言博得了阵阵欢呼声。

另一位股东表示他对资本结构调整计划和皮肯斯收购案都非常不满意,"但我会投票支持这一方案。这对每一个人都是公平的。我为巴特尔斯维尔的居民和公司退休人员感到担忧"。一位路德教牧师附和道:"如同埃及有一位不知道约瑟是谁的法老。这正是巴特尔斯维尔市民所担心的,未来公司会被一位不知道约瑟是谁的法老所掌控。我们担心,公司控制权会易手到那些不负责的人手中。如果不管不顾,那么社区共同体也就不复存在。"

金斯利代表伊坎发言时,许多人都开始抱怨。对于小城居民的担忧,他回复道:"我们爱巴特尔斯维尔城,也爱菲利普斯石油公司的员工。我们反对的是资本结构调整计划。"除了对伊坎感到愤怒、对小城的命运感到担忧,真正的问题在于资本结构调整计划。

加利福尼亚州公务员退休基金的一位律师发言后,全场安静,他说道:"我们都是公司的长期投资者。我们已经持有公司股票多年,并将继续持有下去。资本结构调整计划中的几个部分我们并不赞成……毒丸计划——就算它不是一颗毒丸,也是难以下咽的药丸。我们反对绿票讹诈,但我们认为从皮肯斯手中回购股票就是绿票讹诈。我们将投票反对资本结构调整计划。"

会议召开了一个半小时之后,杜斯宣布休会,这让在场股东大吃一惊。他表示,会议将在第二天继续召开,虽然第二天是周六,但是投票继续开放。第二天下午,公司再次把会议推迟到下周二。公司利用休会时间,试图说服更多股东改变决定,但最终没有成效。3月3日,菲利普斯石油公司宣布,资本结构调整计划的反对票比支持票多了900多万张。这是菲利普斯石油公司这类大型企业首次输掉代理权争夺战。

最终,菲利普斯石油公司再次往股东利好方向修改了资本结构调整计划,放弃在员工股票信托中暂存股票的计划。调整后,股票市值终于达到每股 55 美元。在伊坎和菲利普斯石油公司进行通宵谈判期间，伊坎两次摔门离去，菲利普斯石油公司最终同意向伊坎支付 2 500 万美元补偿费用。在十周内，伊坎得到的收益达到 5 000 万美元，并且最后顺利离场。非常讽刺的一点是，以绿票讹诈闻名的伊坎竟然为菲利普斯石油公司的股东赢得了更多收益，而皮肯斯这位自称股东权益的捍卫者则接受了一个被大众普遍认为是绿票讹诈的交易。

但是伊坎并没有把这件事情放在心上。"我很高兴，股东也能从中获益，"他表示，"但是我不是绿林好汉。我只是享受赚钱。"

企业狙击手的黄金时代逐渐消逝

在旁观者中，很少有人认为伊坎会真的收购菲利普斯石油公司。即便是一些支持伊坎发动代理权争夺的大股东，也表示自己并不相信伊坎的收购要约是认真的。他们以为伊坎买入股票，只是为了从资本结构调整计划中捞上一笔。但菲利普斯石油公司事件之后，伊坎证明了自己愿意收购最难搞定的公司。

1985 年春天，伊坎购买了环球航空公司大量的股票，并与得克萨斯航空公司的弗兰克·洛伦佐（Frank Lorenzo）展开了收购战。洛伦佐曾在 1981 年收购了大陆集团，并且对环球航空公司觊觎已久。洛伦佐认为，伊坎只是想为自己的股票争取到更高的市值。

在开战初期，洛伦佐如果愿意支付给伊坎 900 万美元，就有机会买下环球航空公司。但他并没有这么做，他表示："卡尔不会买下环球航空公司的。"但他错了。

环球航空公司对于伊坎来说，近乎是一个巨大灾难。他在节省成本方面做得不错，但那很大程度上是因为他利用自己作为潜在清算人的身份，逼迫工会做出妥协。问题是，他拒绝进行大笔投资，进而提高航空公司的竞争力。这可能是一个明智的举动，但是还不够明智到抵消他买下航空公司的错误。

1988 年，伊坎通过德崇证券公司的垃圾债券，为买下环球航空公司筹到了 66 亿美元，然后给自己支付了大笔分红。自此，他就开始出售环球航空公司剩下的有价资产。随着航空公司日趋破产，工会担心伊坎可能会抛下公司，这使得公司没有能力支付巨额养老金。1991 年，美国国会通过了一项法案，旨在使用伊坎的个人财产填补环球航空公司的养老金缺口。法案通过后的 2 个月里，环球航空公司申请了破产清算，联邦政府的退休金收益担保公司表示，他们将要求伊坎支付 11 亿美元的补充养老金。

20 世纪 80 年代末期，企业狙击手的黄金时代正在消逝。有一些高调的案件搅乱了垃圾债券市场，例如罗伯特·坎普（Robert Campeau）的百货商店帝国在添加过多杠杆之后破产。在好几桩数额巨大的案件失败之后，垃圾债券违约率攀升，最终在 1990—1991 年的经济衰退中达到顶峰。企业狙击手当时很难找到合适的公司，筹措资金买下这些公司更困难。就算他们筹措到了资金，目标公司的反收购措施也很强硬。

一位备受尊重、专门从事收购案件的律师曾将利普顿的毒丸计划视作"转瞬即逝的热潮"。在菲利普斯石油公司代理权争夺战之后，《美国律师》（American Lawyer）杂志的史蒂文·布里尔（Steven Brill）引用这位律师的话："马上我们就会发现，'咆哮的 80 年代'将像毒丸计划一样马上消失。"但在几个月后，特拉华州最高法院在家庭国际公司对抗其董事约翰·莫兰（John Moran）的判决中，确立了毒丸计划的合法地位。80 年代末期，上千家公司使用了毒丸计划，其中包括当时《财富》500 强中的 300 家。

第 4 章 ｜ "华尔街狼王"卡尔·伊坎挑战菲利普斯石油公司

人们越来越能够接受毒丸计划，监管环境对于恶意收购者来说也越来越不利。1988 年，特拉华州通过了共计 203 节的《反收购法规》（Anti-Takeover Statute），阻止那些持股超过公司 15% 不满 3 年的买家对公司进行收购。美国国会也考虑过起草各种收购法案。皮肯斯坚信，国会提出要向并购方收税，这在很大程度上导致了 1987 年股市崩盘。

但这些因素都不是 20 世纪 80 年代所独有的。**并购风潮的结束，是借钱成本变高、合适目标减少、公司反收购措施更复杂、监管压力加剧、经济增速放缓等原因共同作用的结果。**这个年代的特殊之处在于米尔肯捧起了众多超级明星级别的企业狙击手，又让他们消失于历史长河，以及大型机构投资者终于因痛苦的教训而变得更有智慧。

企业狙击手的幕后操盘者米尔肯被判 10 年监禁

就在金巴·伍德（Kimba Wood）法官宣布米尔肯被判十年监禁时，她注意到大众非常关注米尔肯的命运。她收到许多来信，要求对米尔肯判下重刑，因为他引起了 20 世纪 80 年代的混乱，导致经济受损。当时已经是 20 世纪 90 年代末期，美国正在逐步陷入衰退，金融危机导致整个国家三分之一的储蓄和贷款消失。"写信的人要求对那十年的贪婪风气做一个裁决。"伍德法官表示。

联邦检察官披露，德崇证券公司曾在 1987 年支付米尔肯 5.5 亿美元，华尔街为之震惊。约翰·洛克菲勒的孙子大卫·洛克菲勒是一名亿万富翁，曾经担任大通银行董事长，他担心金融体系陷入"失衡"状态。而让其他嫉妒又羡慕的投行更痛苦的是，米尔肯利用他控制的数百家投资合伙公司，竭尽所能地借由德崇证券公司的业务赚取更多收入，其中某些合伙公司甚至直接向德崇买卖垃圾债券。

根据美国审计署（The General Accounting Office）资料，米尔肯最大的 25 家合伙公司在 1981—1988 年发放了 20 亿美元分红，其中有 10 亿美元都进了米尔肯的口袋。在《贼巢》（Den of Thieves）一书中，作者吉米·斯图尔特（James Stewart）估计米尔肯和他的家人在 1986 年年底身家至少达到 30 亿美元。

米尔肯的辩护律师表示，米尔肯被起诉是因为拥有巨额财富，还有他帮助了伊坎等企业狙击手进行收购。他的辩护律师认为，他犯下的罪非常轻微。在这个问题上，他确实说到点子上。一个不太出色的投资银行家绝不会因此而被起诉，但米尔肯却被判了 10 年。不过他之所以愿意担下所有罪名，是因为政府提出交换条件，表示对他弟弟撤诉。

即便公诉罪名似乎并不成立，但是米尔肯传奇对我来说，还是有一些奇怪之处。赚大钱并不是一种犯罪，在米尔肯之前和之后，从来没有一位债券销售商能够在一年内赚 5 亿美元。米尔肯不是第一个因为操控特定市场而获取巨额利润的债券销售商，但毕竟这是一个充满竞争的产业。米尔肯为什么能够如此成功地经营自己的公司，不仅使得公司收益率颇高，还让垃圾债券成为主流呢？

米尔肯承认的指控包括逃税和帮助客户规避美国证券交易委员会的申报规定等。在他承认的 6 项罪名中，4 项都涉及套利掮客伊凡·博斯基（Ivan Boesky），这几起交易米尔肯都保证博斯基不受损失。这在德崇证券公司的灰色交易中，一直是一个热点讨论的话题。

例如，零售商威克斯公司被企业狙击手桑福德·施格罗夫所控制，他试图让公司摆脱可兑换优先股计划，因为该计划每年要付出 1 500 万美元的分红。而取消优先股的条件是在连续 30 天内，有 20 天普通股的收盘价达到 6 美元以上。在某个连续的 29 天，威克斯公司的股价有 19 天都满足条件，这时德崇证券公司说服博斯基的公司大肆购买威克斯公司的股票，保证收盘价达到6美元以上。这可能只是"轻微"犯罪，但很明显是在操控市场。

更让人恼怒的是，米尔肯用礼物或是他合作公司的股份贿赂客户公司高层。1978年，米尔肯第一次为金德-凯尔日托中心筹资。随着这家日托中心不断壮大，它开始从德崇证券公司购买大量垃圾债券。之后，金德-凯尔通过购买保险公司和借贷公司，提升了投资垃圾债券的能力。该公司一度持有德崇证券公司6.5亿美元的垃圾债券。

大概是要奖励这位优质顾客，米尔肯为金德-凯尔的高管输送了大量高价证券。之后，金德-凯尔公司一名高产出的投资经理证明，米尔肯向他和公司CEO提供了斯托勒广播公司的认购权证。这些认购权证原本是专门从事并购业务的KKR集团赠予米尔肯的，作为德崇证券公司债券投资人的股权额外条款。他们并不知道米尔肯将大部分认购权证留给了自己的合伙公司，剩余部分则送给了亲朋好友。

金德-凯尔的股东有权得到认购权证，因为公司参与了斯托勒广播公司的交易，但是米尔肯却将认购权证直接送给了公司管理层。据称这些管理人员从德崇证券公司送的认购权证中获利超过100万美元。

哥伦比亚存贷公司CEO汤姆·斯皮格尔（Tom Spiegal）从斯托勒公司的认购权证中获益更多。米尔肯将这些认购权证送给了由斯皮格尔家族控股的一家公司，这家公司每年可以因此获得700万美元收益。哥伦比亚存贷公司曾是米尔肯最忠实的客户：1982年出台的《加恩-圣杰曼存款机构法案》(Garn-St.Germain Depository Institution Act)允许联邦担保的存贷公司购买垃圾债券。到1989年，哥伦比亚存贷公司已经购买了德崇证券公司100亿美元的垃圾债券。米尔肯甚至将自己旗下收益颇丰的合伙公司的股份送给了斯皮格尔家族。

就这样，米尔肯的忠实客户们开始成为德崇证券公司垃圾债券最盲目的买家，许多债券都握在少数几个买家手中。第一执行保险公司参与发行了德崇证券公司 90% 的债券，并且在 1982—1987 年购买了价值 400 亿美元的垃圾债券。不难猜到，第一执行保险公司与米尔肯的关系非常紧密，因此经常能从德崇证券公司的筹资人处获得保险订单。例如，罗恩·佩雷尔曼收购露华浓公司之后，就将公司的养老金保险业务交给了第一执行保险公司。

历史终将给米尔肯传奇最公正的评价

在米尔肯的宣判会上，伍德法官表示她并不知道德崇证券公司的垃圾债券业务有多少成分是合法的。她不能够妄下定论，但历史会给出答案。在米尔肯被判监禁的那一年，美国经济开始复苏。

1990—1991 年的经济衰退其实相当温和，它夹在"收购的 10 年"和美国历史上最长的扩张期——从 1991 年到互联网泡沫破裂——之间。储贷危机长达 10 年，直到 1995 年才结束。最终，存贷产业并不是因为购买过多的密尔肯垃圾债券才在广泛的诈骗事件中崩溃，这些存贷机构本来就注定灭亡，而且垃圾债券并没有随着米尔肯消失，这个市场反倒是蓬勃发展。在 20 世纪 90 年代末期，美国垃圾债券发行量暴增，远远超过 20 世纪 80 年代的巅峰时期。

如今，米尔肯的声誉正在逐渐转好。2010 年，《经济学人》（*The Economist*）发表了一篇文章，描绘德崇证券公司的影响，将米尔肯的"信誉民主化"看作是"给美国经济的恩惠"，但对他在法律上遇到的困难几乎只字未提。米尔肯的名字还被用以命名乔治·华盛顿大学公共卫生学院，加利福尼亚大学洛杉矶分校一所经济法研究中心也是以他兄弟的名字命名的。米尔肯的智库——米尔肯研究中心每年都会举办国际会议，邀请到的明星经理人阵容堪比最初的"掠夺者盛宴"。

对于一个21世纪初期的年轻商学院学生来说，米尔肯的故事不再是一个关于贪婪和腐败的故事，相反，他是一个极具远见卓识的天才，他的创新给华尔街和整个经济带来了革命性的改变。与他的投行同仁不同的是，他很用功，并且非常专业。他对于垃圾债券有着完备的知识体系，并且发现投资组合中有各种比许多高收益债券表现更好的垃圾债券。诚然，垃圾债券的违约率更高，但存活下来的发行所发放的利息和债券本身的资本增值，远远超过那些违约债券所衍生的损失。

当然，对于大部分商界人士来说，米尔肯的是有"暗面"的天才。他的天赋促使他经常抄一些他并不需要的近路，激怒那些已经对他心怀怨恨的监管人员。尽管他所做的违法事件与他的成功并没有实质性的关系，但这些事终结了他的事业。

许多年轻人认为，米尔肯与其说是奥托吕科斯（Autolycus）[1]，不如说是伊卡洛斯（Icarus）[2]，我就是这些年轻人当中的一员。我从商学院毕业后进入了一家负债累累的对冲基金公司，我们在公司学到了米尔肯最深刻的洞见：对风险敏感不意味着只买优质资产而忽略糟糕资产。我们花大量时间在垃圾股票市场寻找最差的公司资产，以非常低廉的价格买入前途渺茫的公司，最后因此大赚一笔。

这种商业模型要归功于米尔肯，包括他的智慧和他所创造的垃圾债券。当然，我倾向于相信自己随着时间流逝，已经变得更睿智。我现在花大量时间追踪运营状况良好的公司，等待合适时机，在市场上以低廉的价格买入。回首自己购买违约公司次级债券的经历，我忍不

---

[1] 奥托吕科斯（Autolycus）：《神谱》中的人物，著名的窃贼和骗子；奥德修斯的外祖父。
[2] 伊卡洛斯（Icarus）：希腊神话中代达罗斯的儿子，与代达罗斯用蜡和羽毛造的翼逃离克里特岛时，因飞得太高，翼上的蜡遭太阳融化，跌落水中丧生。

住想到，也许我错误地理解了米尔肯传奇。

米尔肯在市场上占据了一个非常精妙的位置，享受着从降息和经济增长处刮来的暖风。随着米尔肯投资数额越来越大，他在掌控旗下的合伙公司之余，通过受他摆布的第一执行保险公司、哥伦比亚公司，以及博斯基等客户控制了巨额资金。

米尔肯拥有绝佳的条件操纵市场，扩展他的销售版图。他的客户除了购买他的债券，还相信他是一个具有远见的天才，不仅为自己挣钱，还关心意识形态上的"民主化资本"。事实上，他是一个具有评估公众和债券天赋的销售大师，一个讨人喜欢的联谊会主席。正如所有优秀的债券销售人员，当狂欢结束但还有钱可挣时，米尔肯会将垃圾债券塞到那些最容易受骗的顾客手中。哥伦比亚公司、第一执行保险公司、金德-凯尔公司最终也都因此破产。

德崇证券公司的挣钱机器并不是一个有远见的天才所创造的，米尔肯只是为了出售垃圾债券，在这台机器上涂了润滑油。他为卡尔·伊坎、罗恩·佩雷尔曼、尼尔森·佩特兹等人创造了千载难逢的恶意收购美国大型企业的机会。这些人也都机智地利用了这个机会，并且丝毫不后悔。

作为上市公司大股东的投资机构逐渐走向历史舞台

20世纪80年代，企业狙击手不仅受到米尔肯的资金帮助，也得到了消极投资机构的帮助。他们作为大型上市公司股东拒绝承担应有的责任，坐视伊坎和他的同仁轻而易举地实施绿票讹诈。虽然到了20世纪80年代中期，他们对企业狙击手和自私的管理团队越来越不满，但后者的动作实在迅速，让他们难以有效监督。

第 4 章 | "华尔街狼王"卡尔·伊坎挑战菲利普斯石油公司

菲利普斯石油公司投票后不久，伊坎告诉《美国律师》杂志的布里尔，自己的成功归功于毒丸计划。"所有人对毒丸计划都兴趣缺乏。"利普顿并没有反驳这一点，"卡尔是对的。我们之前错误地解读了这一点。我们没有意识到，机构股东们只想保证自己的公司不被并购。"布里尔在组织菲利普斯石油公司的机构股东进行民意测验后，赞同利普顿的看法，他发现"这都是些不了解情况、愚蠢的投票人，真令人惊讶"。

一位养老金经理根本不明白资本结构调整计划的细节，也不理解伊坎的收购要约，但他常常就股东长期利益的问题发表见解："长期由我定义，这是我的职责所在。而我定义的长期利益是，积极把握每天找到的最佳机会。"

但机构股东最终也变得非常愤怒。一位来自加利福尼亚的基金管理人员告诉布里尔："我们坚信股东有权对所有要约进行投票。同时我们认为，资本结构调整计划的部分内容会让公司掌控员工的信托基金作为管理保证工具，我们不可能再相信那一套，这是那些挣了数百万美元的投行和律师想出的垃圾方案，他们应该滚开。"

投资机构数十年来一直忍受着离谱的绿票讹诈和代价极高的保证策略，他们正在起义的边缘徘徊。20 世纪 80 年代末，许多大型投资机构都在做自己的事情。他们发动代理权争夺战，质询管理团队和恶意收购者，起草有关治理复杂公司问题的意见。随着米尔肯的筹资机器停摆，曾经一度消极的投资机构开始动脑筋，企业狙击手的时代终于结束。

狙击菲利普斯石油公司让伊坎成了公众人物，环球航空公司在众目睽睽之下倒闭又让他成为众矢之的，他得到了迟来的羞辱。在环球航空公司倒闭之前，伊坎出席了一场国会听证会，被质询为什么要选择航空公司作为目标，他回答道，"你会问威利·梅斯（Willie Mays）[①]为什

[①] 威利·梅斯，美国家喻户晓的棒球运动员。

么这样抛球吗？"尽管面对种种责难和嘲笑，伊坎还是从环球航空公司的废墟中重生了。1992年，他并未在重压下填补公司的巨额养老金缺口，只是向公司发放了2亿美元的贷款，并答应赞助养老金计划8年。

如今，伊坎还是继续根据他在20世纪80年代写下的备忘录，利用公开和私人市场估值差距进行套利。但之后的投资再也比不上1985年他对菲利普斯石油公司进行的"熊抱"。在狙击菲利普斯石油公司之前，他进行了15场收购，均获得成功。起初，他只是利用绿票讹诈欺凌股东并获得收益，但在菲利普斯石油公司一役中，他依靠米尔肯赚钱机器的帮助，利用股东对绿票讹诈的愤怒之情，迫使管理团队妥协。

伊坎是一个在经济上非常自私的人，只要能赚钱，他愿意戴上任何帽子。但还是有一家连伊坎都不愿意收购的公司。当金斯利将通用汽车作为最佳收购目标推荐给伊坎时，他拒绝了。他说："他们会吊死我们。"20世纪80年代中期，只有一位拥有足够政治背景的人向强大的通用汽车发起挑战：这个人就是罗斯·佩罗。让我们再次聚焦汽车城底特律，商业管理作为一门学科在这里诞生，也在这里消亡。

企业狙击手损害公司长远利益，但纠正公司资本配置

1985年2月，企业狙击手卡尔·伊坎致信菲利普斯石油公司，提出高价收购该公司，被视为一封典型的"熊抱函"。这标志着伊坎收购生涯中的一个重要转折点。

伊坎此前的15起收购均以绿票诈骗为主，不过这次菲利普斯石油公司规模太大，需要真金白银。伊坎获得了来自迈克尔·米尔肯的德崇证券公司支持，米尔肯向伊坎提供了筹措资金的承诺函。

菲利普斯石油公司不以为然，向伊坎提出疑问。但米尔肯很快筹措到了首批资金，证明伊坎是认真的。菲利普斯石油公司于是展开反收购，制订了"毒丸计划"，设立障碍。出人意料的是，伊坎选择触发"毒丸计划"，让菲利普斯石油公司负债累累。最后菲利普斯石油公司妥协，伊坎收购成功。

伊坎代表的企业狙击手也依赖消极投资机构的不作为。这些大型机构持有公司股权却不参与管理，使公司容易成为收购目标。企业狙击者的行为具有两面性：一方面，他们识破管理不善的公司，对资本配置起到纠正作用，也促使这些公司管理层警醒；另一方面，狙击者为获取短期利润，也会损害公司长远利益。

总体而言，20世纪80年代收购潮推动了公司治理变革，使股东权益得到加强。一些重要影响包括：

◎ 强化了董事会对公司策略的监督，限制 CEO 权力。

◎ 推广了股权激励，将管理层利益与股东利益联系。

◎ 加强信息披露透明度，保护中小股东。

◎ 收购防御措施日益成熟，在一定程度上抑制狙击行为。

20 世纪 80 年代后期开始，投资界对负面并购也有了更多警惕，收购行为更趋理性。

文中所提到的毒丸计划是被收购公司为防御不友好收购而采取的措施，主要方式是向股东发放特别股利或股票期权。其目的是使收购变得极为昂贵或困难，从而打击收购者的积极性。

2005 年 2 月 18 日，盛大透露已与控股股东地平线媒体通过公开市场交易收购新浪约 19.5% 的普通股。2 月 19 日，新浪 CEO 汪延向员工表示公司不会被控制或受影响。2 月 24 日，新浪正式表态反对被收购，管理层启动了毒丸计划反击。

根据当时数据，盛大市值约 21.3 亿美元，新浪市值 12.9 亿美元。一般情况下，新浪可以每份 0.001 美元价格回购股权，或在个人或团体取得 10% 以上股份时终止购股计划。这迫使盛大最终放弃收购新浪。

这是美国资本市场首次出现一个亚洲公司对另一个亚洲公司的惊人收购。无论对法律界还是投资银行界都是具有里程碑意义的事件。新浪凭借毒丸计划成功击退了这次收购。

伊坎致菲利普斯石油公司董事长的信件[①]

伊坎资本公司

美洲大道 1370 号

纽约，纽约州，10019

电话：(212) 937-6300

1985 年 2 月 4 日

威廉姆·杜斯

菲利普斯石油公司董事长

巴特尔斯维尔市菲利普斯大楼，俄克拉何马州，74004

亲爱的杜斯先生：

  作为菲利普斯石油公司 750 万股股票的持有人，我成为公司的最大股东之一。我仔细阅读了您寄给我有关报价的材料，发现出价远远不够。我已经收到一封来自帝杰证券公司（国内首屈一指的石油分析公司）的意见书，表示交易价值约为 42 美元每股。

  因此，我写这封信的目的在于提出，菲利普斯公司的所有股东都应当拥有权利选择替代交易方案，和提出的资本重构计划相比，这样会更好地满足他们的利益需求。依照我的建议，我将会以每股 55 美元的价格购买菲利普斯公司所有的普通股股票，每股 27.5 美元将以现金方式支付，另外部分将以次级债券收购的形式支付，票据如果完成兑付将会达到每股 27.5 美元，价值受到独立的国内知名投行认证。

[①] 本信件的原始英文信件见 P312。

我进行收购的融资将由德崇证券公司完成，他们已经通知我，如果菲利普斯公司同意该项交易，并且愿意合作推动，那么基于目前状况，德崇证券公司能够在1985年2月21日之前完成所需融资。我的出价不会受到尽职调查的影响，它仅会受到董事会的影响，如果我们的融资在2月21日到位，菲利普斯就需要推迟召开原本将在2月22日举行的股东特别会议，并且另外安排一场会议，让股东在我的提议和您的提议间进行选择。您要知道，我完全不反对支付早期干预系统收购菲利普斯石油公司，这一点很重要。但我很反对的一点是，董事会不允许股东手中的股票实现合理价格。

如果我能够以每股55美元的价格对菲利普斯公司进行杠杆收购，那么一家拥有支付系统税收优势的公司也很容易被收购。如果您能给您的提案加价，同意以每股55美元的价格收购所有菲利普斯已发行的股票，我愿意退出。由于您希望早日召开特殊会议，留给我的时间很少，我希望您在1985年2月6日周三闭市前接受或者拒绝本提议。

我建议您为了菲利普斯公司所有股东的利益，修改自己的提案，将收购价格提到每股55美元或是更高。特别强调，我绝不可能接受您或您的代表所提出的关于收购我手中股票的提议，除非提议同样适用于菲利普斯公司所有的流通股股东。如果资本重构计划提议并没有按照我的建议进行修改，我将提出对您提案不利的建议。我还计划马上提出要约收购，以每股55美元的价格买下菲利普斯公司已发行股票的51%，剩下的股票将以每股55美元的价格以融资形式买入。正如所附信件中所述，德崇证券公司非常有信心完成该项提议的融资。

诚挚敬意！

卡尔·伊坎

第 5 章

罗斯·佩罗与
通用汽车的相爱相杀

现代企业的转型和蜕变

20 世纪 60 年代,罗斯·佩罗声名鹊起,而美国通用汽车正处于风雨飘摇中,通用汽车期望佩罗的加入能扭转乾坤。

作为家喻户晓的汽车品牌、世界顶尖的工业企业和公司治理模式的典范,通用汽车缘何走向破产边缘?

佩罗全心全意为通用汽车治理出谋划策,还试图解决公司衰退的根本问题,但佩罗为什么最终被赶出公司?

> 越来越多的通用汽车员工让我跟你说一些他们认为你要知道的事情；一些你不想听到的问题；他们不敢告诉你的事情。无论你想不想听，我都会将所有可以发展壮大通用汽车的事情告诉你。
>
> 罗斯·佩罗，1985 年

罗斯·佩罗对于挑战无所畏惧。1979 年，伊朗政府因合同纠纷囚禁他公司的两名高级员工，佩罗登上了前往德黑兰的飞机，用私人护照进入伊朗，组成了一个由前美国陆军特种兵带头的团队，将员工解救出狱。伊朗当时已经在革命边缘，美国的外交工作几乎停滞，所以佩罗只能自己出手解决问题。

再往前 10 年，佩罗试图在未经越南[①]外交人员的许可之下，通过布兰尼夫国际航空，派遣一架满载礼品和食物的飞机，将东西送给越南的美国战俘。1983 年，他带领一个委员会，对得克萨斯州的公立学校进行改革，建议降低足球在高中学校的重要性。

当然还要提到的是，佩罗于 1992 年参加了美国总统大选。在大选中，佩罗主张合法堕胎、合法拥有枪支、支持保护主义、禁毒、支持环境保护、缩减预算，最终他获得了 19% 的选票，成为自 1912 年老

[①] 指越南民主共和国，1945—1976 年越南北方建立的一个共产主义政权国家，也是东南亚地区首个社会主义国家。1976 年越南统一后，改国名为越南社会主义共和国。

罗斯福（Teddy Roosevelt）以来，获得最多选票的第三党派候选人。

由于他参加了总统大选，拥有一些民间英雄事迹，例如创纪录地晋级为美国童子军最高级别鹰童军（Eagle Scout），许多人可能会忘记佩罗同样是美国最伟大的商人之一。20世纪50年代末期，佩罗开始了在IBM公司的职业生涯，并迅速成为公司最成功的销售员。1962年，他在1月19日便完成了一年的销售任务。之后也是在1962年，他创立了电子数据系统公司，其股票成为20世纪60年代投机市场涨势最好的股票。

佩罗声名鹊起，通用汽车将佩罗及其公司收入麾下

佩罗成名之际，美国标志性公司——通用汽车正在飘摇前行。当时，通用汽车是世界上最大的汽车制造商，但它的市场份额正在逐渐被丰田和本田等外国竞争对手夺走。1980年，通用汽车出现了自1921年起的首次亏损。即便是福特和克莱斯勒等国内竞争对手，都在生产效率方面远超通用汽车。1973年，明星工程师约翰·德洛雷安（John DeLorean）从通用辞职，他这样解释公司的衰落：

> 发生的事情都在预料之内，因为一家消费品公司的掌控权落到了一群纯粹从经济利益出发思考的经理人手中。

通用汽车的管理层被一群会计占据，这些会计只看重短期利益，而不是产品质量。其中一位会计罗杰·史密斯这样总结自己的管理风格："我总是关注账本底线（指利润一栏），它会告诉我怎么做。"

1981年，史密斯出任通用汽车董事长兼CEO，当时他开展了一系列大规模收购和投资活动，使公司业务更加现代化。1984年，他将视

线转移到了电子数据系统公司身上，并通过一笔交易买下了这家公司，佩罗因而成为通用汽车的大股东，并成功进入董事会。通用汽车的投资人非常希望传奇人物佩罗能够给公司董事会带来活力。史密斯解释道："佩罗的风格与我们在通用汽车想做的事非常契合。"

佩罗曾有很长一段时间都不太适应通用汽车。他对于汽车产业了解得越多，就越发觉得史密斯执着于新技术的研发，这实际是走了弯路。通用汽车投资数十亿美元研发机器和自动生产技术，但与此同时，日本汽车制造商正在利用旧设备制造性能更出色的汽车，抢占更多的市场份额。通用汽车并未发掘员工潜力，公司也无法摆脱庞大的官僚主义体系。佩罗后来告诉《财富》杂志：

> 我的成长环境告诉我，如果你看见一条蛇，那就杀掉它。但是在通用汽车，如果你看见一条蛇，你要做的第一件事情是雇用一个能够对付蛇的顾问，然后建立一个对付蛇的委员会，就这件事讨论好几年。到最后，最有可能采取的行动就是按兵不动。你心里可能想，那条蛇现在也没有伤人，于是就任由它在公司转悠。我们需要建立一个良好的氛围，在这个氛围之下，第一个看见蛇的人就会去杀死它。

1985年10月23日，佩罗给史密斯写了一封长达5页的严厉刻薄的信，挑战他充满官僚主义的管理风格。他写道：

> 为了通用汽车的利益，你不应该将我视作一个难题，而是将我视作——
> 一名大股东，

一名积极的公司董事，

一名有经验的商人。

你不得不大方承认，我是为数不多敢和你有不同意见的人之一……

我不认为通用汽车可以通过技术和资金投入，就能成为世界一流公司，并在成本方面具有竞争力。

——日本人并不是以技术和资金战胜我们。他们利用的是旧设备加更为合理的管理方式。

不仅在日本，他们也在通过全美汽车工人联合会，生产性能更为优秀、价格更低廉的汽车。

——尽管我们在自动制造设备方面投入了大量资金，但是在质量和价格上，我们与其他公司还存在差距。事实上，我们并未给"有竞争力的价格"制定具体实现期限，这反映了我们对成功的消极态度。

未来发展的基石为诚信、开放和真诚，简言之，是互信和尊重。在这之后，挂在嘴边不如行动重要。我们需要全力以赴，帮助通用汽车获得胜利。

佩罗想要解决通用汽车问题的理由很简单："可以保住上百万美国人的工作。这个使命不能轻言放弃。"佩罗在一生之中参与了多场艰苦卓绝的斗争，且都坚持到了最后。但这些挑战也许都比不上改革一家经营状况糟糕的公司。佩罗的信成为他与史密斯关系的转折点。从那之后，史密斯就一直试图将佩罗从董事会除名。

通用汽车在史密斯担任董事长的9年中，斥资800亿美元投入建立新工厂和购买新设备，此外，还用100亿美元收购了一些高科技公司，例如休斯飞机公司。对于这项收购案，董事会只有佩罗一人投了反对票。以上大部分资金投入都打了水漂。1986年，公司还斥资7亿美元回购佩罗的股票，迫使他离开公司，这笔钱同样是一种浪费。作为世界上顶尖的工业企业和公司治理模式的典范，通用汽车正在走向破产。

当回购佩罗手中股票的决定公之于众时，佩罗和其他所有人一样震惊，他们没有想到通用汽车董事会竟然同意斥巨资摆脱佩罗。佩罗于是开始鼓动股东采取行动。他说："我曾经警告股东，如果他们同意回购，那就后果自负。"佩罗与通用汽车的斗争成为美国股东积极主义和上市公司治理的转折点。

许多长期持有通用汽车股票的养老基金对于公司斥资7亿美元削弱董事会能力感到惊讶。机构投资者最终忍不住发声。不过佩罗还是在没能实现任何崇高目标的情况下，离开了通用汽车。他离开之际在美国大机构股东心中燃起了一把火，这把火如今还在熊熊燃烧。

通用汽车首位贵人斯隆，使通用成为家喻户晓的品牌

史密斯因为通用汽车的衰落备受指责，但公司长达数十年的不景气应该归因于几任低效的CEO。我们可以探讨：史密斯是如何用大量资金投资技术的策略而将自己逼上绝境的？为什么佩罗没能说服公司董事支持他？哪些大型机构股东没有发出声音？但在这之前，我们需要了解：为什么通用汽车成了庞大却行动不便的怪兽公司？世界上最优秀的企业如何成了世界上最糟糕的企业？

威廉·杜兰特（William Durant）是通用汽车的缔造者，他是一位顶级马车制造商。刚开始，他对汽车这种"无马车厢"感到怀疑，他认为这样的车辆声音大、不可靠，多数驾驶员在操控时会比较危险。

但杜兰特与同时代的对手不同,他选择了拥抱未来。他成了别克汽车的总经理,并在1908年成立了通用汽车,开始收购其他汽车公司。

当时,亨利·福特(Henry Ford)将自己公司的业务集中在T型车[1],但杜兰特坚持业务的多样性。通用汽车拥有十几家制造汽车、汽车配件、零件的公司。每家公司都非常高效,自主性较高。杜兰特并没有严苛掌控下设公司的财权。他坚信汽车即将获得大众的广泛认可,每年将卖出一百多万辆,这一观点在当时看来非常不可思议。不过,杜兰特自己也不确定哪种汽车会在工程制造和设计的竞争中胜出。为了保险起见,他广泛涉猎各种业务。

杜兰特对于资金缺少掌控,导致通用汽车总是处在债务违约的边缘。这在盛衰周期交替明显的汽车行业中,会让公司处在不利位置。在公司创立早期,杜兰特也因此数次失去控制权。

1915年,杜兰特找到了资金支持者皮埃尔·杜邦,他的杜邦公司多次用现金注资通用汽车。每当杜兰特需要更多资金收购公司,或是维持公司运营时,杜邦总能提供更多的帮助。1919年年末,杜邦拥有通用汽车近30%的股票。

1920年11月,杜兰特辞去董事长一职,从此未能再造当年在通用汽车的成就,甚至沦落到晚年凄凉的境地。1921年,"大萧条"来临之际,杜兰特永远失去了公司控制权。他筹集到3 000万美元的保证金借款,用来支撑通用汽车的股价,但市场仍在不断下滑。杜邦迫于无奈,只能放弃帮助杜兰特。过世前几年,他在密歇根州的福林特担任保龄球馆的球道管理员。

1947年,杜兰特去世时,有报道称他晚年生活贫困。事实上,他

---

[1] T型车是福特汽车公司于1908年10月1日推出,是世界上第一种以大量通用零部件进行大规模流水线装配作业的汽车。

和妻子收到了巨额养老金，而这笔养老金是由阿尔弗雷德·斯隆（Alfred P.Sloan Jr.）安排的，他收购了业务多样的通用汽车，并将它打造成为世界上最伟大的工业企业。

1920年，杜兰特辞职之后，皮埃尔·杜邦面临如何管理通用汽车及其分支机构的挑战。杜邦在汽车行业没有相关运营经验，他知道自己不能像杜兰特那样运用直觉经营公司。他决定根据斯隆起草的公司调查研究，重组通用汽车。杜邦提拔了斯隆，让他经营通用汽车，并在1923年让他担任董事长。

斯隆的职业生涯始于新泽西州一家专为汽车生产滚柱轴承的公司。1916年，在公司被卖给杜兰特之前，斯隆升到了总经理。杜兰特一定看到了斯隆的过人之处，因为他马上让斯隆负责管理汽车配件部门。正是在汽车配件部门，斯隆形成了自己的一些信条，这些信条深深地反映在那份具有开创性意义的公司调查研究中。

汽车配件部门和通用汽车其他部门相似，下面有许多不同的公司，分布在美国各地。斯隆希望能够秉承通用汽车权力分散的精神管理配件部门。他知道，自己并不适合干涉那些生产点火装置、散热器和喇叭的公司业务。但他发现缺乏财权给自己的业绩造成了巨大灾难。这个问题也困扰通用汽车的其他部门。由于没有人能够评估资金的最佳使用方式，公司无法根据逻辑思考做出资金的支出决定。部门主管总是互相支持对方的支出计划，来保证自己的预算也能够通过。斯隆写道："这就是自带报复属性的权力分散制度。"

斯隆虽然不是会计，但他开发了一个追踪记录公司业绩的系统。他最关注每家公司的投资回报率，而不是利润。

斯隆只需要了解如何获得最大的投资回报率，就能得知哪些公司可以拿到额外资金，而哪些公司需要改进。他后来写道："没有什么其他我熟知的资金准则比回报率更能帮助我进行行业判断了。"

斯隆对于通用汽车的未来规划，建立在他通过改善自己部门的业绩而得到的智慧之上。他坚信，合理的资金控制必须建立在每个运营部门的投资回报率上。形成这些观点后，斯隆一方面坚持"权力分散的精神"；另一方面维持着合理的权力集中制度，这在一定程度上保证有效监督，以解决不必要的低效率问题。他明白这两者之间难以平衡，也知道这两条原则实质上是相互矛盾的。他在自己那本经典之作《我在通用汽车的岁月》（My Years with General Motors）中写道："两者的冲突也正是问题的核心所在。"

斯隆相信权力分散可以给各个部门带去独立和竞争意识，但他没有办法建立一个绝对安全的经营控制系统。事实上，他对于公司的许多重要贡献都是一种权力集中的表现。杜兰特离开通用汽车后，斯隆做的第一件事情就是重新制定生产策略，将各个品牌根据价格分类，针对具体产品细分市场。他之后写道："世界上不存在简单容易的方法可以快速梳理各种职责，并分配它们。"斯隆充分展现了他的管理和领导水平。他非常欢迎不同意见，喜欢公开讨论。同时他善于建立共识，将责任下放到公司基层，而不是发布从上至下的指令。斯隆建立了许多委员会和政策小组改善公司决策，并亲自参与了所有委员会和小组，保证他们履行职责，完成任务。

在斯隆的领导之下，通用汽车开始占领全球汽车产业。这对于一个进入壁垒低的产业来说是一个了不起的业绩，更何况还有强劲的对手福特公司。1956 年，斯隆从通用汽车退休。此时，公司占领了美国 50% 的汽车市场。通用汽车精简的管理结构使其成为低成本的制造商以及家喻户晓的品牌，并且拥有庞大的经销商网络，能够帮助公司推广汽车，这成为通用汽车的显著优势。斯隆的胜利似乎已经完美。

德鲁克预言：斯隆离开，通用汽车将充满官僚主义

1943 年，时年 33 岁的彼得·德鲁克（Peter Drucker）对通用汽车展开了一项长达两年的研究。通用汽车副董事长唐纳森·布朗邀请德鲁克研究通用汽车，目的是希望他能够分析公司运营流程，提升未来管理人员的绩效。德鲁克对于这家在美国迅速崛起的大公司非常感兴趣，他抓住这个机会从公司内部开始研究。

1946 年，德鲁克撰写的《公司的概念》（Concept of the Corporation）发表，激起了公司管理研究的浪潮。这本书对于通用汽车似乎有预知能力。德鲁克对于通用汽车能够成功生产如此多样的产品感到惊叹无比。他对通用汽车进行研究之际，正值公司为战争提供资源之时。德鲁克高度赞扬了公司，特别是斯隆在第二次世界大战胜利中扮演的重要角色。

不过，尽管通用汽车取得了巨大成就，德鲁克还是很疑惑，公司的组织方式能否让其一直拥有巨额财富。

德鲁克对通用汽车轻松友好的氛围和将权力下放到普通员工的意愿感到惊讶，他担心公司的权力因此缺乏清晰的界定。他写道："长年的经验表明，所有委员制的组织都会面临这样的危险：协调机构之间的僵局，组织分裂成派系，进而引发权力之争。届时通用汽车应当如何避免这些危险？"德鲁克表示，通用汽车享有的自由最终都会遭到剥夺，因为"对权力和责任的界定缺乏明确的规定"。当然，缺乏"明确的规定"是存在的。斯隆不可能制定一个系统性方法，界定部门与公司总部之间的责任。

斯隆充分发挥自己的领导能力来经营公司。他是一个非常出色的经理人，在理性、开放思维方面拥有天赋，但无论他怎么努力，通用汽车

还是不能使做决定的过程和招聘的方法制度化。整个系统有斯隆在，就能够很好地运转，但离了他就不行。关于通用汽车能否独立于斯隆的管理而运营这个问题，德鲁克写道："如果通用汽车的管理体系真的是依靠个人的才智，那么它很难在这个人离开之后还能够继续获得成功。"事实上，1966年在斯隆临终之际，通用汽车已经走向了衰落。

斯隆撰写的《我在通用汽车的岁月》是从内部的视角看待通用汽车的崛起，而由帕特里克·莱特（Patrick Wright）替约翰·德洛雷安代笔的回忆录《在晴朗的日子里你可以看到通用汽车》（On a Clear Day You Can See General Motors）则详细描述了通用汽车的衰落。德洛雷安是贯穿通用汽车体系最亮的星星之一。他的父母都是移民，在底特律的工厂工作。

1965年，德洛雷安成为通用汽车最年轻的部门经理，当时他负责掌管庞蒂亚克品牌。德洛雷安的书描述了自己快速升职到14层高管办公室的历程，以及1973年他做出的只有少数通用汽车高管敢做的决定——从公司辞职。

德洛雷安将通用汽车的问题归咎到自1958年起担任公司董事长的弗雷德里克·唐纳（Frederic Donner）身上。唐纳是一名职业会计，他大大削弱了董事长的影响力，而斯隆认为这个职位要留给有经验的管理人员。唐纳的就职使得通用汽车的控制权掌握在财务经理手中。德洛雷安详细描述了唐纳是如何一方面在形式上保留斯隆的公司研究；另一方面在实质上削弱研究成果，即权力分散。在唐纳的领导之下，通用汽车委员会开始掌控日常业务，同时忽略了汽车行业的大众化趋势。德洛雷安写道："我感到通用汽车的中心正在转移，它致力于将每一分钱都用于改善短期收益。"

德洛雷安管理庞蒂亚克品牌最大的成功是开发了GTO车系，掀起了20世纪60年代中期人们对"肌肉车"（muscle car）①的狂热。通用汽车在唐纳的领导之下开始形成派系，GTO车系的发展历程就是典型例子。为了能够推出GTO，德洛雷安选择了大型V8引擎，并将其塞入轻便紧凑的车架里面。

于是诞生了一辆有趣、动力足、时髦，同时大众也能够买得起的汽车。随着项目的不断发展，德洛雷安和庞蒂亚克的其他经理决定冒着失去工作的风险，不向部门以外的任何人透露GTO的存在。

德洛雷安担心通用汽车工程委员会不认可使用如此大的引擎，他们要么完全否决GTO，要么推迟GTO投产。他写道："事实上几乎所有生产产品的决定，无论多么小，都需要经过委员会讨论。"这包括所有细枝末节，例如保险杠的设计和安全带警报的声调。

德洛雷安记得几年前，通用汽车总部否决了他提出的新车型格兰瑞斯（Grand Prix），尽管它发展前景良好。由于缺乏足够的资金购买必要的工具，庞蒂亚克只好决定生产格兰瑞斯的简易版本，近十年来，这款车的销售一直良好。庞蒂亚克认为GTO车型肯定大受欢迎，于是决定隐瞒总部。委员会得知GTO发布之后愤怒无比，但车型在总部抽离资金前就获得了巨大成功。

《在晴朗的日子里你可以看到通用汽车》一书描述了通用汽车转变成为一家僵硬且充满官僚主义的公司，这正是斯隆所担心的，也是德鲁克所预言的。德洛雷安描述了自己在雪佛兰汽车方面，如何以高管的身份试图扭转公司态势，这刚好体现了事实是如何偏离斯隆的理想状态的。通用汽车大楼14层高管办公室的气氛十分严肃。每天早上，德

---

① 这个称呼出现于20世纪八九十年代，特别用于称呼活跃于20世纪六七十年代一类搭载大排量V8发动机、具有强劲马力、外形富有肌肉感的美式后驱车，如今也用于称呼现售的搭载V8发动机的美国经济型跑车。

洛雷安都会收到堆积如山的文件报告，都是一些本不应该出现在他桌子上的琐碎事情。之后，德洛雷安需要参加会议讨论这些事情。有一次他参加一个会议，讨论如何为重新安置工人制定生活费用调整政策。通用汽车的每一位高管都需要参与讨论，德洛雷安对此感到震惊无比。

在会议结束时，通用汽车董事长表示："我们现在还没有办法做决定。"他指定了几个参会人员成立一个研讨小组。莫名的沉寂之后，其中一位高管指出董事长已经设立了特别工作组，这次会议的目的就是了解特别工作组的研究结果。之后，德洛雷安就告诉自己："我在这里干什么呢？我接下去的17年可不能继续做这些事情。"

1973年，德洛雷安从公司辞职时，通用汽车仍然是世界上最大的汽车制造商，市值极高。但它的鼎盛时期很快消逝。通用汽车失去了和顾客的沟通，公司的产品质量也在下降。德洛雷安辞职那一年，本田公司推出了思域轿车，三年后，又推出了雅阁轿车。这两款车型成了行业的变革者，让世界了解了日本汽车制造商是如何从落魄到发家，给美国的汽车行业造成巨大威胁的。

然而通用汽车的高管并没有为未来规划，也没有对竞争者的挑战作出回应或改变，他们仍旧在14层的办公室，处理一些鸡毛蒜皮的小事，为一些不重要的议题争辩不休。

佩罗成为通用汽车最大股东兼董事

1981年1月，史密斯出任通用汽车董事长兼CEO。和通用汽车前四任CEO一样，史密斯也是一名会计，之前在通用汽车度过了大部分的职业生涯。史密斯在公司历史上一个非常关键的时期开始掌管通用汽车。在这之前的一年里，日本汽车制造商在汽车总产量方面超过了底特律的公司，通用汽车 80 年来首次亏损。

1973 年，德洛雷安离开通用汽车之后，美国经历了两次石油危机，油价激增，使得消费者更愿意选择小巧、省油的汽车。日本汽车制造商极大地提高了车子的性能和美观程度，很少有消费者在购买过日本车之后，还愿意购买美国车。

史密斯上任之际，在接受《华尔街日报》采访时表示："我预期公司不会发生巨大变革。"但是在公司内部，他的态度则更为积极。在史密斯出任 CEO 之后，他就对通用汽车 500 位高管进行了严苛的评估。他解释道，公司对于不断变化的市场反应速度太慢，并且非常低效。他谴责了公司经理缺乏问责意识，表示经理花了太多时间在文书上，而非斯隆希望看到的推动公司底层做出决策。史密斯的许多前任忽略了来自海外的竞争，但是史密斯表示，通用汽车在质量、设计甚至是管理方面远远落后于竞争对手。

史密斯可能是唐纳之后第一位不将公司捧为圣物的 CEO。他出任 CEO 时才 55 岁，所以他的任期是在斯隆之后最长的。史密斯就任一开始就获得了一些急需的帮助。1981 年，日本同意将出口美国的汽车数量限制在 168 万辆，比之前受到经济衰退影响的 1980 年降低了 14%。这一主动颁布的出口限额延续了三年。这段时间美国经济逐渐恢复，通用汽车也取得了前所未有的收益。20 世纪 80 年代是史密斯掌控的时代。在他手中，通用汽车拥有数十亿美元现金，日本仁慈地让美国汽车制造商在本土重新起家。

史密斯在通用汽车采取的策略只侧重两方面：一方面，重构公司，投入巨资对系统和设备进行现代化改造，他知道通用汽车之前的 CEO 几乎没有制定长期规划，于是希望能够将公司打造成为一个高度自动化的 21 世纪工业企业，在竞争中超越对手；另一方面，他开始寻找一些前沿科技公司进行收购。自20世纪20年代之后，通用汽车就再也没有开展过大规模收购，但史密斯让所罗门兄弟公司的约翰·古弗兰（John Gutfreund）随时帮他留意合适的目标，经过一番研究，古弗兰提议收购佩罗的电子数据系统公司。

在当时看来，电子数据系统公司并不适合通用汽车。这家数据服务公司并没有制造商顾客，企业文化和通用汽车也截然相反。佩罗给年轻、充满活力的员工支付的薪水非常低，但通常在他们取得业绩的时候给予高额分红，而通用汽车的工程师享受的是高额薪水和稳定工作。在电子数据系统公司，你能获得想要的财富；但在通用汽车，你应该安分守己地为公司工作30年，得到的养老金可以保证你的余生。

佩罗并不知道两家公司合并之后应当如何运营，但他对于通用汽车每年斥资30亿美元投入数据分析上非常感兴趣。他告诉史密斯："你不需要为了喝牛奶而买下一座农场。"

史密斯不仅发现电子数据系统公司能够改善通用汽车的电脑数据业务，同时他还希望颠覆通用汽车的企业文化，而佩罗正是能够帮助他的人。史密斯表示："电子数据系统公司拥有创业精神，我们在通用汽车也需要发展这样一种精神。"为了争取到佩罗，通用汽车提出了一个非常特殊的交易方案，使得电子数据系统公司能够成为通用汽车的独立机构。公司将拥有通用汽车特殊级别的股票、独立的管理团队和独立的董事会。

史密斯向佩罗保证，通用汽车不会干涉电子数据系统公司的业务、工资政策或者财务，而佩罗可以得到9.3亿美元现金，外加通用汽车价值550万美元的E级股票，他可以以公司最大股东的身份成为公司董事。佩罗使史密斯意识到，他想要进一步提高自己在通用汽车的股权，除了电子数据系统公司业务，还要积极参与公司其他各个领域。史密斯则张开双臂欢迎他的到来。

通用汽车没有充分利用工人资源，也浪费管理人才

佩罗立马开展在通用汽车的工作。他邀请200位高层来到自己家参加晚宴，8人一个小组。他还与50人一组、超过1 000名的公司工程师会面。周末之际，他会穿上便装去汽车经销商展场，亲自体验顾客服务，实地考察公司的产品。他甚至会在不打招呼的情况下就出现在生产车间，与工人在工厂吃饭。佩罗想要理解为什么世界上最有钱的公司不能跟只有小额预算的日本汽车制造商匹敌。

佩罗询问了一小批凯迪拉克经销商，问他可以怎么帮助他们，其中一个人回复道："让我拿到本田的经销权！"他并不是在开玩笑。凯迪拉克汽车当时非常不可靠，经销商需要预留100个服务车位，每天两班轮流处理汽车问题。而本田的经销商能够在预留20个车位、每天一班的情况下提供同样的服务。这个人告诉佩罗："本田的经销商出售的是自己感到骄傲的成品。"

佩罗对于通用汽车与经销商的敌对关系感到愤怒。但是最让他愤怒的一点是通用汽车并没有主动寻求他们的意见，更没有听从他们的意见。这成为他开会不断讨论的议题。每个人都会列出影响公司的不同问题。他们坚信问题很容易就能够得到解决，但通用汽车并没有相应的人有权力解决问题。佩罗发现，这一事实正在损害公司利益。

丰田公司的代表会每隔3个月拜访一次经销商，收集他们对如何改进车辆的反馈，同时也会去了解客户需要什么，佩罗对此印象深刻。但是这样的团队合作还是比不上日本企业运营制造业务的方式。日本汽车制造商高度依赖工人去打磨和改善每一个制造流程。到1985年，丰田公司从工人手上收到了近1 000万条有关提高工厂效率的建议。这些小建议的累积效应是巨大的。

日本汽车制造者只耗费通用汽车的一小部分钱就建造了一家工厂。工厂建成之后，90%的时间都处于使用状态，而通用汽车的厂房运作率仅为60%。日本汽车工厂的管理层级只有5级，而通用汽车有14级，但最后日本工厂制造出的汽车却更优质，即便算上将车子从日本运输到美国的费用，成本还是更低。通用汽车在美国的工厂，即便是拥有激光扫描仪和机器人的最新工厂，也比日本工厂低效，而日本工厂使用的还是20年前的美国设备。比较两者的生产水平也会发现令人惊讶的差异。例如，日本工厂烤漆工作缺陷率仅为2%，而美国车子的缺陷率达到了20%~30%。

佩罗抱怨道，通用汽车因为忽视工人而正在损害自身。这与德鲁克40年前就已提出的批评相似。德鲁克认为通用汽车需要"将工人视为资源而非成本"。他对于第二次世界大战期间，通用汽车工人承担义务的能力印象深刻，当时甚至还没有多少经验丰富的监督人员。德鲁克认为战争结束之后，通用汽车需要利用工人的才能，建立"自我管理的工厂社区"。日本汽车制造商采取了这个措施，德鲁克的建议在底特律可能并没有受到重视，却在日本被采纳和尊重。

史密斯已经放弃与通用汽车员工建立起具有建设性意义的关系。通用汽车对于员工正如对经销商那般充满敌意，史密斯对科技的着迷也正是源于他对于公司劳工关系的悲观态度。他表示："我们需要高科技，因为我们是一家在劳动力方面成本极高的公司。"史密斯预见"未来工厂的灯都将熄灭"，机器人将成为主力，公司只保留少数员工。

20世纪80年代，通用汽车工厂虽然开了灯，却阴沉沉的，里面充满了怨愤的员工，经常对他们的雇主破口大骂，缺勤情况非常普遍，员工流失率达到20%。也许没有人能够比弗雷德对此的总结更加精辟。弗雷德是迈克尔·摩尔（Michael Moore）于1989年出品的纪录片《罗杰和我》（Roger and Me）中最有趣的角色。他不断将欠缴房租的穷人赶出自己的房子，在通用汽车弗林特工厂工作17年后离职，有人问他为什么要辞掉这份工作，他说："那里对我来说就像监狱。"在如此腐化的环境下，通用汽车怎么可能生产出有竞争力的汽车？

位于加利福尼亚弗里蒙特的特斯拉汽车工厂，通常被认为是世界上最先进的自动化工厂。但这家21世纪新工厂更偏向于丰田公司的精益生产模式，而不是史密斯想象的全自动化生产。特斯拉工厂使用多样、高科技的德国机器人，但也大量依靠人力——数千名工人制造不到50 000辆汽车。撰写《丰田模式：精益制造的14项管理原则》（The Toyota Way 14 Management Principles from the World's Greatest Manufacturer）的杰弗里·莱克（Jeffrey Liker）表示："这种非常灵活、自我掌控的方式，正是早年在丰田生产体系当中推广的方式。"特斯拉的工厂所在地，正是丰田公司首次揭秘自己如何超过通用汽车获得成功的地方。

1983年，通用汽车与丰田建立了一家合资公司，名为新联合汽车制造有限公司（简称NUMMI）。这项生意对于两家公司来说都有益。此前本田公司已经在美国建立了新工厂，但因为担心无法管理不守纪律的美国汽车工人，丰田一直举棋不定。

达成合作后，丰田得以利用美国工人测试自己的生产系统，这给公司带来了正面的宣传效果；而通用汽车则获得了一部销量不错的小型车款——NUMMI公司在丰田卡罗拉的基础上生产出新的雪佛兰诺瓦。通用汽车为NUMMI公司提供了自己之前已经关闭的弗里蒙特工厂，不仅让闲置产能得以创造新价值，也能够一窥丰田高效管理的究竟。

NUMMI证明，丰田的生产体系不仅能够与美国人的聪明才智相匹配，也和通用汽车的工人工会合作愉快。事实上，在弗里蒙特工厂工作的通用汽车工人此前臭名昭著,他们被称作全美最糟糕的汽车工人。因此通用汽车才会在1982年关闭工厂。《美国生活》(*This American Life*)中有一期节目介绍了NUMMI公司,描述了旧弗里蒙特工厂的工人如何刮花车漆、故意不拧紧螺栓,或是在汽车门板里面留下可口可乐瓶盖。

另一位工人对于不能在上班期间喝酒感到非常愤怒,于是故意不拧紧前轮悬架当中的螺栓,那是极其危险的行为。当NUMMI公司重新启用弗里蒙特工厂,丰田公司在通用汽车的极力反对之下,还是召回了工厂关闭前的那批工人。

NUMMI公司取得了前所未有的成功。诺瓦车系出厂时几乎不存在任何缺陷,获得了极高的质量评价。两年后,NUMMI工厂的效率比通用汽车任何一家工厂都要高出许多。当然,通用汽车的工厂还是略落后于日本本土最好的丰田工厂。NUMMI的成功验证了佩罗和丰田一直以来的想法:日本汽车制造商并不是因为企业文化、秘密制造技术或者是前沿科技而大获成功,他们只是懂得如何推动团队合作让员工有更好的表现。

佩罗看到NUMMI公司在有限资源之下,能够生产质量如此高的汽车后,开始质疑史密斯的战略。通用汽车为了一个模糊的长期技术目标斥资数百亿美元,却没有提升成本效率的短期目标。为什么公司不先解决工厂现有的问题?

研究过NUMMI公司之后,佩罗又开始研究当时刚刚崛起的捷豹汽车,这家公司1975年被英国政府国有化收购。1980年,捷豹聘请了一位新董事长,他能够与工会的工人共同合作,在资金有限的情况下,对质量进行大幅提升。让佩罗感到特别受挫的一点是,这位董事长之前在通用汽车工作。捷豹公司的案例表明通用汽车不仅没有充分利用工人资源，还在浪费管理人员的才能。

佩罗花了超过一年的时间去了解通用汽车，为什么制造的产品价格昂贵却质量低劣。他看到了丰田的知人善任，发挥员工才能，也看到了通用汽车对员工潜能的恣意抹杀。很明显，通用汽车的问题变得越来越严重。

本田和丰田正在对美国的制造基地进行投资，不断扩展经销商网络，还准备进军豪华轿车市场，与凯迪拉克竞争。通用汽车花费了数百亿美元想要在 21 世纪获胜，但是正如佩罗抱怨的，20 世纪 80 年代，公司的竞争对手正在"利用智慧而非资金"控制市场。

佩罗在通用汽车董事史上投出第一张反对票

1985 年 6 月，通用汽车在等待董事会同意，以 50 亿美元的价格购买休斯飞机公司。史密斯相信，休斯公司的先进技术可以帮助通用汽车对汽车产业进行革命性改造。佩罗对此则持怀疑态度。他觉得通用汽车还在整合电子数据系统公司方面苦苦挣扎，将休斯公司兼并进来只会更加分散注意力。除此之外，通用汽车仍旧不能制造出高质量的汽车。佩罗不明白兼并一家制造卫星的国防承包商，能帮助通用汽车解决什么问题。

佩罗决定私下向史密斯表达不满。在他 1985 年 10 月 23 日写的信中，开头就要求史密斯对休斯公司进行完整的情况介绍，并列出通用汽车想要收购休斯公司的主要原因。然后他详细描述自己与史密斯的工作关系。

佩罗写道："如果我觉得你的想法有误，就会坦诚地告诉你。如果你继续坚持自己现在的官僚作风，我将毫不犹豫在一些关键问题上成为你的对手……我并不期望自己的所有看法都能够被接纳，但我坚持这些想法必须获得倾听与认真考量。"

佩罗就史密斯在最近一次会议上明显地心不在焉提出了意见。之后他又列举了史密斯管理风格带来的负面影响："你的作风让人感到畏惧……你需要意识到，员工们惧怕你，这阻碍了员工们真诚地向上沟通。你需要知道，通用汽车的全体员工喜欢用无情、霸道来形容你。"

在信的结尾处，佩罗表示通用汽车不能通过砸钱来解决问题，日本汽车制造商能够超越通用汽车是因为更佳的管理方式，而非技术和资金。他在后面又写道："这并不是你我之间的个人问题。这个问题关系到通用汽车的成功。我致力于履行职责，帮助通用汽车取得胜利，我想你也一样。"

佩罗并未从史密斯处得到满意的答复，他决定投票反对休斯公司收购案。他准备了一段很长的演讲，准备在即将到来的董事会上发言。他希望能唤起其他董事努力解决公司问题的紧迫感。对于佩罗要在通用汽车董事会历史上投出第一张反对票，电子数据系统公司的高层感到畏惧，因为通用汽车和电子数据系统公司之前一直为后者的财务支出和高管工资而争吵。

佩罗的律师感到疑惑，因为反对休斯公司收购案可能会导致通用汽车和电子数据系统公司的关系进一步恶化。佩罗对此回应道："我的律师居然反对我以独立董事的身份做决定，这真是荒谬。"

1985年11月4日，佩罗在通用汽车董事会上的演讲内容不仅涉及反对收购休斯公司，更是佩罗在过去一年中的学习总结，是对史密斯和通用汽车进行现代化改造策略的审判，是对董事会的挑战。他说道：

我们需要更积极地去了解通用汽车的现状。如果通用汽车要改革，那必须从上层开始，而我们就是上层……我们必须改变董事会的开会形式，从被动接受、极少双向沟通转为积极参与，只有这样，我们才能去讨论和解决真正的问题。

通用汽车的董事会堪称全美最具声望的董事会之一，成员包括辉瑞、美国运通、宝洁公司时任董事长，以及联合太平洋公司、伊士曼柯达公司、默克制药公司、哥伦比亚广播公司的退休董事长。尽管董事会众星云集，却效率极低。正如通用汽车的一位经理所言："这是一个无异议董事会。"佩罗结束自己慷慨激昂的长篇演讲之后，现场一片沉默。随后史密斯感谢了佩罗的意见，然后董事会投票赞成了休斯公司的收购案。佩罗之后抱怨道，"董事会以外的股东并没有真正的所有权……他们对于通用汽车未来成功与否没有决定权。"

通用汽车花 7.5 亿美元买下佩罗的股票并将其赶出公司

佩罗对他的律师汤姆·卢斯（Tom Luce）说："你在开玩笑吧。"但卢斯是认真的。通用汽车董事会刚刚投票赞成收购佩罗和电子数据系统公司其他 3 位高管手中的所有股票。4 个人可以拿到 7.5 亿美元，其中佩罗能拿到 7 亿美元，条件是他从通用汽车辞职。就在前一天，佩罗跟卢斯说，如果董事会同意买下所有股票，他就会在协议上签字，但是他还修正了这句话："汤姆，其中一个人必须站起来说：'这太荒谬了。'"实际上，董事会并没有人反对。佩罗也就签署了购买协议。

距离佩罗愤怒致信史密斯已经过去一年。这对所有人来说，都是非常艰难的一年。通用汽车长达 250 页的代理权声明，简单提及了休斯公司收购案的投票情况，"一位董事反对"。媒体马上反应过来，肯定是佩罗投了反对票，于是他们开始报道佩罗与史密斯之间的嫌隙。通用汽车的运营业绩又给整个事件火上浇油。

1986年对于汽车行业来说是创纪录的一年，但通用汽车却处在亏损中。佩罗当年对董事会的警告"通用汽车在固定成本机器和工厂自动化方面投入太多，这会提高而不是降低成本"一语成谶。1986年，克莱斯勒和福特公司在成本效率方面超过了通用汽车。尽管史密斯一直努力降低成本，但通用汽车的员工从1983年的69.1万人增加到80万人。佩罗1986年夏天占据了大量报纸版面，多方面挑战了通用汽车的管理体系。当记者问及通用汽车糟糕的业绩，佩罗总是准备了连篇妙语。他说道："这家公司需要双手油污、知道如何造车的工程师来制定决策。"

一开始，在卢斯与通用汽车的律师讨论全面收购佩罗股份的事时，佩罗就对此不屑一顾。他告诉卢斯："他们绝对不会这样做的。通用汽车绝对不能接受花大价钱来摆脱我。"佩罗一直游离在谈判之外，但是他没有去破坏谈判。

关于讨论条款，佩罗后来解释道："我一直在提出骇人听闻的要求，而他们不断同意我的要求。"在1986年12月1日之前，佩罗一直保持怀疑态度，直到那一天，卢斯拿出收购协议摆在他面前。佩罗之后在法庭的证词中提道："一直以来我都认为通用汽车不会有人愿意签署这样一份协议，这太不像一家公司会做出来的事情。我低估了通用汽车董事会想要摆脱我的意愿。"

通用汽车以每股61.9美元收购了佩罗手中的股份，而在公开市场上，通用汽车的股价仅为33美元，而且在购买决定公开之后，股价甚至一度降到每股30美元。协议的非财务条款非常有利于电子数据系统公司和佩罗，不仅非竞争性条款非常少，而且明确电子数据系统公司拥有自主权，与通用汽车的服务合同仍然有效。股东和员工对此都感到十分震惊。

那一年，通用汽车的利润非常低，小时工无法收到分红，但是公司却花费 7.5 亿美元买下佩罗的所有股权。佩罗并没有默默地离开，正如卢斯之前告诉通用汽车，佩罗马上就发表了一篇煽动性的新闻。

> 当通用汽车：
> ——关闭了 11 间工厂之际，
> ——裁掉了 3 万多名员工之际，
> ——失去市场份额之际，
> ——在收益方面存在困难之际，
>
> 我收到了来自通用汽车的 7 亿美元。在收下这笔钱之前，我需要给通用汽车股东再次思考这一决定的机会……如果通用汽车董事认为 12 月 1 日的这场交易并不符合通用汽车和公司股东的利益，我愿意配合公司董事，一起取消这笔交易。

通用汽车对佩罗的反应感到愤怒。交易是双方长时间讨论的结果，这对于佩罗和电子数据系统公司来说非常大方，但是佩罗一签字就开始炮轰公司。通用汽车的律师认为佩罗选择公开事件，以此来保护他的形象，预先将购买股票定性为"绿票讹诈"。如果佩罗对于通用汽车的资本支出如此在意，为什么他之前还要接受这笔资金？

通用汽车的股东也非常愤怒，他们立刻在佩罗的鼓励下发声。威斯康星州投资委员会（简称 SWIB）致信通用汽车董事会："你们的行为……严重降低了我们对于公司董事和管理层的信心。这不仅仅是因为这一举动对于其他股东来说非常不公平……而且你们对于佩罗先生的'封口费',让我们对公司的业绩和管理产生了巨大的疑问。佩罗先生在公司董事会中扮演着非常重要的角色,市场也认可这一点,这从收购消息宣布之后股价的变动中就能看出。"

纽约市主管会计哈里森·戈尔丁(Harrison Goldin)邀请佩罗和史密斯到机构投资委员会发表讲话,这个委员会由戈尔丁在前一年创立,目的在于推动公司治理。委员会的40名成员都是大型养老基金,共同持有美国所有股票的10%。史密斯告诉戈尔丁他会出席,但最后只是派出了一个由他下属组成的代表团迎战佩罗。

戈尔丁不敢相信史密斯居然让那些大股东白等一场,他说:"我们作为大股东,有权听到董事长的解释。如果我们不能从这位董事长口中听到解释,那么也许可以换一位董事长。"

戈尔丁的一番话暗示了股东可能将史密斯踢出董事会,足见收购佩罗股份一案对通用汽车机构投资者来说影响有多深。这些机构投资者多年以来都被忽视,终于失去了耐心。威斯康星州投资委员会提交了一份股东决议,禁止进行具有歧视性的股票回购。戈尔丁对于公司的批评引起了大家对于通用汽车业绩不满的共鸣:"一家管理良好的公司不需要每季度汇报成绩,但是如果公司花数百亿美元却不见任何成效,就要重新算算账了。"

股东们的愤怒迟迟消散不去,史密斯不得不出面应对。他向戈尔丁道歉,并且开启了22场巡回会议,向投资者解释通用汽车依然在追求卓越。史密斯向投资分析师分享数据和预测结果,并且具体讨论了降低成本的可能性。在会议之后,通用汽车宣布斥资100亿美元开展降低成本项目和股票回购计划,史密斯将其称为"美国公司史上最大的股票回购计划"。史密斯还在背后施加压力,软化通用汽车批评者的立场。公司治理专家罗伯特·蒙克斯(Robert Monks)和尼尔·米诺(Nell

Minow）在几本书中都写道，史密斯通过威胁威斯康星州州长，声称公司将取消在该州的投资计划，以此让威斯康星州投资委员会收回对于撤销佩罗交易提案的支持。

在通用汽车的年度股东大会上，股东提出的撤销佩罗交易议案得到了20%的支持率。这对于通用汽车来说非常尴尬，因为在这之前，拉尔夫·纳德于1970年开展的反对通用汽车运动虽然被视为巨大的成功，但是当时推动公司责任的股东提议只获得了3%的投票。但史密斯还是胜利了：佩罗最终没能重回通用汽车。

鉴于佩罗已经从通用汽车离开，而且公司的批评者偶尔会因为回购和重组计划得到抚慰，公司看来注定要回到正常状态，董事和股东将恢复到以往温顺的状态，但平静的表面之下实则暗流涌动。1988年年初，史密斯想要增加新董事，董事会否决了这一提议。《华尔街日报》报道，这一"起义"打破了通用汽车长久以来董事被动的传统。一位知情者表示董事会认为"自己在过去并没有积极参与到制定决策中去"。一位不愿透露姓名的董事表示，希望董事会能够"有更多协商，而不仅是发布命令"。

但这群失望的董事马上就成为史密斯最不担心的一群人。尽管佩罗已经不再参与其中，但通用汽车的机构投资者还是不断施加压力。他们不愿意像过去几十年那样，老是被当成空气。

投资机构大显身手：通用汽车现CEO被赶出董事会

在20世纪50年代通用汽车的势力达到顶峰之际，机构投资者持有的美国股票比重还不到10%，但到20世纪80年代末期，他们持有的美国50大企业的股权已经达到了50%。

如今，广义的机构投资者（包括养老金、共同基金、对冲基金、捐赠基金、保险公司）则控制了美国上市公司 70% 的股权。换言之，机构投资者作为一个群体，理论上说已经掌握了美国的公司。

但正如佩罗向通用汽车董事解释的那样，机构广泛拥有股权对于削弱股东力量有着非常特别的影响。通用汽车将佩罗赶出董事会时，股东除了无声地抱怨，几乎对于公司的事务没有影响力。

关于美国公司的所有权是如何随着时间演变的，通用汽车就是一个很好的例子。1920 年，通用汽车的大多数股票都掌握在一小部分"所有者-资本家"手中，这是德鲁克发明的称呼。这一群体包括杜邦公司和像斯隆一样的人物，他们将旗下的事业卖给了杜兰特，以换得通用汽车股票。在之后的 30 年中，大多数个人大股东从通用汽车董事会退休并相继离世。

1957 年，美国政府基于反垄断考虑，逼迫杜邦处理掉手中大笔通用汽车股票。到 20 世纪 60 年代，通用汽车已经成为一家现代企业，由一群职业经理人管理，接受一群持股并不多的董事的治理。自此之后，机构法人成为公司股东群体的主力。

这场演变，通用汽车在其中扮演了重要角色。员工养老基金成为公司最大的机构投资人，这是通用汽车开启的先河。1950 年，通用汽车董事长威尔逊启动了员工养老基金。美国当时已经出现了一些养老基金，但大多数是持有固定收益证券的年金保险，或者是整个投入雇员公司股票中的信托基金。威尔逊相信养老基金需要有一定的承担风险能力，但是他又觉得把员工的退休金投到公司身上风险太高。于是他成立了一个独立的通用汽车员工养老基金管理团队，不仅投资到公司的资金不多，持有其他公司的股权比例也不高，也就是持有分散的投资组合。

威尔逊的指导方针马上吸引了其他公司的注意,当年,超过 8 000 个新的员工养老基金计划诞生,他的指导方针也被政府编入 1974 年的《雇员退休收入保障法案》(ERISA Act)。

美国公司决定将雇员的退休金广泛投资到各家企业中,这使得雇员在许多公司都有持股。德鲁克表示,美国因此成为第一个真正的社会主义国家。但由于员工养老基金是委托独立机构管理,因此投资的控制权实际掌握在了那些保守、极度规律化的受托人手中,这些人会控制每项单一投资的风险。在佩罗促使他们转变之前,这类投资者极不可能插手监督实力强大的公司,例如通用汽车。

许多书都描绘了通用汽车的衰落,但是很少有人指责相关方对公司衰落的影响。显而易见,通用汽车的高管应受到指责,但有关专家也将矛头指向了全美汽车工人联合会、通用汽车经销商、白领蓝领员工、企业文化、石油输出国组织、自由贸易以及政府监管机构。对于通用汽车失败的原因,我们可以争论很久,但是有一件事情非常明确:**通用汽车的衰落是漫长、缓慢的,但也是非常明显的。股东在过去 30 多年里袖手旁观,眼看着公司经历数次失败,这让通用汽车雪上加霜。他们比其他任何人更应当承担指责。**

通用汽车第一次在市场上遭遇滑铁卢是雪佛兰考威尔车型,这款车子在拉尔夫·纳德的《任何速度下都不安全》(Unsafe at Any Speed)一书当中被称为"一款事故车型"。1959 年,雪佛兰的车子被指有严重缺陷,车子在高速行驶状态下会失控。虽然有很多工程师反对,但是通用汽车还是力推该款车型,这导致大量司机丧命于此。

雪佛兰管理人员要求在汽车上安装一个稳定杆,成本仅为 15 美元,但是通用汽车高管拒绝了雪佛兰的要求。雪佛兰高管威胁称自己要辞职并公开总部的反对意见,通用汽车高管这才让步,但已经太迟。纳德的书几年之后出版，掀起了一波反对通用汽车的声音。

20世纪70年代和80年代早期，通用汽车推出了一系列受人瞩目的失败新车型。维嘉车型、X车型、J车型、通用10车型等受到了汽车点评专家的狠批，在消费者当中也反响平平。一般认为福特埃兹尔车型是史上最失败的营销案例，它当时确实是一个野心勃勃的项目，但实际推出的汽车却与之前吹上天的营销存在明显落差。通用汽车的灾难就始于这一连串的失败产品。吉米·沃麦克（James Womack）曾经撰写《改变世界的机器》(*The Machine That Changed the World*)一书，该书主要介绍了丰田公司精简的工程制造，他将通用10车型称为"美国工业史上最大的浩劫"。

查理·芒格在他给蓝筹印花公司的年度信件中这样描述一项问题重重的投资：

> 当它不再挥动危险信号旗，而是把问题真正摆到我们面前时，我们开始看清现实。

这是对通用汽车机构股东面临问题的最佳描述。公司的错误行为吸引了大量的公众关注和审查。纳德和德洛雷安的书都成了畅销图书。1986年夏天，佩罗对通用汽车的抱怨又被重要的商业期刊挖掘出来。批评者愤怒地讨论每一桩失败的投资案例和每一个糟糕的决策，包括密歇根州哈姆特拉米克的"未来工厂"，通过丰厚的长期利润将巨额财富输送给员工等。通用汽车斥资7亿美元让佩罗从董事会辞职，就是挥动经常举起的危险信号旗，打脸股东，全面收购佩罗股份这一举动，就是把问题真正摆到了股东面前。

在全面收购佩罗股份之后，通用汽车的股东比打起精神的外部董事态度更为强硬。1990年，加州公务员养老基金致信通用汽车董事会，要求史密斯在卸任公司CEO之际，同时从董事会离开。他们和纽约州养老基金共同给董事会施压，逼迫他们积极寻找下一任CEO，而不是交由史密斯提名他的继任者。自20世纪50年代以来，通用汽车董事会又一次任命了一位工程师管理公司。但这位工程师并没有及时创造积极成效，于是很快又被解雇了。

通用汽车推动改革之际，机构投资者也在其他大公司大显身手。收购佩罗股份的第二年，4家养老基金（包括加州公务员养老基金和威斯康星州投资委员会）针对公司治理问题提交了47份股东决议。这是公共养老基金首次提出有关公司治理问题的决议。次年，美国教师养老基金会成为历史上首个提出异议董事候选人名单的机构投资人。

加州公务员养老基金CEO戴尔·汉森（Dale Hanson）曾经就通用汽车CEO就任计划与公司抗争，他表示："我们要像关注持有股权那样关注股权选择……股东在过去的三四十年里，一直在关键变革问题上袖手旁观。"

据称，佩罗对于离开通用汽车后没有确定的去向而不满。但是最近我问他是否后悔将自己心爱的电子数据系统公司拱手让给通用汽车，他立刻回复道："对这件事我不想再多说什么，现在我又创立了一家新公司。"佩罗不是一个喜欢回顾过去的人。他仍然充满激情，正如他在1986年年末那般激情澎湃。佩罗在通用汽车的股份被收购的几个星期后，他在电视上看到了史蒂夫·乔布斯。他被乔布斯的激情感染，决定投资NeXT电脑公司。

在1988年他与通用汽车的非竞争条款过期之时，佩罗便创立了佩罗系统公司，并迅速将其打造成为一家价值数十亿美元的企业。这所有一切都发生在他投身政治、成为美国现代最成功的第三党派总统候选人之前。尽管他获得了很多成功，但最成功的瞬间还是他起身对抗史密斯和整个通用汽车董事会的那一刻。

本书里的部分章节，描述了沉寂的股东对被围困的董事和占主导的 CEO 是多么的容忍。格雷厄姆需要几年和一封热情洋溢的请求信，才能让洛克菲勒基金会释放北方管道公司的盈余资金。在接下来的章节中，我们会看到谢勒公司董事是如何阻止卡拉·谢勒进入董事会的，尽管她当时是公司最大的股东，还是公司创始人的女儿。在通用汽车，佩罗当时不仅仅是公司最大的股东和公司董事，还是一位伟大的备受大众和媒体尊重的亿万富翁。就连强大的佩罗都不能够动摇通用汽车的董事会和管理层，股东意识到他们助长了一个怪兽的诞生。

1986 年，机构投资者在佩罗股票被收购之际觉醒，这对公司的治理立刻产生了影响。CEO 和经理成了重点目标，例如加州公务员养老基金会将史密斯赶出通用汽车董事会，而这在几年之前是难以想象的。但最大的影响一开始并不显著——机构投资者默默强化自己的决心。就在佩罗股票被收购之后，威斯康星州投资委员会主席表示："如果股东仍然这么消极，他们就会继续成为待宰的羔羊。"他并不是在开玩笑。在佩罗之后，你不能够再继续指望机构投资者做软弱的羔羊了。这致使企业狙击手的时代最终落幕，却推动了另一种类型的股东积极主义，而这一运动直到今天还影响着市场。

股东不能仅有"退出"权，也需具备决策"表达"权

1985年，佩罗成为通用历史上第一位公开反对CEO决策的董事。尽管未获通过，但此举打破了通用长期以来董事会的一致性传统，也预示着佩罗与CEO之间的矛盾逐渐公开化。为解决纠纷，通用以7.5亿美元的价格回购了佩罗的股票，将他赶出公司。这一事件直接导致公司面临股东质疑，多家养老基金联名抗议通用的高价回购行为。

佩罗与通用的冲突成为股东监督管理层的典型案例。20世纪80年代以来，机构投资者纷纷仿效佩罗，对不负责任的公司采取"投票反对""诉讼"等手段，督促公司提高信息透明度，重视所有股东利益。综上所述，佩罗是勇于捍卫股东利益的董事。他对通用汽车公司产生重大影响，不仅推动其管理变革，还启发了美国乃至全球的股东运动，促进了公司治理的进步。

2002年，中兴通讯计划在香港增发H股并上市，以融资发展业务。但这一方案遭到持有中兴A股的基金公司强烈反对，他们认为：第一，中兴资产负债率较低，可以通过其他渠道获得足够融资，不必增发H股；第二，在低市盈率的香港市场增发H股，会摊薄A股股东价值；第三，中兴信息披露不完善，股价出现异常波动，存在内幕交易嫌疑。

面对基金公司的反对，中兴管理层仍强推该方案，并在股东大会上获得通过。基金公司集体"用脚投票"，大量抛售中兴股票，股价一度暴跌 34%。2003 年，在基金公司的压力下，中兴被迫宣布停止 H 股发行计划。

然而一年多后，中兴终于如愿在香港成功上市。在这场管理层与基金公司的博弈中，中兴管理层虽付出代价，但最终达成了融资目标。这反映出中国上市公司决策机制的问题：管理层可以强推决议，股东难以发挥制衡作用。

相比之下，2000 年通百惠与胜邦的胜利股份争夺战中，基金公司的介入起到了关键作用。当时多家基金公司联手持有胜利股份 5% 以上，在两大股东争夺控制权的时候，基金公司表态反对双轮投票制，反映了中小股东的利益诉求。最终基金公司的参与有助于平息股权纠纷，避免公司治理混乱，体现了机构投资者的积极作用。

通过上述两个案例可以看出，中国上市公司决策机制并不健全，某些管理层可以操纵股东大会，但机构投资者也在逐步发挥监督作用。股东仅有"退出"权利还不够，也需要具备决策"表达"权利，才能制衡管理层，形成平衡的公司治理结构。否则，管理层可以搞空壳上市、内部交易等损害股东利益的行为。

中国公司治理机制有待进一步完善。股东特别是机构投资者需要加强权利保护意识，积极参与公司治理。同时管理层也需要认识到股东权利的重要性，不能仅凭自己意志操控公司。各方权责对等和制衡，是实现公司长治久安的关键。

佩罗致通用汽车董事长的信件[①]

罗斯·佩罗

森林大街 7171 号

达拉斯，得克萨斯州，75230

1985 年 10 月 23 日

罗杰·史密斯先生

通用汽车公司董事长

通用大厦 14130 室

西大道 3044 号

密歇根州底特律市，48202

亲爱的罗杰：

  为了消除对休斯公司交易的忧虑，我们需要关注两个领域：

  ——经济和商业领域；

  ——通用汽车的管理风格在前沿科技公司方面带来的消极影响，以及对休斯公司的长期影响。

  休斯公司的商业问题最好是聘请外界：

  ——律师；

  ——会计；

  ——投资银行家。

  向我提供有关信息。电话沟通和电传回复并不能满足需求。

[①] 本信件的原始英文信件见 P315。

我会提请开展尽职调查类型的情况介绍会议，重点关注休斯公司所存在的问题，同时也包括存在的优势。我想要明确一点，我不希望看到类似于休斯公司销售展示的报告。情况介绍会议需要包括一份事实分析，针对休斯公司收益下降和坏账注销等问题。

此外，我还希望能够知道通用汽车收购休斯公司的主要理由，扼要描述，根据重要性进行排序。

我可以在一两天内完成信息整理，马上开始这项工作。

如果该方案能被接受，希望埃尔默或者其他通用汽车高管能够联系我，着手安排此事。

下一步就是开诚布公地调查并且解决我们之间的问题。如果解决失败，那么同样的问题还会给休斯公司带来负面影响。

唯一的关键就是通用汽车成功与否。我们是否合适并不是关键。

为了通用汽车的利益，你不应当继续将我视为累赘，而是接受我以下角色：

——一位大股东；

——一位活跃的董事会成员；

——一位经验丰富的商人。

我是为数不多、能够并且愿意与你持有不同意见的人。

越来越多的通用汽车员工让我跟你说一些：

——他们认为你要知道的事情；

——一些你不想听到的问题；

——他们不敢告诉你的事情。

无论你想不想听，我都会将所有可以发展壮大通用汽车的事情告诉你。例如，许多资深的通用汽车员工并不认为休斯公司能够提升通用汽车的品牌质量、降低公司成本。

收购休斯公司并没有解决公司根本性的管理问题，而正是管理问题让通用汽车处于竞争劣势。这也是我所忧虑的根本问题。

在我们的关系中，

——如果我相信你是正确的，我会支持你。

——如果我觉得你是错误的，我会如实告知。

——如果你还是坚持现有的独断作风，我将会在关键问题上成为你的对手。

我会与你进行争辩，

——私下与你争辩。

——如果有必要，我会在董事会和股东面前，与你进行争辩。

你和通用汽车的其他人可能会认为如果你继续不如我所愿，我可能会失望，然后默默走开。你要知道，我不会离开的，因为我身上肩负责任：

——电子数据系统公司的顾客；

——电子数据系统公司的员工；

——E等级股票的股东；

——我作为通用汽车董事所承担的责任。

我的工作事项中有一项就是希望通用汽车获得成功。对于成为通用汽车管理人员，我并不感兴趣。

我并不期待我的所有想法能够获得认可。但是我还是坚持认为，我的想法需要被人知晓，并且有人能够认真思考我提出的想法。

我会尽我可能提供建设性意见，帮助通用汽车成功，也希望其他人也能够如此。我想针对我们之间所存在的问题，进一步细化。

例如，在底特律最近举办的一次会议上，你：

——很显然，觉得很无聊。

——几乎完全不认可别人的发言。

——你的态度和回应掐断了公开沟通机制。

例如,"通用汽车没有公司战略"——无论你认不认可,许多通用汽车高层人员并不知道通用汽车的公司战略是什么。高管觉得公司正在"远离汽车行业"。

你要明白,

——你的行事风格让人畏惧。

——你经常发脾气会对通用汽车不利。

——那些不同意你观点的人,如果你经常给他们穿小鞋,那么这会降低你的做事效率。

——你要知道,大家都很怕你。这会扼杀通用汽车原本开诚布公、层层向上的沟通机制。

——你要知道,通用汽车上上下下都用无情残暴、横行霸道等词汇来形容你。

——通用汽车弥漫着一种氛围,认为你根本不在乎大家。

——你不能只纠正那些你关注到了的问题。你的这种做法让通用汽车员工都非常忧虑。

如果我们能够公开、坦率、真诚地解决公司的问题,那么它们就能够被解决。作为公司董事,我不接受全美汽车工人联合会那种对峙、错误传递信息、声明具有误导性的方式。前车之鉴包括:

——E 等级股票最初交易。

——莫特的年薪——有消息称通用汽车对此一无所知;莫特工资过高,因此,电子数据系统公司的所有员工工资都过高。

——有人认为没有将莫特的补偿费用写入简介属于违反美国证券交易委员会规定。

——以技术原因作为理由，长期搁置 SIP 股票问题，但是真正的理由却从未被谈及。

——有人认为，通用汽车不能够推迟休斯公司的交易完成时间；不能在特定日期之后让休斯公司利息累加。

——没有履行购买时许下的承诺。

——只有在符合你自己利益的时候，才提到公平问题。

最后，我并不认为通用汽车在成本上有优势，并且通过技术和资金来解决问题，就能够成为世界上一流的企业。

——日本人并没有用科技或是资本战胜我们。他们利用陈旧的设备和合理的管理方式，在日本和拥有工人联合会的美国，都制造出了性能更优、价格更低的汽车。

——尽管我们斥巨资打造生产车间工厂，还是没能感受缩小质量和价格上的差距。我们并没有给自己设定实现有竞争力价格这一目标的日期，这反映了公司上下对于成功的普遍态度和意愿。

我们未来关系的基础是诚实、公开和坦诚，简言之即互相信任和彼此尊重。从这里开始，用行动而非语言来考验。我们必须集中所有的精力来促成通用汽车的胜利。

罗杰，我的目标是成功解决这些问题。我将它们视作第一步。这并不是你我之间的私人恩怨。这事关通用汽车成功与否。我竭尽所能，希望我们能够成功，我相信你也是如此。

我建议，你和我对这些问题进行共同探讨。

如果你希望与我见面，请及时告知。

诚挚敬意！

罗斯·佩罗

DEAR
CHAIRMAN

第 6 章

卡拉·谢勒出售谢勒公司

企业的困境反转

20 岁芳龄的卡拉·谢勒,因为爱情,从学校毕业后直接成为一位家庭主妇。什么原因促使没受过商学院教育的卡拉·谢勒想要成为谢勒公司的董事?

为了争夺谢勒公司的控制权,卡拉·谢勒与丈夫终究分道扬镳,这场戏剧性的代理权之争,谁是最后的真正赢家?

谢勒公司为了一些不好的收购案,放弃表现优异的核心业务,谢勒公司为什么会忍受糟糕的管理层 20 年之久?

> 在我们看来，高层是谢勒公司管理层经济策略的真正受益者，这一目了然。
>
> 卡拉·谢勒，1988 年

1933 年，罗伯特·谢勒（Robert Scherer）发明了一台可以批量生产软胶囊的机器。50 年后，他的机器原型仍然存放在华盛顿史密森学会（Smithsonian Institution）里，而谢勒公司已经成为世界上最大的软胶囊制造商。1984 年，罗伯特·谢勒的女儿卡拉·谢勒加入公司董事会，时年 47 岁。很快，她对公司的憧憬就因其管理方式而破灭。谢勒公司是一家经营状况良好、现金流充裕的公司，并且拥有多项专利和多年积累的专业技术。但在过去的 20 年中，管理层把软胶囊的利润投入多元化业务当中，在商品领域扩展经营领域，包括纸张包装和护发配件。

另一个问题是，谢勒公司的 CEO 正是卡拉的丈夫皮特·芬克（Peter Fink）。卡拉认为她丈夫践行的强势增长策略并不符合股东的最大利益，而卡拉正是谢勒公司最大的股东。后来她表示："管理层和他们的密友正在跳舞，而我就是那个为他们的舞台提供资金的人。"在这句话披露之后，她的婚姻也走到了尽头。

谢勒公司董事会拒绝承认卡拉所担心的问题。她将董事会的固执己见归结为她的女性身份，以及没有接受过商学院教育。同时，董事之间也存在复杂的利益纠葛。卡拉这样描述董事会的动态关系：

> 那是一群老男孩！他们一起打高尔夫球，一起去俱乐部，互相往对方的金库里塞现金。

在担任董事几年后，卡拉意识到，如果她父亲一手创建的软胶囊产业能够脱离这群能力低下的管理团队，公司的效益会更加出色。谢勒公司当时就是企业狙击手最喜欢的套利目标——公司资产的公开市场价值远低于实际价值。为什么会这样？如果说北方管道公司缺乏对股东的担当，是因为内部人员在五个董事席位中占据三个，那么在谢勒公司，管理人员只占据了十个董事席位中的两席。

但即便公司董事并非直接受到管理层的掌控，一般也由 CEO 挑选，而且就算董事是真正独立的一方，董事会成员间的社交属性也让他们很难敌对起来。董事会在本质上还是倾向于稳固管理团队，卡拉针对她丈夫的代理权争夺战就体现了这一点。

"胶囊之王"的诞生：做喜欢的事情并坚持下去

老谢勒加冕"胶囊之王"前是个无业游民，还有妻子和两个年纪尚小的孩子要养活。但 1949 年《星期六晚报》（*The Saturday Evening Post*）指出："谢勒的成功故事并不是一个白手起家的传奇。"1930 年，谢勒从密歇根大学毕业，很快就在一家位于底特律的制药公司找到了工作，担任化学工程师。工作 4 个月之后，谢勒的上司拒绝给他加薪，于是他从公司辞职，而当时整个国家正在陷入"大萧条"。

181

谢勒遗传了父亲身上制造机械的天赋，他的父亲是底特律一位成功的眼科医生，还在地下室建立了一个面积颇大的金属加工坊。年幼时他见证了父亲制造的电动咖啡研磨机、肉类和蔬菜切割机以及冰激凌冷冻机。辞职后，谢勒拥有了自由支配的时间和一家设备齐全的加工坊。他决定自己制造一种可以生产软胶囊的新机器。

谢勒之前就职的公司使用了一种笨拙的硬板按压方式批量生产软胶囊。这种技术在过去50年中几乎没有得到任何改进，而且这种生产方式效率低下，较不精确。每一个硬板都像一个巨大的纸杯蛋糕模具，里面有胶囊大小的凹陷。将一层温热的明胶放置到硬板底部之后，胶囊内的液体药物就能放到每一个小凹陷中，通常是将东西从上倒进去，再将另一层温热的明胶放进去，紧跟着放上另一个硬板。所有东西都被按压到一块儿，像一个巨大的华夫饼烤盘，两个硬板接触以后就能制成胶囊。

谢勒在他父母的地下室工作了3年，发明了转模制造流程。谢勒发明的机器是一个设备齐全的整体，制造温热的明胶薄片，通过精准计算将药物放到胶囊之中，使用两个滚动的圆柱不断喷出软胶。这比硬板按压方法更节省原料，而且在速度方面也有了很大提升，机器能够在形成明胶层的同时用模具做出胶囊。注入药物系统除了可以注入液体，还能够注入药膏和糨糊状药物，极大地扩展了可以放置到胶囊中的药物种类。一台机器可以在一天生产出上百万个软胶囊。

谢勒的转模制造流程拿到了专利。1933年，他利用专利创立了一家公司。同年，他之前就职的公司向他下了第一张订单。到1944年，谢勒公司每年能够制造50多亿粒胶囊，利润非常高。谢勒会将全部收益继续投资到生产中。《星期六晚报》文章引用他的话："我想要增长，而不是稳定。"

第6章 卡拉·谢勒出售谢勒公司

这篇文章同样描写了谢勒的日常工作，1949年的读者当时觉得这样的日常非常奇怪。文章描述"他讨厌工作"。他迟迟不肯起床，会一直睡到早上9:30，然后花至少一小时阅读或思考，再到公司阅读邮件，然后悠闲地吃个午饭，再继续工作。如果一个项目吸引了他的注意，他会一直专注这个项目，工作到深夜。如果没有项目吸引他的注意力，他就直接回家，或者吃晚饭、喝酒、打牌。对于一位1949年的CEO来说，谢勒像是一个叛逆者。他的穿着也与众不同："他在天气最寒冷的时候也不戴帽子，对那些穿橡胶套鞋、做事有条理的人嗤之以鼻。他的双排扣西服和驼毛大衣非常衬他的大骨架，但他从来不擦鞋子。"

谢勒坚持道："我做的所有事都是工作。"这就是他成功的关键。在全部工作生涯中，谢勒一直致力于精简软胶囊制造过程，并且将其投放到新市场。这就是他喜欢做的事情，而且他也很少从中迷失。截至1940年，他已经成为一位有专利、低成本的软胶囊生产商，市场占有率达到90%。他还积累了大量专业知识,提高公司的竞争能力。最初，谢勒的顾客会将药物带给谢勒，然后让他装进胶囊。但在开创事业后的15年内，多数顾客都会委托他协助配制其胶囊配方。

1960年，谢勒因癌症去世，年仅53岁。在他领导下，谢勒公司在市场占据主导地位，并且快速增长，在三大洲六个国家开设了新工厂。谢勒去世后，公司马上就改变了发展轨迹。谢勒很乐意花时间在工作室改善软胶囊生意，但他的继任者则希望增长速度更快。在之后30年里，谢勒公司的大部分时间都采用了强势的收购战略。

谢勒公司继承者忽视核心业务，耗巨资随意收购

谢勒去世后，公司由他27岁、性格倔强的儿子小罗伯特·谢勒

（Robert Scherer Jr.）继承。小谢勒出任公司总裁一年后，就开始收购其他企业。1961 年，他收购了莫里斯制造公司。这是一家理发店用品供应商，公司将剃须刀直接出口到德国。他接连收购了一家牙具公司、一家外科器械公司、一家芦荟化妆品制造商 25% 的股份、一家为耳鼻喉科医生生产钢柜和凳子的企业、两家生产发夹和卷发器的公司，以及一家位于加拿大的硬壳明胶胶囊制造商，并且打入了美国等国家的硬壳胶囊市场。

1971 年，谢勒公司公开发行股票，成为一家上市公司。但公司的核心软胶囊业务却正在失去主导地位。20 世纪 60 年代，公司失去了三分之一的市场份额。前任 COO 恩斯特·舍普（Ernst Schoepe）之后表示："公司总部缺少一种方向指引。"

1979 年，小谢勒离开公司，被卡拉的丈夫芬克代替。芬克自 1966 年起就一直担任公司董事。在小谢勒离开公司之际，谢勒公司将与胶囊无关的业务出售给他，换取他手中 20% 的股票。小谢勒在担任总裁的 20 年中随意收购的公司，基本上都保留在了他手中，而谢勒公司要重新集中精力，发展核心业务。芬克承诺将自己的精力都放在胶囊制造上，他表示，只会考虑"与核心业务互补的收购"。

但谢勒公司对于核心业务的投入持续时间并不长。芬克出任 CEO 一年后，谢勒公司收购了"为注射药剂生产密封盖"的弗兰兹·波尔公司，这是一家德国企业。如果你阅读过公司的年报，你就知道对于公司业务的描述往往"令人费解且浮夸"。事实上，弗兰兹·波尔公司只是为药瓶制造铝制盖子，这家公司的回报率很低，客户也非常集中。

要说弗兰兹·波尔公司与谢勒公司的胶囊业务形成了互补关系，确实有些牵强，不过两家公司确实有一些共同客户。芬克之后发起的几起收购就有点离谱了。他收购了一家制造一次性牙具的公司、一家动物测试实验室、两家眼镜和隐形眼镜制造商。最大的收购案是一家名叫博高制药服务的药品包装公司。和弗兰兹·波尔公司一样,博高公司可能只在某种程度上与公司的核心业务互补,但这是一家非常糟糕的劳动力密集型企业,资产回报率与利润都很低。

芬克和他的前任小谢勒一样,都对谢勒公司的业务进行多样化拓展,但新业务都不如原本的核心胶囊业务。1988年,谢勒公司的胶囊业务税前资产回报率为29%。这已经是一个非常高的数字了,但如果没有低回报的硬壳胶囊业务和在亚洲的业务重组,这个数字会更高。

相比之下,收购来的企业税前资产回报率仅为6%。更糟糕的是,大多数收购都耗资巨大。1987年,芬克斥资6 400万美元购买了博高公司,而博高公司在1988年的营业收入仅为83万美元;另外他还斥资4 000万美元收购了一些缺乏成长潜力的企业,而这些企业在1988年的税钱营收仅为320万美元。为了能够收购牙具供应商、动物测试实验室、光学产品制造商,芬克花掉了大量现金外加130万股被低估的公司股票。当卡拉发动代理权争夺战,谢勒公司的股价被推到接近实际资产价值的水平时,更显得芬克得收购行为愚蠢至极。

谢勒公司对内部业务的投资同样受到了质疑。1968年,小谢勒决定进入硬壳胶囊制造行业,此举备受争议。硬壳胶囊比软胶囊更加商品化,其制造工艺非常简单,利润也非常低。有了硬壳胶囊业务之后,谢勒公司不仅需要与其他制造商竞争,有时还会将业务拱手让给客户,因为他们可以轻松在家中制造。

芬克成为CEO之后,推动了一项价值7 000万美元的建造计划,包括海外硬壳制造设施和一家位于犹他州的先进工厂。在建造犹他州工厂的5年后,谢勒公司被迫退出美国和加拿大的硬壳胶囊市场。

只在关闭犹他州工厂上,公司就损失了650万美元,而关闭新泽西州的旧硬壳胶囊工厂又损失了 490 万美元。

谢勒公司明明有非常出色的软胶囊业务，却在业绩糟糕的企业身上浪费资金。在所有这些企业当中，博高公司是最差的，也是最大的。就在谢勒公司收购博高公司之后不久，博高公司就陷入了麻烦。为了平息卡车司机的罢工问题，公司同意与他们签订一份 3 年合同，每年收入和奖金增长 8%。同时，公司在波多黎各失去了一个重要客户，因为顾客决定在当地进行包装。公司的两家工厂都不挣钱，但它们仍然处于开工状态。原因是劳工协议里提到，如果工厂关闭，公司将受到巨额惩罚。

博高公司还建立了一家研发公司，主要针对眼科药品和透明贴剂，但一些合作伙伴并没有履行义务。公司需要填补数百万美元缺口，否则就要关闭研发公司，损失已投入的所有资金。

在卡拉看来，博高是压倒骆驼的最后一根稻草。"这是另一个我认为并不适合收购的企业。"她表示。卡拉的几乎所有财富都集中在谢勒公司的股票当中，但她对于管理层和其他股东并没有信心。她的婚姻也问题重重，她怀疑丈夫是否能够为股东带来良好收益，并不是因为两人的婚姻关系不和。她面临两个截然不同的问题：正在分崩离析的婚姻和危险的财务状况。第一个问题使得第二个问题更不容忽视。

迟来的觉醒：卡拉·谢勒试图改变公司经营模式

卡拉是老谢勒的第三个孩子，出生于老谢勒发明转模制造机器后的第 5 年。在《星期六晚报》介绍老谢勒时，年幼的卡拉就因拥有家族企业股票而成为百万富翁。16 岁时，卡拉在一次航行中遇见了芬克。她刚开始在卫斯理学院（Wellesley College）上学，后来为了能够快点与芬克结婚，她在密歇根大学完成了学业、拿到了学位。卡拉认为，如果换个年代，父母应该会鼓励她接受商学院教育，然后进入家族企业。但当时20岁的她已经从学校毕业，成了一名家庭主妇。

那么没有受过商学院教育的卡拉，为什么想要成为谢勒公司的董事？20世纪80年代初的两件事情对她影响巨大，她希望能够在公司扮演更加积极的角色。第一件事是母亲玛格丽特的过世。卡拉的母亲非常坚强，她在老谢勒去世后将家庭凝聚在一起，并将所有的子女教育得很好。母亲去世后，卡拉便开始询问她丈夫更多有关公司的事情。

第二件事，1982年，一家大型工业企业富美实试图收购谢勒公司。芬克在卡拉和卡拉的弟弟约翰的帮助之下，成功避开了收购。但卡拉担心因为她的愚忠，更加稳固了芬克作为CEO的地位，因为她并不认为他是最适合这个位置的人选。她决定让芬克给予她董事席位。"这是迟来的觉醒，"她表示，"我拥有股权，我想知道公司发生了什么事情。"

当卡拉施压让芬克给予她董事席位时，芬克很抗拒。他告诉她，其他董事问："她知道公司些什么呢？"但卡拉坚持要获得董事一职，她告诉芬克："我与公司共同成长。我们平时吃饭的时候都在讨论公司。"她并没有让芬克继续犹豫下去，"最后我非常难过，我对那次谈话记忆犹新，甚至记得当时所站的位置，我说，如果董事会不提名我，我将提名我自己。……他的脸色开始变得不佳，我就这样成了董事。"

1984年，卡拉加入了谢勒公司的董事会。她目睹了1985年硬壳胶囊业务的坍塌，1985年和1986年公司的亏损，以及1988年2月的博高收购。为了能够买下博高公司，谢勒公司增加了一倍多的长期负债。在收购之后，几乎马上就有迹象表明公司即将陷入困境。虽然软胶囊业务一直都表现不错，但卡拉很担心公司在芬克领导下的未来。1988年3月至4月，她会见公司每位董事，游说他们同意将公司出售。

卡拉的游说策略非常简单。她认为谢勒公司在两年巨亏之后开始产生赢利，而且公司核心业务稳步增长，海外资金对于美国资产兴趣颇大，推动了收购的巨大市场，因此公司可以以理想的价格出售。她坚信，把谢勒公司卖掉比作为独立上市公司进行营业更能给股东带来好结果。她说得有道理，但市场并没有给予谢勒公司应有的价值。虽然公司核心胶囊业务的营业收入在之前一年达到了 3 500 万美元，但公开市场的股价仅为每股 15.625 美元，公司的市值仅为 2.3 亿美元。在过去 4 年中，最低股价曾一路跌到每股 8.625 美元。

谢勒公司的两位董事非常赞同卡拉出售公司的想法，一位是她的弟弟约翰，他自 1961 年起就出任公司董事，另一位是舍普，他是公司的 COO。除了芬克，舍普是董事会中唯一的管理人员。他从谢勒公司在德国的子公司中一路晋升，1985 年出任董事。他相信芬克并不能出色地管理这家胶囊制造公司，他赞成卡拉的看法，认为对于股东来说，最好的结果就是帮助公司找到一个买家。

但其他董事都拒绝出售谢勒公司。卡拉记得，股东中没有人能给她一个拒绝出售公司的正当理由，但他们都选择忠于芬克。其中一位董事甚至告诉她，"你不能这样做。你会削弱芬克的地位。"董事会最终投票结果为 7 票赞成公司继续保持独立，3 票反对。卡拉、约翰和舍普没有敌过芬克和其他 6 位董事。

芬克与他在董事会的支持者有着深厚的私人关系。他们分别是：

威尔伯·麦克（Wilber Mack）
美国自然资源有限公司前董事长兼 CEO

麦克是谢勒公司董事会主席。在卡拉展开代理权争夺战之前，公司每年支付 40 万美元给麦克。除了巨额年薪，麦克还有公司股权以及其他优厚待遇，包括享受俱乐部会员权益、配备私人秘书。麦克和他妻子只要有一个人活着，每年都能够获得 42 000 美元额外福利。据卡拉表示，麦克对于芬克来说就像父亲。他当时已经 77 岁高龄，卡拉认为他在公司的职责"基本上是礼节性的"。麦克是在芬克的推荐之下出任谢勒公司董事的。

皮特·道（Peter Dow）
坎贝尔-埃尔瓦德公司总裁兼 COO

芬克和道是发小，两人都是从坎贝尔-埃尔瓦德公司开始自己的职业生涯，当时同在一个四人组的训练团队中。道在芬克离开公司后，还一直与其保持着亲密的友谊关系。他也住在格罗斯波恩特（Grosse Pointe），就在芬克家对面。在芬克的推荐之下，道出任谢勒公司董事。

小梅里特·琼斯（Merritt Jones Jr.）
希尔、路易斯、亚当斯、古德里奇和泰特公司合伙人

琼斯是底特律一家律所合伙人，谢勒公司是该律所的三大顾客之一。在卡拉发动代理权斗争之前，谢勒每年向琼斯的律所支付 496 300 美元的法律服务费用，而且琼斯的妻子是芬克的姐妹。在芬克的推荐之下，琼斯出任谢勒公司董事。

迪恩·理查森（Dean Richardson）
制造商国有银行董事长兼 CEO

制造商国有银行的总部在底特律，是谢勒公司的主要贷方。在卡拉发动代理权之争的前一年，谢勒向银行支付了 528 617 美元

的利息和费用。制造商国有银行还是谢勒家族信托基金的受托人、公司普通和优先股的转让中介和登记人。谢勒公司董事会主席麦克曾担任制造商国有银行董事。

理查德·马努吉安（Richard Manoogian）
马斯科公司的董事长兼 CEO

马努吉安是芬克的老友。芬克是马斯科公司的董事，并且支付了马努吉安在乡村俱乐部的会费。在芬克的推荐之下，马努吉安出任谢勒公司董事。

威廉·斯塔特（William Stutt）
高盛集团普通合伙人

斯塔特与谢勒公司保持着长达 17 年的投行客户关系。1971 年，高盛帮助谢勒公司上市。在与卡拉的代理权争斗中，高盛集团是公司的财务顾问。

从中可以看出，这并不是一群假公济私的低端群体。芬克的 6 位支持者都是非常有成就的商人。他们其中 3 位除了出任谢勒公司董事，还同时经营着底特律的顶尖企业：道经营一家广告公司；理查森拥有的制造商国有银行是底特律市最大的银行之一；马努吉安的马斯科公司是一家快速成长的建筑材料制造商，现在已经进入《财富》500 强公司榜单。

马努吉安成为亿万富翁之后，还担任了福特公司董事。这个群体中还有麦克，他是底特律最大公共资源公司的前任董事长和 CEO；琼斯是底特律顶尖律所的合伙人；斯塔特是高盛集团合伙人。

这些人都非常有能力，而且有丰富的商业经验，但他们在关键方面需要对芬克负责。6人中的4人之所以支持芬克，明显是受到了经济利益的驱动。除了普通董事收益，麦克从谢勒公司还获得了巨额薪水。理查森、斯塔特、琼斯都将谢勒公司视为最大顾客。6人中的5人都和芬克有深厚的社会关系。除了来自纽约的斯塔特，其他5人都是格罗斯波恩特同一家乡村俱乐部成员。道是芬克的发小，琼斯是芬克的姐夫，麦克是芬克的导师。

在芬克的支持者中，4人都是因为芬克的直接推荐而出任公司董事。马努吉安甚至邀请芬克出任他公司的董事，后来他又邀请了道进入董事会。芬克在出任马斯科公司董事期间，马努吉安有可能在谢勒公司充当一个难搞定、要求多的董事吗？这些人有可能为难芬克，让他对公司糟糕的业绩负责吗？即使有丰厚的出价，他们会有人希望将公司从芬克手中卖出去吗？

1988年4月26日和6月8日，在颇具竞争性的投票当中，芬克和支持者获胜，谢勒公司董事通过决议，不考虑任何收购公司的要约。此外公司宣称，拒绝收购也符合股东利益。这显然是一个非常荒唐的声明。没有企业能好到不以任何价格被收购。我怀疑这些董事会的行业巨头担心，高价收购公司会逼迫他们在自己的朋友芬克和股东之间作选择。

夫妻反目，代理权之争白热化

卡拉决定直接将她的提议告诉股东。1988年5月20日，在卡拉申请与芬克离婚后第9天，她和弟弟约翰向美国证券交易委员会递交了13D报告，表达他们为了所有股东的利益想要出售公司的意愿。6月，他们向谢勒公司索取股东名单，宣布他们要发动代理权争夺战，更换董事会成员。芬克和支持者非常重视这场代理权斗争。卡拉和约翰非常难对付，他们拥有 38% 的股权，这还不包括他们父亲指定他们为受益人的信托基金所持有的额外 9% 股权。

谢勒公司在"毒丸计划"发明者利普顿的帮助下迅速反击。第一，公司拒绝向卡拉和约翰提供股东名单；第二，董事会通过了一项新的股票期权计划，一旦发生控制权变更，公司将加快期权发放；第三，芬克开始游说制造商国有银行，该银行是卡拉和约翰信托基金的受托人，芬克让银行支持管理团队；第四，董事会增加了一位新董事——德国明胶公司董事长约尔格·希伯特（Joerg Siebert），这家公司在过去一年中，向谢勒公司出售了价值 1 200 万美元的明胶，还拿到了 700 多万美元的其他费用收入。

希伯特的加入极大地帮助了芬克。谢勒公司的董事任期交错，董事分为三类，每一类董事的任期都是三年。任期交错结构可以防止公司股东在一次选举中就将董事会全部换血。1988 年，有三位董事需要重新选举：理查德·马努吉安、约翰·谢勒和皮特·道。卡拉和约翰提出的董事会名单包括约翰和其他两位新成员：弗雷德里克·弗兰克（Frederick Frank），他是一位在制药产业有着丰富经验的投行金融家，另一位是西奥多·苏里（Theodore Souris），密歇根州高等法院前法官。如果异议候选人获胜，他们将加入卡拉和舍普的行列，在董事会中可以占据 5 个席位。

芬克之前增加了一名董事会成员，因此芬克可以在 1989 年的选举之前，投票结果一直占据多数，避免一整年出现平手的僵局。这就给予芬克一年的时间改善业绩、讨好股东，防止公司被出售。

1988 年 7 月 7 日，在出席特拉华州衡平法院听证会的前一天，谢勒公司终于交出了股东名单。卡拉的弟弟约翰抱怨道，由于公司推迟交出名单，他们不得不上诉，产生巨额的法律诉讼费用，而这最后还是需要股东来承担。

两天后，谢勒公司的律师在特拉华州让卡拉宣誓作证，当时本来是主要围绕卡拉和约翰是否下定决心要发动代理权之争，但律师在长达4个小时中，一直在盘问卡拉，约翰认为非常"不合适"，像是在"骚扰"。事情变得越来越难堪。

1988年8月17日的投票不断逼近，双方开始不断用代理权争夺信件轰炸股东。7月11日，公司发出第一波信件。一封由芬克和麦克签字的信件提到，卡拉和约翰受到自身利益的驱动，而不是为了谢勒公司的所有股东。随后在7月25日的信件中，卡拉表示，高价出售公司能让公司股票价格上涨。她还呼吁股东投票反对新的期权计划，她将该计划称为"黄金降落伞"，一旦发生收购，它将保护谢勒公司的高管。卡拉和约翰将他们的团队称为"卡拉·谢勒·芬克股东委员会"。

1988年7月28日，芬克和麦克给股东写了一封简短的信，鄙视卡拉"所谓的委员会"，声称她曾经要求出任CEO。8月4日，他们又接着发出了一封内容更长的信件，里面对卡拉进行了同样的指控。在4页单倍行距的信件当中，有少数几段加粗，这几段写道：

在今年的3月初，没有管理经验的卡拉女士要求被任命为公司CEO，代替他的前夫芬克。

信件强调，卡拉公开呼吁出售公司前，刚递交了与芬克的离婚申请。信件又开始质疑卡拉想出售公司的动机，认为她要求管理谢勒公司的想法与她在媒体上发表有关公司管理和未来的积极言论相斥。

在一段标题为《卡拉·谢勒·芬克的提名者是谁？》的内容中，有一处关于异议候选人苏里的要点："苏里，卡拉的律师代表，受雇于处理卡拉离婚案的律所。"

当然，苏里自己并不是卡拉的离婚代理律师。1960年，苏里在33岁之际，被任命为密歇根最高法院法官。他在最高法院任职9年后回到私营机构，成为密歇根州最受尊重的公司律师之一。

谢勒公司8月4日写给股东的信，将卡拉比作歌剧《魔笛》中三心二意的暗夜皇后，而芬克则是镇定、冷静的祭司长萨拉斯特罗。信中一直强调卡拉要求出任CEO，却拿不出她正式提出要求的记录。就算她曾经提出这样的要求，我也并不觉得过分。如果一个人持有谢勒公司39%的股份，为了能够出售公司，希望担任业绩并不好的公司的CEO，大家会对此大惊小怪吗？当然不会。

芬克和麦克试图把卡拉描述成一个不理性、轻蔑、孤陋寡闻的，希望和自己的离婚律师联手毁掉丈夫公司的妻子。

管理层的代理信透露出一种绝望，而卡拉的信却是清晰明了。针对公司指控她曾经想要出任CEO，在她的反驳信件中，她激情洋溢、勇敢无畏地写道：

> 我们坚信管理层正在误导你们，他们千方百计阻止出售公司。因为不出售公司，高层就能够自己继续获利。董事会主席麦克（在我们看来，很大程度上是礼节性的职位）和CEO芬克在1985年4月1日到1988年3月31日之间，工资总额超过300万美元，远高于在此期间股东分红的三分之一……此事有关你们的财务保障，而并非管理层所说的个人恩怨，那样说只是为了分散你们的注意力。

投票前一周，卡拉感觉自己胜算颇高。一些大股东站在了她这边，并且继续购买了大量股票，包括备受尊重的对冲基金管理人员托尼·奇卢福（Tony Cilluffo）。但之后，她又收到了一些非常负面的消息：她和约翰的信托受托人制造商国有银行将投票反对卡拉提出的董事会名单。事情发生了重大转变。

卡拉和约翰信托中9%的股票，加上马努吉安的15%和德国明胶公司约尔格·希伯特的10%，管理层提出的名单就获得了34%的投票。这已经足够对卡拉和约翰的38%构成威胁。

不能忽略的是，制造商国有银行不仅是老谢勒为卡拉和约翰设立的信托受托人，银行每年还从借给谢勒公司的贷款中获得50万美元的利息收益，银行董事长理查森还是谢勒公司董事。该银行和谢勒公司长期保持利益往来，从中收益，而且两家公司的管理层之间有着深厚的社会关系。谢勒公司的董事会主席麦克还曾出任该银行的董事。

卡拉的律师在7月底曾经联系信托基金管理人员，询问有关银行在代理权之争中的投票意向。双方一直就出售谢勒公司是否最大程度上符合股东利益进行辩论，之后，卡拉和约翰提醒管理人员，他们姐弟俩才是信托基金的唯一受益人，他们希望银行能够投票支持他们。管理人员回答道，这是一个"敏感"的问题，需要"上报"给信托部门总经理。这让卡拉暴跳如雷。在过去的5年中，银行非常乐意根据老谢勒子女们的要求，出售信托基金里的股票。

在交易中，受托人明确表示，低价出售他们手中的股票符合姐弟俩的利益。那么为什么如今银行又会认为，拒绝支持想要出售公司股份的董事，符合卡拉和约翰的最佳利益？

卡拉和约翰就此申请诉讼，他们的律师表示："如果有人相信，信托基金受托人的投票决定不会在很大程度上受到理查森的影响，也不会因为银行希望与公司保持、推动报酬颇丰的商业关系而受到影响，那么这个人就太幼稚了。"

芬克在一家私人俱乐部向银行展示了自己的情况，于是信托部总经理投票赞成管理层提出的董事会名单。但总经理从未与卡拉和她的代理人会面，也从来没有阅读过她的代理权争夺材料和老谢勒遗嘱当中有关信托基金的文件。

在投票当天，密歇根上诉法庭下令阻止制造商国有银行投票。银行在投票前的一个星期就已经递交了投票结果，而且决定不撤回投票。但这并不影响结果——卡拉的董事会名单获得通过。由于有一部分赞成卡拉董事会名单的选票是经过代理投出的，但代理说明并没有对原件的两面都进行复印，公司就此质疑结果。法庭最后还是站在了卡拉这一边，她提名的新董事将在 10 月份上任。在之后几个月里，德国明胶公司董事长希伯特又转身站到了卡拉一侧，芬克被从 CEO 的位置上赶走，谢勒公司被拍卖。

1989 年 5 月，希尔森·雷曼·赫顿公司同意以 4.8 亿美元购买谢勒公司。股东手中的股票为每股 31.75 美元：28.19 美元现金加 3.56 美元优先股，股息为 17%。股票价格比卡拉 14 个月前提议出售公司之时高出 1 倍。优先股在几年之后兑换之时，谢勒公司股东拿到的价格为每股 33.21 美元。

董事与管理层结成关系联盟，董事会如何有效监督？

在大多数美国大型上市公司中，股东和管理层都比较疏远，而董事会能够扮演桥梁的角色。在某些方面，董事会就是中间人，确保管理团队利益与股东利益一致。但董事会还有管理公司的巨大权力，能够选择 CEO，在一些重大战略决策方面提供建议。董事会才是真正管理公司的一群人。

我们给予了公司董事许多责任。作为股东和社会人士，我们对他们如何履行义务有很多期待。但是他们能够完成任务吗？公司董事需要履行许多自相矛盾的职责，很难达到高效。我们可以分析一下最基本的两项责任：

1. 董事需要选择管理人员，帮助他们管理公司；
2. 董事代表股东，评估管理人员，敦促他们负责。

换句话说，董事会帮助公司制定战略，但也需要判断公司的战略是否有效。如果董事会参与了选择或者推荐了一个人出任 CEO，那在评估公司业绩之际，他们有多大程度上能够客观？我们在色拉油大骗局当中已经见证了这样一种心理偏好是如何上演闹剧的。美国运通公司允许安吉利斯撒下弥天大谎，是因为管理人员在选择联合公司作为顾客之际，就已经赌上了自己的信誉。如果 CEO 犯错，选择 CEO 的上市公司董事会事实上就要被指责当初错误地选择了领导者。

公司董事会这样一种动态关系最终强化了管理团队和董事之间的关系，反而进一步疏远了股东和管理人员之间的距离。卡拉与谢勒公司的斗争表明，董事可以通过许多方式保住能力不佳的管理人员。幸运的是，这个案例为我们提供了一些如何解决这些问题的思路。

我们首先列举选举谢勒公司董事中面临的问题，很容易就能发现问题在于董事会存在许多利益冲突。董事会主席的年薪即使按照现在标准来看也非常高，而且出任公司董事的大多数人为银行高管、投资管理人员、律师，还有一些主要的供应商。CEO 和 COO 也出任公司董事，意味着 11 位董事中有 7 位董事存在巨大的利益冲突：3 个人从公司获得了巨额收益，其他 4 个人为公司客户和供应商。

谢勒公司董事会的另一个问题是公司大部分董事是由芬克挑选。董事会的职位拥有酬金和声望，特别是在大公司中，出任董事被认为是巨大荣耀。但 CEO 选择董事往往是出于个人考虑，这从一开始就影响了董事对于管理层的客观评价。

CEO 在选择董事时扮演了重要角色，他们有可能倾向于选择那些不给自己添麻烦的人。卡拉仍然记得他与芬克就公司董事席位空缺问题进行的探讨。她说，芬克选择另一个人填补这一空缺的原因是，"他比较软弱，会按他说的做"。美国证券交易委员会前主席阿瑟·莱维特（Arthur Levitt）差点出任苹果公司董事，便是这种现象的最佳例子。

莱维特在 2002 年出版了一本非常优秀的著作《散户至上》（*Take on the Street*），其中写道，他为乔布斯邀请他出任苹果公司董事而受宠若惊——他自 1984 年第一次购买苹果电脑之后，就变成了苹果公司的忠实粉丝。第二天他乘飞机前往加利福尼亚，与乔布斯共进早餐，之后会见了苹果公司的高层。CFO 在告诉他距离下一次董事会还有几天之前，给他做了一份有关公司财务状况和公司董事构成的报告，随后莱维特给了 CFO 一个装有有关公司治理演讲稿的文件袋。在莱维特飞回家之际，乔布斯阅读了他的一些演讲稿，随即改变了邀请他加入董事会的想法。最终，他给这位证券交易委员会主席打电话："阿瑟，我认为加入董事会让你不开心，最好还是不要邀请你加入了。"

也许在谢勒公司董事会添加持有异议的董事，面对的最大障碍隐藏在董事之间的社会关系当中。几乎所有董事都是同一个乡村俱乐部的成员。董事会包括芬克的导师、发小、姐夫或妹夫。讽刺的是，如果芬克让妻子出任董事，也许他能够组成一个完全受他控制的董事会。

董事和 CEO 之间的深厚关系不可能不对董事的监督功能产生影响。

监管人员、交易所、投资者的主要目的是推动"董事独立"。他们可以邀请与公司不相关的"外来"人员出任董事，努力保证股东受到公平对待，包括《萨班斯-奥克斯利法案》(Sarbanes-Oxley)在内的新监管细则。其中的目的，具体来说就是提高董事的独立性，使他们更好地履行义务。但你要如何利用客观标准，界定董事的独立程度呢？谢勒公司董事会就是这个问题的绝佳例子。

如果董事与公司不存在交易或者雇佣关系，那么董事通常都被认为是"独立"的。潜在董事的"独立问卷"主要是找到利益冲突点。但比较难以界定的社会关系也会对董事履行义务的能力产生巨大影响。制造商国有银行的理查森会比芬克小时候的玩伴、邻居更不独立吗？琼斯的律所能够获得法律顾问收益，而且他还是芬克的姐夫，会不会因此令人更加担忧？如果想要邀请既"独立"又和 CEO 有着深厚关系的人员出任董事，这太容易了。在迪士尼公司，前任 CEO 迈克尔·艾斯纳（Michael Eisner）就邀请了他的私人律师、建筑师和小学校长出任公司董事。

我非常怀疑对于董事独立公式化的评价标准是否能够真正提升董事水平。一个主要的挑战是商界上层社会关系复杂，很难梳理这些人之间存在什么样的社会关系和商业关系。股票交易所发现梳理关系这件事情很困难，纳斯达克证券交易所和纽约证券交易所将这个艰难的任务交给了董事会成员，让他们通过集体判断的方式，确定某位董事是否独立。这又是一种上市公司董事成为"自己公司的裁判"的情况。

另一项挑战是，对于提高监督来说，董事独立的作用被高估。激励和冲突会有影响，但是真正的独立还是一种思想境界。除了 CEO，猜一下理论上谁是谢勒公司董事中最不独立的董事？正是那些异见者：

卡拉和舍普，他们分别是 CEO 的妻子和下属。

即便董事独立对于提高董事水平来说极为有效，但是董事上任之后不久就会与管理层形成紧密关系。我们人类是社会动物，公司董事和 CEO 也许比大众更需要社交。即便董事会并不是在社会关系的基础上建立，他们也会随着时间流逝慢慢形成关系。2002 年，巴菲特发表著名言论，将公司治理的失败归结到"董事会氛围"上，董事会本应充满"智慧又体面的董事"。在 2014 年伯克希尔·哈撒韦公司的会议上，他描述得更加具体：

> 董事会的本质就是董事成为商业公司的一部分，社会组织的一部分。人们的行为一部分是依靠商业头脑，一部分是依靠社会头脑。

在 2014 年的会议上，巴菲特就伯克希尔·哈撒韦公司作为可口可乐公司最大股东所做出的行为回答了几个问题。可口可乐公司宣布的一项股权薪酬计划颇受质疑，另一位投资者将计划称为"肆无忌惮的掠夺"。巴菲特也认为计划有些过分，但他并没有投票反对，而是直接向可口可乐公司 CEO 穆塔·肯特（Muhtar Kent）表达了不满。

当时巴菲特与可口可乐公司有着很深的渊源：除了巴菲特的公司因持有可口可乐公司 9% 的股票成为最大股东，巴菲特还曾担任公司董事长达 17 年，他的儿子霍华德是现任公司董事。巴菲特自我辩护道："这对于伯克希尔·哈撒韦公司来说，是最为有效的沟通方式。"

巴菲特的方法并不疯狂。如果他投票反对股权薪酬计划，投票结果的比率将是 72∶28。他表示："我们不希望与可口可乐发生战争。"巴菲特并没有在公开场合放大该事件，也没有让公司和董事难堪，他只是私下里找到了 CEO。而这一招也收到了效果——可口可乐公司后来修改了该计划。巴菲特成功地让可口可乐公司修改股权计划，但是他并没有投票反对，公司董事也没有人反对。在一个一部分社交、一部分商业的机构当中，如果你希望成功，有时候就需要玩弄政治手段。

2014 年伯克希尔·哈撒韦公司的年度股东大会上，巴菲特对这个问题进行了总结："社会关系对董事会行为非常重要。"但企业狙击手伊坎并不同意。针对巴菲特拒绝投票反对，他写道："**太多董事都将董事会看作一个兄弟会或者是俱乐部，在董事会中你不应该去惹怒他人。这种态度让管理层表现更为平庸，而且会让我们抛弃精英管理体制。而正是精英主义，才让我们直到今天都享有经济霸权。**"伊坎说的没错，但是巴菲特自己在写到"董事会气氛"的时候也感到悲痛，董事会确实是兄弟会或俱乐部，惹恼他人会带来负面影响。巴菲特解释道，应该在董事会中影响董事会："你需要找准自己的位置，选择自己的方式。"

董事会的学院本质是另一个影响因素，它影响董事会的监督能力，并且展现公司是如何试图通过董事独立改善公司治理问题这一愚蠢行为。随着时间流逝，大多数董事都受到管理层的影响。通常情况下，董事是离商业最遥远的人，而管理层是最容易受影响的人。安然公司的董事就是这一动态关系的最好解释。

乔治·布什总统在 2002 年签署《萨班斯-奥克斯利法案》之际，表示"低标准和虚假利润的时代已经结束。在美国，没有任何一家公司的董事会能够超越法律"。当然，对于"后安然改革"具有讽刺意义的事情是，安然董事会的结构之前就与新规定完全一致。在董事会结构方面，安然公司走在了独立时代之前，而这个时代又是在这家公司倒闭之后才开启的。在安然公司被视为不良治理的典型之前，安然董事会经常被称赞为全美最为出色的董事会。董事会有许多杰出人物，例如斯坦福商学院前院长兼会计系主任，英国前内阁成员兼上下议院领导人。

这些人与安然公司 CEO 肯·雷（Ken Lay）都没有特殊到可以让他们甘冒职业风险和名声的关系。安然公司是董事独立的一个典型例子。但这并没有什么用。

在这本书中，我们发现有许多董事会并没有很好地履行职责。怎样的董事会才算好？我们可以思考一下卡拉给谢勒公司董事会带来的价值观念和看问题的角度。首先，她是以公司所有者的心态加入的。卡拉持有公司大量股份，她的收入很大程度上源于这部分股份。她加入董事会是一种防御措施——她知道如果公司失败，自己将失去很多东西。卡拉对 CEO 也充满怀疑，但并没有抱着敌对态度。她坚持表示，自己并不是在加入董事会之后才考虑离婚。卡拉与芬克 30 年的婚姻让她形成了一个非常精准的谎话探测系统。

卡拉并没有受过正式的商学院教育，但是她很聪明，能够理解谢勒公司。此外，她还机智地联合了公司的 COO。这让她对公司业务又有了更深刻的理解，帮助她向芬克和董事会正确地提问。一名董事对公司业务有透彻的理解非常重要，这胜过任何商业和财政信用。在谢勒公司，芬克没能阻止信息流向卡拉和她的同仁。

谢勒公司被收购，重新聚焦软胶囊技术

谢勒公司在被希尔森·雷曼·赫顿公司收购之后，表现出色，这家公司邀请亚历克斯·艾尔代连（Alex Erdeljan）和杰克·卡什曼（Jack Cashman）担任公司高管，两人在 1986 年收购了谢勒公司在加拿大的硬壳胶囊业务。艾尔代连于 1979—1986 年在谢勒公司就职，他当时清楚，芬克和他的前任小谢勒都忽视了软胶囊业务。他说："他们认为软

胶囊技术的发展走到了尽头，公司必须将现金流投到业务多元化上。"

艾尔代连和卡什曼摆脱了所有非核心业务，开始重新聚焦软胶囊技术，以获得更多潜在客户。亚历克斯解释了为什么公司在芬克的领导之下业绩不佳："他们只将自己看作承包制造商。他们的思维是，'如果有人需要我，自然会找上门来'。他们在市场推广和开发新业务方面非常不积极。"

艾尔代连和卡什曼建立新的激励措施，将员工从"接受订单的人打造成积极的销售员"。他们还减少公司内部成本，特别是公司总部。

这项措施取得了惊人的成效。胶囊业务的营收在 5 年内提高了 2 倍，利润在 6 年间翻了一番。在公司核心业务中，利润率在公司被收购前的 5 年中平均为 11%，在被收购之后的 5 年中平均为 20%。公司的新老板非常成功。

20 世纪 90 年代，谢勒公司的巨大成功证明了出色领导力的重要性，但它同样对上市公司的困境提出了挑战。为什么谢勒公司原来的股东不能从公司所拥有的巨大成就中获益？为什么公司在 20 年中要一直忍受糟糕的领导者，而且公司为什么要为了一些收益并不好的收购案，放弃表现优异的核心业务呢？卡拉通过代理权争夺战，使公司摆脱了时任董事会的控制，把它交给一位出价合理的买家。但如果她能在出售公司前邀请到艾尔代连和他的同仁加入管理层，这样做结果会更好吗？

艾尔代连并不这么认为。他表示："皮特喜欢做一个 CEO，但并不喜欢做 CEO 应该做的事情……他把自己的俱乐部好友全部拉进了董事会。"艾尔代连阐述了公司私有的好处："如果私募股权做了一件好事，那就是管理。这是他们的钱，他们并不惧怕提出刁钻的问题，他们真正理解公司，会做出必要的改变。董事会总是花太长时间才能摆脱一个表现不佳的人，因为要将矛头指向表现不佳的 CEO 非常困难。"

遗憾的是，除了卖掉公司，卡拉无法说服股东支持她的代理权争夺战。她取得控制权的唯一办法就是向投资者承诺，他们可以借由出售公司获得巨额收益。如果当初让投资人支持她通过改善管理来挽救公司，恐怕胜算就不会太高了。因此，卡拉在她父亲一手创立的公司的历史上扮演了一个矛盾的角色：为了能够让公司避免效益不佳，避免被公司管理团队和董事围困，她和股东需要牺牲公司未来的增长和收益潜力。

即便是今天，也就是老谢勒发明转模胶囊制造机 80 多年之后，他的技术还是占据主导地位，公司的剩余部分现在被并入康泰伦特公司，仍在不断增长，收益巨大。艾尔代连表示："人们低估软胶囊技术的原因是，他们将专利视作防御代理，并没有意识到这项技术与知识本身更为可贵。"谢勒公司拥有一项出色的业务，但管理人员并没有明白它的价值，"他们是不合格的经理，而不合格的经理往往做出糟糕的决定"。

谢勒公司充满戏剧性的案例向我们表明，公司董事常常没有代表股东监督管理人员。这同样提醒我们，上市公司管理存在一个更严重的问题。**事实上，一位独立董事很少能够长期、成功地管理一家公司。股东执着于建立可靠的董事会，其实并没有真正对症下药。良好的管理不仅要求董事有能力，还要求拥有合适的股东和管理层。**尽管管理层和投资者之间存在固有裂痕，但经营好一家上市公司需要一位积极的 CEO，具有长远目光且专心的股东群体以及机警的董事。我们已经发现想要达到这样一种混合搭配非常困难。

北方管道公司的例子让我们知道管理人员很容易腐败，美国运通公司的例子向我们表明股东们会自相矛盾，而谢勒公司的例子则表明，董事会经常只是管理团队巩固自身势力的工具。

女性企业家的创业精神和责任担当

20世纪80年代，卡拉·谢勒成为谢勒公司董事会成员后，发现公司管理层进行大量并购，扩张到医疗器械等多个领域，这使公司显得业务过于松散，对软胶囊核心业务的关注不足。

卡拉·谢勒认为公司应该将业务重心回归软胶囊，或者出售给其他能够重视并发展其核心业务的企业。

但卡拉·谢勒的丈夫兼公司CEO皮特·芬克及其他董事都反对出售公司。为了争取公司控制权，她采取多项行动，先后换掉两任董事长，最后由她担任董事长一职。在此过程中，卡拉·谢勒与皮特·芬克也离婚收场。经过艰苦卓绝的斗争，卡拉·谢勒终于摆脱董事会的控制，以4.8亿美元的价格将谢勒公司出售，使软胶囊业务能够得到进一步发展。这场董事会内讧和代理权争夺战，成为美国企业史上的一段佳话，体现了一名顽强女性企业家的创业精神和责任担当。

卡拉·谢勒的例子充分说明了股东角色的重要性，股东需要行使权力来约束管理层，推动公司中心利益。同时，管理层也需要认识到股东监督的重要性，不能僵化保守，应顺应需求变化进行管理创新。公司治理需要各方平衡与合作，才能使现代公司长期稳定发展。

2003年，雅虎收购了3721公司，任命创始人周鸿祎出任雅虎中国区总裁。周鸿祎上任后，希望用快节奏改变雅虎"居高临下、不慌不忙"

的作风，从搜索、邮箱等多个领域出击，进军中国市场。在他第一年的领导下，雅虎中国实现了扭亏为盈，在搜索和邮箱用户数上都超过了竞争对手，取得了巨大成功。

但是雅虎总部和周鸿祎对中国市场前景认识出现严重分歧。周鸿祎看好中国市场潜力，想进一步加大投入，打败竞争对手百度，成为中国第一。但雅虎总部一直对中国业务犹豫不决，不相信中国市场前景，畏首畏尾。

雅虎总部给周鸿祎下达了击败百度的KPI，但又不真正放权支持他。雅虎中国业务的运营资金还要依靠3721公司自立门户挣钱支持。

周鸿祎对此非常不满，他认为雅虎总裁杨致远在中国一直抱着赌徒心态，先是小看中国市场，只派来了几十人，后来收购3721公司也只是想借助品牌效应在中国轻松获利。在资源和战略上严重受限的情况下，周鸿祎难以实现自己的抱负。"巧妇难为无米之炊"，即使他再有热情和能力，也无法在没有资源支持的情况下打败具有厚实资本实力的竞争对手。这成为日后雅虎中国衰落的导火索。

股东和管理层在公司发展路线上的分歧，最终导致满腔热情的周鸿祎选择离开。这也预示着，没有股东的大力支持，雅虎很难在中国市场开疆拓土。这件事反映出，公司股东和管理层之间经常会在发展战略和资源分配上出现分歧。如果不能协调一致，形成合力，公司最终很难取得预期的业绩。管理层需要充分说服股东，赢得他们的信任和支持。同时，股东也需要充分理解管理层的想法，给予管理层发展的权利和资源。只有双方能够达成一致，公司才能在竞争激烈的市场中脱颖而出，实现稳健发展。

卡拉致谢勒公司股东的信件[①]

卡拉·谢勒·芬克股东委员会

由博德曼事务所转交

复兴中心 100，第 34 层

密歇根州底特律市，48243

1988 年 8 月 4 日

亲爱的各位股东：

谢勒公司董事长和主席给各位捎去了一份写于 1988 年 7 月 28 日的信件，信件内容完全曲解了出售谢勒公司股东委员会的意愿。

委员会希望达成两个目标：

——为了所有股东的利益，出售公司，换取最大现金价值；

——反对为高管建立的"黄金降落伞"，我们坚信，高管的薪酬过高，侵犯了你们的利益。

信件宣称，我，卡拉本人，曾要求出任公司 CEO，这一说法离谱至极。我从来没有提出过类似要求。另外，信件表示自己代表了整个董事会，这一点也是错误的。我们也是董事会成员，却并不知道这封信件的存在，直到公司管理层将信件发给了媒体。上一场董事会会议召开于 1988 年 6 月 8 日。

我们都认为，公司管理层试图误导各位，阻止出售公司，以此让高管们继续获取私利。董事长威尔伯·麦克（我们认为，他担任该职，主要是履行礼节性的职责）和总裁皮特·芬克于 1985 年 4 月 1 日至

[①] 本信件的原始英文信件见 P320。

1988年3月31日，共计收到3 007 000美元的薪酬，包括现金、激励型期权，不过这还不包括公司给他们支付的退休福利——超过同阶段三年期间公司支付给股东的分红，股东拿到的分红仅为9 002 000美元。在我们看来，谢勒公司经济政策的真正受益者是高管。

自我们1988年5月23日宣布出售公司之后，你们手中的谢勒公司股票在1988年6月24日达到了每股28.75美元的峰值，在预期出售公司的情况下，涨幅达到了80%。现在问题的关键是你们的财富而非私人恩怨，管理层正运用这一借口转移你们的注意力。

仅仅同意我们的观点还不够，希望各位能够支持我们，在绿色卡片上签字、写下日期，并将卡片寄回。

卡拉·谢勒·芬克

约翰·谢勒

DEAR
CHAIRMAN

第 7 章

丹尼尔·洛布玩弄星辰公司
对冲基金积极主义开始发力

　　企业狙击手时代落幕，大型机构投资者开始更加重视公司治理问题，这些敢作敢为的对冲基金经理会通过什么手段向上市公司施压？

　　洛布大学毕业后，蹉跎了 10 年，他是如何一步步从低谷走出，创建了后来赫赫有名的第三点基金公司？

　　上市公司 CEO 为股东创造巨大财富，但他以权谋私，使自己年薪最大化，面对这些危险信号，股东的态度会如何转变？

> 星辰公司（Star Gas）似乎只能作为你的"蜜罐"，让你从中给自己和家人支付薪水，为好友支付费用，免受众多起诉案件的打扰。这些案件都是针对你个人，指控你之前捏造事实、作伪证、不守信用。
>
> 丹尼尔·洛布，2005 年

2013 年 9 月，亿万富翁罗恩·伯克尔（Ron Burkle）修改了自己根据公司投资摩根酒店集团的 13D 表格中的声明文字。13D 是美国证券交易委员会制作的一种表格，可以在委员会官网上获取，13D 表格要求所有持有公司 5% 股票的股东报告自己在股票市场最近的活动、资金来源、交易目的。

伯克尔这次提交 13D 表格，已经是他 2009 年年末成为摩根旅店集团股东以后的第 10 次填写。此次伯克尔提交表格并不是为了更新数据。他自己的股票持有情况和资金来源都没有发生变化。伯克尔这次修改表格是为了附上一封几天前他写给摩根酒店集团董事长和 CEO 的信。他写道：

> 不要再像一个被宠坏的孩子了。把摩根放到市场上出售，找一个合适的买家。是时候为股东利益出售摩根了。让你的母亲给你买点其他玩具吧。

第 7 章 | 丹尼尔·洛布玩弄星辰公司

20 世纪 80 年代末，企业狙击手时代落幕，上市公司的管理团队在毒丸计划和《特拉华州普通公司法》（Delaware Section）第 203 条等反收购法案之后紧缩开支。但他们并不是完全自由的。大型机构投资者，例如加州公务员养老基金会和美国教师养老基金会开始更加重视公司治理问题，对于表现不佳的管理层也不再那么容忍。

此外，一群改革先锋、机会主义者、快枪手等这些被称作新一代本杰明·格雷厄姆、路易·沃福森（Louis Wolfsons）、卡尔·伊坎的人开始涌现，他们大多数是敢作敢为的对冲基金经理，拥有类似于代理权劝诱人的手段策略。他们缺少资金，但是拥有决心和勇气；他们没有可以影响管理团队的资金杠杆时，便选择在公共场合发表言辞激烈的话语，以达到自己的目的；他们最强的武器便是手中的笔，利用 13D 表格表达自己对市场的不满，来获得其他股东的支持；他们总是让大公司上新闻头条，动摇一些美国巨头公司高管的地位。

事实证明，他们的方法在实际中非常有效，即便是像卡尔·伊坎、纳尔逊·佩尔茨（Nelson Peltz）这样巨星级别的企业狙击手也很快加入了他们的行列。

1966 年，《财富》杂志记者卡罗尔·罗密士（Carol Loomis）在描述琼斯集团（A.W.Jones）同时做多和做空以"对冲"投资时，首次提出对冲基金（Hedge Fund）这个待完善的术语。现在，这个术语已经应用到各式各样的私募投资资金，管理层从投资人处获得一部分投资收益作为提成，此外还有资产管理费用。尽管他们的投资策略非常多样，但对冲基金大多倾向于架设类似的法律结构，而且受到的监管不多（不过正在迅速增多）。

本杰明·格雷厄姆、罗伯特·扬、沃伦·巴菲特、查理·芒格管理的公司如今都可以被称为对冲基金。1990 年，他们在资金管理市场上仅占据了一个小的利基。当时大概仅有 600 家对冲基金，管理 390 亿美元的资产。如今大概有 15 000 家对冲基金，管理的资产达到 3 万亿美元。

对冲基金产业成熟之前，就已经吸引了许多有独立思想的交易员和投资者，他们大都带着创业心态。开始时，他们中的大多数人资金不足，需要良好业绩才能达到收支平衡。1984 年，保罗·都铎·琼斯（Paul Tudor Jones）以 150 万美元初始资金创立了都铎期货基金；1995 年，丹尼尔·洛布以 300 万美元资金设立了对冲基金第三点；1996 年，大卫·埃因霍恩（David Einhorn）以 90 万美元的初始资金设立了绿光资本。尽管这些基金后来管理了数十亿美元资金，但是他们的初始资金根本不值一提。

20 世纪 60 年代中期，巴菲特向他的投资者解释，他具有掌控所投资公司的"意愿和金融能力"，这为他提供了宝贵的"保险单"。但是，如果你仅仅管理一小部分资金池，而米尔肯刚好被禁止从事证券行业，你会做哪些事情向上市公司施压呢？一位年轻的对冲基金经理，如果不能做到像伊坎那样百分之百成功的要约收购，又如何引起管理团队的关注呢？

年轻的对冲基金经理向业绩不佳的公司发起进攻

1999 年 5 月 18 日，一位名叫罗伯特·查普曼的年轻对冲基金经理给国际资源管理咨询集团（简称 CRG）写了一封"熊抱函"。CRG 是一家商业开发公司，马丁·萨斯（Martin Sass）为公司董事长。这家公司在市场的交易价格相较于公司的资产价值大幅折价，其资产包括现金和三笔投资。在回购公开市场上所有的公司股票之后，CRG 宣布公司将采取其他策略，包括购买一家运营中的企业，或者清算公司。但是公司并没有找到合适的收购对象，于是由萨斯带头的管理团队决定以每股 8 美元的价格将公司私有化。

查普曼拥有公司 6% 的股票，他认为公司现金加投资至少可以值每股 10 美元。公司董事任命了一个特别委员会，评估管理层的出价，但是查普曼担心委员会偏心萨斯，因为萨斯是公司董事长、CEO 和最大股东。为了能够让特别委员会尽量公正，查普曼递交了一份每股 9 美元的收购要约，并且表示清算公司才是股东所期望的。他甚至还加上自己"充满信心"的言论。他表示自己并没有钱，但是他"有信心，现在有关融资的协商将获得成功"。这句话不像德崇证券公司的那封信一样具有说服力，但是让人印象深刻。

和 20 世纪 80 年代的企业狙击手所做的事情一样，查普曼在 13D 表格后面附上了"熊抱函"。这一招非常有用。后来公司宣布资产价值超过每股 12 美元，进入清算流程。

5 个月之后，查普曼在一家公司的 13D 表格中附上了另一封信。里斯扩普公司 CEO 去世后的第四天，他给该公司的董事长写了封信，这是一家已经倒闭的劳工保险公司。里斯扩普公司根据与凤凰管理公司签订的合同，聘请了这位 CEO，与比他更年轻的合伙人共事。

CEO 死后，里斯扩普公司继续保持与凤凰管理公司的关系，另一位年轻合伙人则开始充当 CEO 的角色。

查普曼表示，凤凰管理公司所获得的报酬过高，新晋 CEO 能力不足，根本比不上去世的 CEO。他表示："正是在他担任法务主管期间，公司陷入保险行业最大的法律丑闻之中……如果我不提到这一点，那就是我的失职。"

这一次，查普曼并没有提出正式的收购方案。他只是促使公司终止与凤凰管理公司的昂贵协议，查普曼一方面要表明 CEO 的薪酬过高，另一方面还要对其最近的过世表示惋惜，这非常微妙。他写的这封信字数超过 1 400 字，不过信写得非常全面和得体。查普曼持有的股票并不能赶走公司董事，但是他非常有创意地利用了 13D 表格，找到了一种方式，可以在所有股东的见证下给董事施压。

伴随着查普曼的下一份 13D 表格，革命性的事件发生了。2000 年 3 月 30 日，他给迈克尔·威尔逊（Michael Wilson）写了一封信，威尔逊是美国共同财产信托基金（简称 ACPT）的董事长和 CEO。查普曼指责拥有公司 51% 股票的威尔逊家族通过"关联交易和顾问费用这一赚外快的手段"，掠夺公司资产。他还表示：

> 如果董事会成员希望继续将共同财产信托基金打造成现实版的大富翁游戏，允许一位毕业于曼哈顿学院、之前担任银行贷款行政人员的 32 岁年轻人，因为他父亲的任命出任 CEO，那么我强烈建议公司私有化。那样的话，他们滥用职权、任人唯亲的行为就不会受到大众审视。

查普曼的信件充满了挖苦、蔑视的语气，但也总是结合精明的金融分析：既有辛辣的批评也有幽默。他向彭博新闻社记者解释自己的策略："讽刺是充满能量的武器。"他一生之中递交了 17 份与公司相关的 13D 表格，一些信件用词非常骇人，不过他从投资的公司身上也赚到了不少钱，除了一家公司，其他公司的年投资收益率都达到了 20%。

2003 年，查普曼在冲浪时摔断脊柱，之后他就退到了幕后。他退出之际正是对冲基金积极主义开始发力之时。新一代对冲基金经理积极挥舞着附在 13D 表格后面的信件，将目标瞄准业绩不佳的公司。但那些信件更像是出自不谙世事的年轻人，而不是巴菲特或者格雷厄姆等大师的手笔。

所有人当中，表现最强悍的是第三点基金的洛布。洛布和他在其他基金工作的同仁，例如来自潘兴广场资本管理公司、亚娜公司、雷缪斯和斯塔博德价值公司、绿光资本、价值行动资本公司的基金经理，从无名苍蝇逐渐进化成为捕猎者之后，开始发动大规模代理权之争，他们从大型机构投资人处获得支持，在主要的公司治理议题上主导讨论。

颠沛流离10年，洛布在不良债务上打赢翻身仗

洛布早期并没有显现出产业大亨的潜质。他在哥伦比亚大学拿到了经济学学士学位，但并不像格雷厄姆或伊坎那样闪耀。不过他有一段经历与伊坎类似：20岁出头，他在股票市场投资，获得了巨额收益，之后亏光了所有钱，身上还有税收负债。洛布的父亲解救他于水火之中，他花了10年时间才还清父亲为他垫付的钱。他告诉彭博新闻社记者："我在资金杠杆和过于集中化的投资上度过了危险的十年，那是一个漫长的教训。"

大学毕业之后，洛布辗转于金融行业，做过好几份工作，一些工作在买方，少数工作在卖方。20世纪80年代末期，他还在克里斯·布莱克韦尔（Chris Blackwell）的岛屿唱片公司短暂工作过一段时间。公司在一部由阿特·加芬克尔（Art Garfunkel）主演的犯罪恐怖电影上投入过多，没有办法偿付U2乐队的版税，正面临清算危机。洛布帮助布莱克韦尔获得了债务融资，解决了他与鲍勃·马利（Bob Marley）有关房产的争议。

岛屿唱片公司是世界上最优秀的唱片公司之一，很早就为我们提供了有关隐藏价值的教训。尽管公司经常面临清算问题和财务问题，但这

还是一家非常值钱的公司。1989年，布莱克韦尔将公司以3亿美元卖给宝丽金集团，U2乐队由于之前将未偿付的版税兑换成了股权，在公司出售案中大赚了一笔。

从岛屿唱片公司辞职之后，洛布在一家名为拉斐尔的对冲基金公司工作了3年，担任风险套利分析师。从拉斐尔公司辞职之后，他没有办法再找到关于对冲基金工作的机会，所以他就换到了卖方。在很多人看来，一个充满活力的投资人如果从对冲基金转到卖方市场，就相当于高台跳水，意味着永远离开对冲基金。但是洛布在正确的时间去了对的地方，他在1991年前往杰富瑞投资银行的不良债务交易部任职。

杰富瑞投资银行总部位于洛杉矶，公司专营场外大额股票交易。20世纪80年代中期，伊凡·博斯基与联邦调查人员配合，对公司创办人布德·杰富瑞（Boyd Jefferies）展开钓鱼执法，与他在被录音的情况下讨论一桩虚假交易，公司因此陷入麻烦。

对内幕交易的相关制裁使得公司几乎无法生存。不过最终公司的财富不减反增，因为创办人牺牲了自己来保住公司，德崇证券公司倒闭后，杰富瑞投资银行开始收拾残局。

1990年，德崇证券公司申请破产，杰富瑞投资银行接收了德崇证券公司的许多工作人员，将经纪业务扩展到高收益的不良债务。德崇证券公司为杰富瑞投资银行输送了销售和交易人才，后来杰富瑞投资银行又开始交易德崇证券公司发行的债券。

洛布是一个不良债务分析师和交易员，他知道可以通过研究已破产的德崇证券公司的发行人，掌控破产进程。德崇证券公司已经为杰富瑞投资银行和洛布提供了很多东西，看似没什么可提供的了，但其实还有一小部分可以利用。洛布开始研究德崇证券公司本身的破产，发现有一笔不寻常的隐藏证券，由德崇证券公司清算信托基金付款。

德崇证券公司的清算计划对于申请人来说有三类"受益凭证"。根据破产披露声明当中的估计，最高级别的 A 类凭证每单位可以收到 646 美元，总价超过 10 亿美元。许多 A 类凭证持有人都是已注销了德崇证券公司坏账的欧洲大型银行。洛布从破产法庭处拿到了持有人名单，发现他们都愿意低价出售凭证。他聚集了一群和他关系最好的顾客，购买 A 类凭证。德崇证券公司的清算最终偿付给债权人超过 20 亿美元。

洛布在杰富瑞投资银行的表现优异，并且与越来越多的投资人建立了珍贵的联系，这些人之后逐渐占据了对冲基金产业的主导地位。同时他发现自己几乎处在不良债务投资的中心，不良债务已经逐渐崛起成为一类有望成功的资产，这是 90 年代早期经济衰退带来的结果。洛布在花旗银行的债券销售岗位待了一年后，终于建立了自己的对冲基金。1995 年，他在基金经理大卫·泰珀（David Tepper）位于新泽西州的公司健身房里，创立了第三点基金。

洛布借助互联网和信件，逐步建立自己的名声

投资圈总是从同仁之间的信息交流中获益。罗伯特·贝弗利（Robert Beverley）是美国建国初期最富有的人之一。18 世纪末 19 世纪初，他经常给一些在弗吉尼亚州北部的银行和保险公司投资的朋友写信。他们经常分享关于公司财务、保单情况、贷款质量、公司治理、内部持股人等方面的信息。

格雷厄姆与一些志同道合的投资人保持着长期关系，包括鲍勃·马洛尼（Bob Marony），他是一家铁路公司的财务人员，格雷厄姆在第一份工作期间撰写的研究报告中猛烈抨击了马洛尼的雇主。后来马洛尼负责将格雷厄姆第一封有关管道公司的信，转交给了洛克菲勒基金会；

巴菲特则为格雷厄姆的追随者举办了一场与格雷厄姆的交流研讨会。沃尔特·施洛斯与一些股票热爱者数十年保持通信关系。据说，米尔肯在一天中要与500多人通电话。这些人当中包括博斯基，不过他们的交流不那么正派，一些观点涉及违法行为，有时还会谈到内幕交易。

以上内容的重点在于，投资界很少有独狼。

在学习投资的过程中，要多与别人讨论自己的观点和投资进程，尽量避免孤身上阵。如今的投资人通过推特交换想法，也许以后他们会应用虚拟现实工具与思维和长相都和巴菲特一样的人工智能机器人聊天。在第三点基金初创阶段，他们通过匿名的方式在互联网信息板块发布推荐购买股票的建议。

"品客先生（Mr. Pink）针对不同的话题，例如衍生品、互助储蓄银行、保险兑换、并购套利、后破产时期的股权、卖空等，与大家分享他的见解。品客先生不会撒谎。"1996年，洛布以"品客先生"身份出现在网络上，开始发布他选择的股票信息。第二年，他创立了自己的论坛"品客先生的选择"，在板块中他分享自己的观点，并与任何在线的人进行讨论。如果有任何人的观点奏效，他就会说，"天哪，他太聪明了！"而如果有人的想法不管用，他也会说，"天哪，他太差劲了！"

1997年，他写道："品客先生只是一个对冲基金界的小人物。"在大家对股票论坛好奇的初期，洛布给那些听从他们建议的人分享小贴士。这些对话的级别非常高，同样，建议的质量也非常高。洛布谈到了许多"特殊情况"，比如互助型保险公司股份化、企业拆分、IPO失败、不良股票等，这些特殊情况都会导致公司价值遭到低估。如果当今这个竞争激烈的市场的投资人有幸能阅读品克先生的留言板，应该都会缅怀过去的那种不拐弯抹角的沟通环境。

第三点基金早期的业绩非常亮眼，洛布在做多和做空上的表现都很出色。截至2000年年初，他的基金规模已经达到1.3亿美元。洛布在购买小资本公司、做空出售的五年中，了解到那些公司的治理有多么糟糕。他的做多目标曾因公司管理水平太差而暴跌，而做空目标则会把仅存的微薄资金拿来控告他。

在读了查普曼写给美国共同财产基金的13D表格信件之后，洛布知道自己找到了壮大自己基金的强有力武器。

多年来以"品客先生"的名义在网络上活动的经验，让洛布学会了如何与市场上的其他人交流。他附在13D表格后面的信，读起来更像是网络上的匿名评论，而不像正式的商业信函。

2000年9月8日，洛布提交了有关农标公司的13D表格，农标公司刚从罗斯登·普瑞纳公司独立出来，然后宣布与另一家从普瑞纳公司独立出来的拉尔科公司合并。洛布觉得合并的条款损伤了股东权益。两家公司的董事长都是比尔·斯蒂里茨（Bill Stiritz），他自1981年起就开始出任普瑞纳公司的CEO。

斯蒂里茨是一位备受尊重的商人，他在任期间为普瑞纳公司的股东创造了可观的价值。他将原本尾大不掉的庞大企业集团拆分，仅保留业绩最好的业务，利用杠杆获得更高利润，然后利用超额现金回购股票。之后，他将普瑞纳公司拆出的部分出售给股东。拉尔科公司和农标公司先后在1994年和1998年独立出来。

洛布表示合并计划低估了农标公司的市场价值，当时该公司在公开市场的价值为每股41美元。他指责斯蒂里茨将自己的利益置于农标公司股东的利益之上。尽管公司股价在公司拆分后几乎"保持平缓"——拆分后35.75美元，两年后涨到36.25美元，但洛布指出，1998年亚洲金融危机导致该公司股价短暂被压低到21美元时，斯蒂里茨拿到一笔50万股的认股权。洛布指出，这件事情恰好发生在公司宣布大笔回购股票，以及当季盈余超出分析师预期之前。

洛布引用斯蒂里茨的话，说公司拆分得很"成功"。他写道："但这是按照谁的标准衡量？在我自己的基金管理公司，我们根据投资收益率来衡量成功（我们的投资收益率还不错，在过去 5 年中，尽管投资农标公司拖了我们后腿，但收益率每年平均还可以达到 35%）。从投资人的角度来看，农标公司和拉尔科公司的业绩非常糟糕。你获得认股权的时间精准、价格合适，获利超过 1 400 万美元。你所说的成功是你从认股权中获得了财富，而不是股东获得了收益。"

在洛布递交的第一份 13D 表格中，他表明自己并不惧怕表达对长者的不敬。查普曼附在 13D 表格后的信件经常是针对没什么人听过的平庸公司，但指责像斯蒂里茨这样的人中饱私囊则是另一回事。斯蒂里茨是一个有经验的资本分配能手，他从农标公司并入拉尔科公司当中看到了机会，前者是一家发展良好的动物饲料公司，账面上有多余的现金，后者是一家高收益消费品生产公司，想要通过收购壮大自身。这个过程中并没有协同作用，但是他认为可以找到一种方式，为股东更好地利用农标公司的资金。

洛布当然不同意这一点。他认为合并损害了农标公司股东的利益，此举将拉低公司核心业务的价值。在洛布递交 13D 表格的第三个星期，嘉吉公司向农标公司提出了收购要约，收购价格为每股 50 美元，以现金支付。嘉吉公司最后为每股支付了 54.5 美元，洛布拿到丰厚收益后满意地放手了。

此后几年，洛布提交了一系列附在 13D 表格后的信件，言辞激烈，信中除了指责 CEO 表现不佳，还将枪口对准了董事会。洛布的一大专长便是揭露那些在代理权委托书中虚报自己工作经历的董事。他已经赶走多位只在空壳公司就职过的董事。在一份有关佩恩弗吉尼亚公司

（Penn Virginia）的 13D 信件中，洛布质疑了一位公司董事的资质，那位董事是一家"控股公司""伍德福德管理公司"的"创始人兼 CEO"。

洛布发现伍德福德公司并没有其他员工，而且公司也没有任何收入，那位董事唯一参与的公司是一家业绩并不好的洗涤剂公司，名叫棉洗，公司的地址与伍德福德管理公司的地址相同。

洛布还非常关注自我交易和裙带关系。在给因特赛普特制药公司董事长和 CEO 的信件中，洛布对一桩有偿的关联方融资交易和私人飞机的租赁安排表达了自己的不满。他同时指出，CEO 的女儿和女婿都在公司的工资清单列表上，二人年收入共计 25 万美元。有一次，洛布在工作时间给 CEO 的女婿打电话，想要了解他在公司的角色，却被告知他在"高尔夫球场"。在之后给因特赛普特制药公司的信件当中，洛布对 CEO 将第三点基金称作"龌龊的对冲基金"做出了回应：

> 对于一个收购了爱比尔公司的人，你在道德方面并没有很高的信誉……因为爱比尔公司是一家标榜从事"商业处理业务"的公司，实际上却是给黄色网站提供计费服务的公司。在媒体上将公司的第二大股东称为"龌龊"，更反映了你的判断能力低下。不久的将来，你可能也会有很多机会，在高尔夫球场加入你女婿的行列。

这些对个人发起的进攻与洛布的投资都不太相关，与他刚开始想要积极参与的目的也不相关。例如，给因特赛普特公司的第二封信并没有什么目的，只是为了奚落 CEO。信件的开篇写道："我写这封信是想要告诉你，我们与市场都认为，如果你可以辞去 CEO 职务，因特赛普通公司的市值将更高，我们希望公司出售之后，您能够辞职。"洛布并没有试图说服其他股东支持他，也没有想要说服管理团队和董事会采取不同的措施。他只是想在 CEO 已经跌倒时再踢上几脚。

次年他给星辰公司写的信更为刻薄，但是这一次洛布至少有目的：他希望公司董事长兼 CEO 辞职。"形成风格对于建立名声很有益处，这能够帮我未来更好地对付不道德的公司 CEO。"他解释道。

"星辰公司 CEO 是最危险、最不称职的管理者"

星辰公司是一家丙烷和供暖用油供应商，公司 CEO 为埃里克·西文，他之前在投行工作，出任星辰公司 CEO 之后，他通过一系列收购，使得星辰公司迅速壮大。星辰公司的手段和大型企业集团没什么不同——利用高估值为收购筹资。但是星辰公司并没有依赖机构投资者推高收益，拉升公司股票价格，而是利用看起来非常可靠的分红收益，吸引想赚钱的散户投资者，让他们推高股价。星辰公司效仿企业狙击手，大无畏地使用杠杆来扩展版图。

一开始星辰公司就许诺投资人，股票的分红将稳定在每股 2 美元。收益水平看似与公共事业公司不相上下，股价达到了每股 20 多美元。但家用供暖燃油和丙烷供应业务并不稳定。这是一个季节性的、反复无常的业务，对营运资本有很高的要求。此外，作为家庭供暖原料，供暖燃油的需求正在逐渐下降，人们正在转向利用天然气供暖。1998—2004 年，星辰公司每年都增发股票筹资。这段时间中，公司分红达到了 3.35 亿美元，这证明了公司的运营水平，但光是增发股票，公司就获得了 4.68 亿美元。

2002 年，星辰公司开始大幅改造供暖燃油业务。供暖燃油的送货方式看似与丙烷相似，但是两类业务在本质上存在差别。95% 的业主都是从供应商处租用丙烷罐，在大部分州，只有丙烷罐的所有权人才被允许重新灌注丙烷。这样的"消防安全规定"巩固了经销商的地位，顾客受到经销商的控制。不过在供暖燃油方面，顾客更换经销商更为简单，这使得这一领域的竞争更加激烈，服务水平更高。供暖燃油业务有一个小秘密：业务如果经营良好，可以带来巨额投资回报，因此一些顾客经常会寻找最便宜的供货商。

不过通过提供优质的定制服务也可以赢得顾客持久的忠诚，例如许多美国东北部小城镇的供暖燃油供应商，就是通过提供优质服务而获得了不错的收益。

星辰公司下决心要降低成本、提高服务水平，取消供暖燃油业务的区域化经营方式，剔除90多个公司收购来的品牌。公司不再通过分布在全国的27家办事处提供全部所有服务，而是只从两处派遣服务技工，在11处经营燃油输送服务，并开始使用一家位于加拿大的外包呼叫中心。

CEO西文希望自己的计划能够创造一项大规模、高效的供暖燃油业务，但业务重组是一场灾难，它耗费了3 000万美元，却没有带来任何有意义的收益。正如你所料，它还疏远了公司和顾客的关系。2004年，顾客净流失量是前3年平均水平的5倍。而供暖燃油价格的升高，更是让星辰公司雪上加霜。供暖燃油批发价从2003年9月的每加仑0.78美元，涨到2004年9月的1.39美元。这不仅影响了星辰公司的顾客，他们所消耗的燃油变得更少，同时由于公司对营运资本的高要求，它还威胁到了公司的流动性。

2004年形势越来越糟，星辰公司做出了一些有关运营方面的决定，最终不得不在油价上赌一把。公司没有进行有效的对冲，也推迟了提升油价的决定，希望油价能够稳定下来。但是油价不断疯涨，星辰公司损失了 800 万美元，而这个损失完全可以避免。

2004 年 10 月 18 日，星辰公司为了能够保留一些资产，推迟了分红时间。1 天之内，股价暴跌 80%。11 月中旬，公司以 4.81 亿美元的价格出售了丙烷业务。尽管星辰公司马上用 3.11 亿美元偿还负债，但是其供暖燃油业务还是处于非常危险的过度负债状态。公司作为一家上市合伙公司，将丙烷业务出售，股东获益部分还需要缴纳高额的税费，这使得情况变得更加糟糕。如果你是一位持有星辰公司股票的退休人员，在过去 5 年中，你每年能够稳定地收到公司每股 2.3 美元的分红，但是现在你手中持有的股票已经从每股 20 美元降到了每股 5 美元，你还要缴纳每股 11 美元的个人所得税。

2005 年 2 月 14 日，洛布给星辰公司 CEO 西文写了封残忍的情人节信。他开篇便批评西文在股价崩盘后没有及时与股东沟通。洛布后面写道："很遗憾，你的无能不仅限于没能及时与股东沟通，审视你过去的表现，我发现你对公司价值造成了严重损害，犯下了愚蠢的战略错误，我们都称你是美国最危险、最不称职的公司管理人员。在我们的调查过程中，我发现了一件很有意思的事情，康奈尔大学有一个奖学金名为'埃里克·西文奖学金'。人们可能会同情拿到那个奖学金的学生，因为他要忍受将你的名字放在自己履历上的痛苦。"

洛布的信件还对星辰公司的业绩、西文的年薪、公司巨额法务和银行费用等进行了尖锐的讽刺。洛布估计，公司为以上费用支付了 7 500 万美元，相当于其市值的一半。

他还质疑了西文 78 岁的母亲作为董事发挥的作用："我们还很好奇，公司是出于怎样的考虑，让你的母亲担任董事。如果你作为管理人员没有履行职责，事实上你也确实没有履行职责，但我们并不认为你的母亲会解雇你。我们很担心，你将增加家庭收入的贪婪欲望放在了股东利益之上。你母亲出任董事的基本薪资为 199 000 美元，酬劳为 27 000 美元。我们坚持认为，你的母亲需要立即辞去董事一职。"

洛布在信件的最后透露，他和西文之间有一定的社会关系："你我相识多年，虽然我所说的话可能有些严厉，但我相信我有这么说的权利。你现在应当辞去 CEO 和董事一职，去做你擅长的事情——去你在汉普顿的水边别墅静养，你可以在那里与社会名流一起打网球、喝酒。至于你留下的烂摊子，就留给专业的管理人员和关心公司利益的人去收拾解决吧。"

三周后，西文从星辰公司辞职。之后的一年里，公司由凯斯特瑞尔能源公司进行资产重组，凯斯特瑞尔能源公司是一家隶属于约克镇合伙公司的私募股权公司。凯斯特瑞尔能源公司原本是美国第三大供暖燃油供应商米南石油公司的母公司，2001 年，星辰公司收购了米南石油公司。星辰公司在凯斯特瑞尔能源公司对其进行资产重组之后，还可以在公开市场上进行交易，之前一直没有离开的米南石油公司管理团队将运营整家公司。董事会和管理团队都持有公司大量股票。管理团队上任后的第一步就是重新为顾客提供区域化的服务。

在洛布要求西文辞职后的几年，星辰公司蓬勃发展。尽管产业形势不佳，燃油价格跌宕起伏，美国经济衰退，但星辰公司的总利润还是翻了一番。2006 年，凯斯特瑞尔能源公司接管星辰公司之后，公司分红达到了 1.15 亿美元，完成了 2.49 亿美元的收购案。公司取得的这些成就并不是通过提高长期负债或是增发股票筹资。

事实上，公司斥资 8 300 万美元，回购了公开市场上 24% 的股票。公司过去一年在供暖燃油一项业务上的税前收入，比西文在任时领导两项业务业绩最好时的收入还高。另外，新任 CEO 的年薪和西文相比降低了 40%。

洛布只关心能否赚钱，不在意星辰公司的重组能否成功

格雷厄姆在《聪明的投资者》结尾写道："用经营事业的方式去投资，就是最聪明的投资。"格雷厄姆认为，投资人一定要将持有公司股票作为部分所有者权益。这是一种投资哲学。格雷厄姆想表达的是，**购买股票就是购买公司的部分权益，所以，投资人要将投资的公司视作"自己的事业"，想要获得最大收益，就要采取审慎的方法，如同商人一样，认真对待自己投资策略的每一个进程。**

当然，格雷厄姆讨论"公认的商业准则"时，可能并未写公开信让 78 岁高龄的 CEO 母亲辞职，也没有使用任何污言秽语。如今公认的商业准则可能多多少少更能容忍疯狂，而格雷厄姆可能会认为这很陌生。威廉·桑代克（William Thorndike）的《局外人》（Outsiders）介绍了一些在资本配置方面非常出色的 CEO。但当这本书再版时，可能会有人把书名改为《疯子》，因为它介绍的都是一些有强迫症特征的人物，例如乔布斯、雷·克劳克（Ray Kroc）、罗斯·佩罗、汤姆·莫纳根（Tom Monaghan）、莱斯·施瓦布（Les Schwab）、赫布·凯勒赫（Herb Kelleher）等。

在我写的这本书中，我们也可以看到一些"疯狂"的人物，例如路易·沃福森和卡尔·伊坎，还有如今一些积极的对冲基金经理，他们将聪明的投资发挥到了极致。

关于对冲基金，我最喜欢的书是大卫·埃因霍恩写的《一路骗到底》（Fooling Some of the People All of the Time）。这本书非常精彩，详细讲述了埃因霍恩 2002—2007 年如何做空一家名叫联合资本的小公司。书中记录了埃因霍恩和他在绿光资本的同事，如何与联合资本进行第一次谈话，以及绿光资本是如何费尽心思，花费五年半时间向监管

人员、分析师、记者和其他投资人揭露联合资本大胆的会计处理手段。

埃因霍恩是当今最成功的对冲基金经理之一，绿光资本据称管理着上百亿美元的资金，作为一名职业投资人，他对投资回报率非常敏感，而且时间宝贵，但他和同事还是花费了许多时间密切关注联合资本，可以想见，投资联合资本的份额在基金中所占的比例应该也不会很大。

书中有一个非常生动的时刻，埃因霍恩在巴菲特第一次年度慈善拍卖午餐会上见到了沃伦·巴菲特。能和世界上最伟大的投资人进行私下交流，让他激动不已。他想要就联合资本一事向巴菲特请教。

埃因霍恩做空联合资本变成了一项非常伟大的使命。他并不是出于个人目的做这件事情：那一年，他承诺将自己做空收益的一半捐给慈善机构（他最终捐出了所有），而且做空并不是一件很光荣的事情，即便对象是像联合资本那样令人憎恨的公司。埃因霍恩不仅投入了大量的时间，生前还写了一本长达400页的有关这件事的书。整件事情有些不可思议。

无论是洛布针对西文的母亲，还是埃因霍恩写本有关自己做空联合资本的伟大小说，都会让人觉得对冲基金经理有些奇怪——他们会将注意力放在并不符合利益逻辑的事情上。西文并不是美国最危险、最无能的管理人员。他虽然没有妥善经营星辰公司的供暖燃油业务，但是如果燃油价格没有翻一番，他可能还是公司的CEO。至于联合资本，公司在财务报表上肯定高估了自己的资产，但是该领域许多其他的公司也都这么做（甚至在一些更大的产业中，那些公司给美国经济造成的影响更具破坏性）。

西文和联合资本成为顶尖对冲基金的攻击目标，肯定有其特殊的复杂性。之后，对冲基金的目标更大，针对的公司发展也更成熟：埃因霍恩指控雷曼的会计做法过于大胆；洛布揭露雅虎公司CEO在自己的简历上作假；阿克曼的潘兴广场公司将多层直销巨头康宝莱拉入了你死我活的战斗中。

企业狙击手通过恶意收购要约，利用市场上的一大批套利大军，获得了成功，而早期的对冲基金只是采用说服战术。在很多争议中，最后的仲裁者是大型机构投资者，例如加州公务员养老基金和加州教师养老基金。他们没花多长时间就站在了对冲基金这一边，对抗表现不佳的管理团队。如今，成熟的对冲基金经理已经不需要嘲讽来作为武器，因为那可能会起到反效果。

对于大型机构投资者来说，他们与对冲基金积极主义者的共生关系使得他们更容易给躲在幕后的公司施压。有时候，如果大型机构投资者认为他们会从干预中收益，他们就会让积极主义者加入他们的投资。最重要的可能是，随着积极主义逐渐繁盛，大型机构投资者会更合理地评估对冲基金发起的行动，更加理性地投票。如果一项激进活动建立在非常愚蠢的想法上，这项活动可能就不会获得很多支持。30年前，遭受股东攻击的公司通常总是在游戏中出局。最终，公司不可避免被出售，即便出售时机不佳。

安妮·辛普森（Anne Simpson）作为加州公务员养老基金会全球治理董事，在2013年年末接受《纽约时报》采访时表示："股东积极主义已经从门口的野蛮人，进化成登堂入室的所有权人。"

这场所谓的进化对于美国公司有着非常深远的影响。自此，没有一家公司是不能进入的，除非公司冻结自己的投票控制权。最近几年对冲基金积极主义者对世界上最大的上市公司苹果和微软发动了攻击。伊坎曾经给苹果公司施压，希望他们能够给股东更多分红。即便没有从其他投资人那里获得太多支持，但是他的行为提高了公司回购的力度。价值行动公司持有微软公司少于1%的股票，但是它获得了董事会的一个席位。很难相信10年前对冲基金能够获得同样的成就。

当然，有人认为对冲基金积极主义者会一直获得长期持有人的全力支持，这一想法存在明显、根本的缺陷。对冲基金创立之初，并不是为了管理长期资金。发动代理权之争、出任公司董事会将资金捆死，积极主义者的投资时长和基金的流动条款之间并不匹配。许多对冲基金会告诉你，他们的投资人属于长期投资者，但是如果业绩出现疲软，他们便不再是长期投资者。

想要通过对冲基金成功实现长期投资策略，就不能忽视短期的收益压力，而必须考虑激进因素和退出策略。这也是为什么像利普顿这样的上市公司捍卫者立即指出，对冲基金经理声称自己为长期持有人是服务于上市公司的说辞并不准确。洛布投资星辰公司这一案例在这里非常具有教育意义。我之前写道，这家公司在2006年所有权变更之后获得了巨大的成功。但是洛布并没有等到公司彻底转好。随着西文的出局、资产重组计划完成，"事件"和"刺激因素"就双双消失了。洛布的投资人厌倦了星辰公司，何况主要股权还掌握在推动资产重组计划的人手中。

在这种情况下，投入星辰公司的资金注定暂时不会有明显波动，而洛布正好也为资金找到了更好的用途。2004年，他告诉《纽约》杂志的史蒂夫·菲什曼："我唯一关心的事情就是为我的投资人赚钱。"品客先生没有骗人。

对于如今的投资人来说，好消息是，当像洛布这样的对冲基金经理想在市场上赚钱时，通常对其他股东来说也是好事。积极主义者想要搞砸别人的收益而为自己创造高收入几乎已经不可能了，就像毒丸计划已经变得不太可能实现了一样。大型机构投资者的觉醒与这一变化密切相关。被动的投资人如果能够理性投票，股东积极主义会更有积极意义，而不是更具毁灭性。对于价值行动公司来说，如果想要从持有少于1%微软公司的股票中获得巨大收益，那么就得让所有的微软股东都受益。

但是正如从代理权劝诱人和恶意收购者身上所看到的，我们不能盲目相信所有滔滔不绝谈论股东权利的人，想要看清积极主义者的真实动机，可以从他们掌控公司后的表现得知。在对冲基金经理这个群体中，也有和代理权劝诱人以及企业狙击手一样的人。关于这一点，也许最佳的例子便是萨达尔·比格拉里（Sardar Biglari）与牛排和奶昔公司的传奇故事。

最老练的投资人也会在挣钱时，忽略管理层以权谋私

比格拉里是比格拉里公司的董事长兼CEO，公司旗下有牛排和奶昔公司、一家保险公司和《美信》（*Maxim*）时尚杂志。比格拉里的背景十分令人瞩目。他的父亲曾是一名伊朗军官，在1979年革命之后被监禁，比格拉里的大部分童年都是和母亲被软禁在家中。在他7岁时，也就是1984年，他随父母移民到了美国。当时他只会两句英文：你好和再见。

在比格拉里还只有19岁的时候，他阅读了《巴菲特之道》（*The Warren Buffett Way*）一书，开始对投资产生兴趣。大学毕业后，他便创立了自己的对冲基金，大笔投资了一家名为西部希滋林的餐厅集团。成为公司董事之后，比格拉里帮助公司重组业务，聚焦开设连锁店，将多余的资金投入到积极主义非常成功的项目——友好冰激凌公司。他的下一个目标便是牛排和奶昔公司，这是一家在中西部具有标志性意义的汉堡连锁餐厅，给予了丹尼尔·迈尔（Danny Meyer）创立奶

昔小屋的灵感。牛排和奶昔公司在建立连锁店上耗费了大量资金，而与此同时现有的店面业绩却在不断下滑。2008年3月，比格拉里被选为公司董事，8月初成为CEO。牛排和奶昔公司处在债务违约的边缘，而整个国家马上就要经历一场来势汹汹的金融危机。

比格拉里当时刚30岁，之前并没有经营餐厅的经验，但他还是成功扭转了牛排和奶昔公司的业绩。他和借款人进行协商，获得了一些回旋余地，之后大幅削减成本，简化菜单。考虑到公司危险的财务状况，他做了一个非常勇敢的决定——大幅下调零售价。在经济形势欠佳的大背景之下，牛排和奶昔公司的客流量和收益还是急速上升。

比格拉里为牛排和奶昔公司股东创造了巨大财富，他不仅保住了公司，还将公司拉回了收益增长的轨道。但是，他之后为巩固自己在公司的地位，使自己的利益最大化，做出了一系列颇受争议的举动。正如一位对冲基金经理对我所说："他说话像巴菲特，但做事却像个企业狙击手！"

比格拉里曾致信西部希滋林公司股东："我们希望公司上下都能体现对股东的关爱……"之后他将牛排和奶昔公司以及西部希滋林公司合并为比格拉里公司，美国证券交易委员会的最新材料显示，比格拉里公司在比格拉里的对冲基金投了6.2亿美元。尽管在比格拉里最近所提交给证券交易委员会的持有股票材料中，他在自己名下的公司持股不超过2%，但是通过自己的对冲基金，他控股达到20%。不仅如此，只要对冲基金为比格拉里公司创造超过6%的报酬率，他就能领取利润的25%作为收益提成。

对冲基金投资还成了比格拉里巩固地位的有力工具，因为比格拉里公司的资金在他的基金中有5年的锁定期。为了能够进一步巩固自己的地位，比格拉里同意将自己的名字授权给公司，如果他不再担任董事长或CEO，或者他被剥夺了资本分配的权利，就要收取授权费用，费用为每年收入的2.5%。一旦有愤怒的投资人想要密谋将比格拉里踢走，公司必须给他付钱才能使用"比格拉里的牛排和奶昔"这一抬头（假设协议能够在法庭上站得住脚）。公司2014年年报中所显示的收入乘以2.5%大概为2 000万美元，占到了年利润的70%。

比格拉里的工资（除去他从对冲基金管理中所赚取的利益）同样非常高。比格拉里公司最近一份代理委托书显示，他在过去的两年中，每年都能拿到1 000万美元。这比其他大公司如麦当劳、汉堡王、大力水手炸鸡、云狄斯公司CEO的工资都要高。比格拉里的工资随着公司账面价值的增长而增长。

2014年，比格拉里公司增发新股让股东认购，价格仅为股票市值的60%，这使得股东必须筹得更多的资金购买股票才能够防止自己的股票被稀释。增发股票的结果是什么呢？

比格拉里公司注入了新资金，提升了公司的账面价值，比格拉里的工资也随之提升。如果募集所得又投到了他自己的对冲基金中，而投资回报率又高于6%，他还能拿到25%的收益提成。

因为比格拉里成功帮牛排和奶昔公司的股东创造了价值，投资人基本上也就容忍了他巩固自己地位的手段和高薪资。随着一些小股东发动代理权之争、想要获得公司董事席位之后，著名的价值投资人和股东支持者马里奥·加贝利（Mario Gabelli）告诉《印第安纳波利斯星报》（Indianapolis Star）的记者，他有可能支持现任，而比格拉里似乎在考虑采用反噬防御。他通过自己的对冲基金购买了两家公司的大量股票，而那个反对的股东正是这两家公司的董事。

比格拉里的手段毫无疑问将考验机构投资者的耐心。如果他继续进行聪明的投资和好的餐厅运营策略，我认为他可以继续在比格拉里公司任职，使公司发展得更好。但是投资人会警惕他在其他公司的行为。尽管比格拉里持有20%的股票，并且餐厅展现的业绩都还不错，但是他好几年都没能获得在饼干桶老乡村商店公司的董事一职。他给股东写了好多精心准备的信，抨击公司的业绩，但是这些信件并没有得到公司机构股东的回应。

2007年，比格拉里给友好冰激凌公司的股东写了一封信，强调"公众股东的利益需要摆在前头"。他写道："私人飞机代表了现在一种根本不在乎股东的文化。"但根据金融作家乔纳森·梅兹2014年的报道，比格拉里公司在册的私人飞机就有4架。

对冲基金经理当中没有人比比格拉里更为强势。当埃因霍恩实际掌控爱因斯坦诺亚餐饮集团之际，他并没有将公司重新命名为埃因霍恩餐饮集团，也没有购买4架私人飞机。但是比格拉里的故事将对冲基金股东积极主义推向了后意识形态的极端。

正如我们所见，公司治理体系中大部分的权利实现都依赖于股东。对冲基金积极主义者曾经是无足轻重的——像洛布和查普曼这样的人，只会向董事会丢"臭弹"，但是如今他们与大型机构投资者共同协作，几乎能够进入美国任何公司的董事会。这使得公司发展不佳的时候，很难再怪罪传统公司治理的替罪羊（例如受控制的董事会、管理层和持股人分离的情况）。

公司治理出问题的时候，股东必须共同承担责任。尽管投资人捍卫股东价值、公司接受合理监督，但即便是最为老练的投资人也会在挣钱的时候忽略那些危险信号。除非比格拉里的股票损失惨重，否则市场还是会允许他继续以权谋私。可一旦他的经营出了问题，股东就会变得冷酷无情。

投资上市公司是一种危险的举动，要在有限的信息之上，让自己的真金白银面对风险。即便你很聪明，购买了在安全边际以内的股票，你还是会犯一些亏损的错误。

有抱负、追求完美的投资者有时也会行差踏错：例如洛布投资梅西能源公司失败，埃因霍恩投资新世纪失败，卡拉曼投资惠普公司失败，阿克曼投资杰西潘尼失败，伊坎投资百事达公司失败——所有人都遭受了巨大的损失。即便是巴菲特，收购的伯克希尔·哈撒韦公司在当时也是问题企业，更不用说他手上那些令人讨厌的爱尔兰银行了。

当股东积极主义开始变质，伸长脖子的投资人就开始七嘴八舌、说三道四。不过，与其忙着指责或茫然以对，不如探究几个因股东积极主义失败而引发的灾难，看能不能从中学到更多教诲。而且别怀疑，那种灾难绝对会发生。

股东积极主义不能违背道德底线，避免投机取巧

美国能源供应商星辰公司通过高额股票分红吸引众多投资者，但随后由于国际油价上涨，以及公司旗下电厂业务重组失败，星辰公司陷入严峻的财务危机。作为公司大股东，对冲基金经理丹尼尔·洛布多次给公司 CEO 埃里克·西文写信，表达对其经营能力的严重质疑。

在洛布的公开施压下，西文被迫宣布辞去公司 CEO 职务。在西文离职后，洛布又给董事会施加压力，促使星辰公司启动一轮资产出售和业务重组。在整个重组过程中，洛布都高度参与其中，其旗下对冲基金减持了大量星辰公司股票。

以洛布为例，他虽说服西文离职，但随即放弃星辰公司，将资金转向其他机会更好的标的，可见洛布并非真心想要完善公司治理。相反，如果洛布在西文离职后继续监督公司改革，并长期持有股份，他的积极主义行动将更有正当性。

因此，积极主义投资应该立足于投资者利益最大化的终极目标，但不能违背道德底线，应避免投机取巧。腾讯投资京东并进行双向赋能，可以看作是股东积极主义的正面案例。

2022 年 6 月 29 日，京东集团与腾讯控股公司宣布续订为期 3 年的战略合作协议，双方将在流量支持、通信、技术服务、营销广告、会员服务等领域开展深入合作，以提供更优质便捷的购物体验。

这次合作续约充分体现了双方的互惠共赢之道。多年来，腾讯为京东提供了大量微信入口流量支持，京东也在腾讯生态系统中承载了海量的交易和会员服务。这种互补的伙伴关系，使双方在自身业务上的优势得以强强联合、产生协同效应。近年来，在电商平台激烈竞争的环境下，流量变得愈发珍贵。

腾讯继续提供流量支持，将帮助京东巩固并扩大市场份额，抢占更多微信用户。而京东提供的丰富交易场景和会员体系，也将丰富腾讯生态系统的应用场景，提升用户粘性。除流量之外，双方在AI、云服务、大数据等技术领域的合作也将达到新高度。京东数字化建设良好，数据价值丰富，这将助力腾讯在AI及相关技术的商用化进程。腾讯具备的技术能力也将帮助京东提升购物体验和运营效率。

除业务合作外，腾讯这次还增持京东股权，对京东进行战略投资。这不仅体现了对京东发展前景的肯定，也将提升京东的社会形象。获得行业龙头企业的投资，将有利于京东拓展合作关系，降低融资成本。战略投资还将推动京东公司治理水平提升。

当前，中国资本市场发展还不成熟，上市公司问题普遍存在。在引入积极主义精神时，更需要注意把好尺度，防止投机分子滥用这一策略谋私利，损害公司与投资者权益。积极主义不应成为资本争夺工具，政府应制定相关政策加以约束。同时，公司也要主动接受监督，与投资者保持良性互动。只有各方平衡，股东利益与公司长远发展才能达成统一。通过积极主义监督与公司自我完善的良性循环，中国企业治理才能得到全面提高。

洛布致星辰公司董事长的信件[①]

通过传真以及美国邮局系统

2005年2月14日

埃里克·西文先生

星辰公司董事长、总裁兼CEO

大西洋大街2187号

康涅狄格州桑佛德市，06902

亲爱的埃里克：

第三点基金公司（"第三点"）建议一些公司持有星辰公司（"星辰"或者"公司"）（纽交所代码：SGU）1 945 500股普通股股票。我们持有公司6%的股票，也就是说我们是公司最大的机构股东。与那些正在每股24美元价格之际购入股票的穷酸而又不幸的散户股东（许多人正准备起诉你和公司）不同，我们以每股7美元的价格买入了50万股股票，因此获得了收益。

自从你们在多方面的收购和运营方面出了不少错，让机构股东损失了约5.7亿美元，我就不能理解为什么在与股东沟通方面，你会表现得如此怯懦。我们强烈要求你召开电话会议，讨论公司的窘境，并且制订相应的执行计划。

我们曾多次试图联系你，但总是被告知，你的法律顾问建议你不要与债券持有人和股东进行对话，因为股东正起诉公司高管和公司。

---

① 本信件的原始英文信件见P322。

事实上，我们接到了公司首席财务官阿米·特劳博打来的电话。我后来得知，他曾在纳斯达克（纽交所代码：SYRA）工作过。该公司股票为每股6分，现在正处于债务重组阶段。非常奇怪的一点是，特劳博的名字虽然几乎出现在了所有集体诉讼的文件中，但他却没有受到公司顾问禁言令的限制。非常抱歉地告知你，由于你数月来一直拒接我们的电话，我不得不在公共场合与你进行沟通，1934年颁布的《证券交易法》第13（d）节允许该行为。

很遗憾，你的无能不仅限于没能够及时与股东沟通。审视你过去的一番表现后，我们发现你对公司价值造成了伤害，在战略上也出现了错误，我们都称你为美国最危险、最不称职的公司管理人员。在我们调查过程中，我发现一件很有意思的事，康奈尔大学有一个奖学金称为"埃里克·西文奖学金"。人们可能会同情拿到那个奖学金的学生，因为那位学生要接受将你的名字放在自己履历上的痛苦。

2004年10月18日，星辰公司宣布推迟普通股分红，导致股票价格降低80%，从10月17日的每股21.6美元骤降到10月18日的每股4.32美元，5.5亿美元市值凭空蒸发。

2004年11月18日，星辰公司在股价有所回升之后，宣布公司出售丙烷业务，再次导致普通股股价暴跌，从11月17日的每股6.68美元降到11月22日的每股5.5美元。很显然，管理层认为出售丙烷业务会给公司增值，但是事实恰好相反。公司也没有承担起为股东最大化利益的责任，在出售丙烷业务之前，也拒绝给公司大股东回电话。如果你们能够对我们的诉求做出回应，我们本可以提前警告你们，哪类行为不会让公司增值。令人震惊的是，公司居然表示，机构股东将会收到每股10.53美元的税后净值，然而实际上，持有者损失将会达到每股15美元。

我们发现，公司评估丙烷业务出售特别委员会中的成员史蒂芬·拉塞尔和威廉姆·尼克勒提，每个人收到的一次性费用达10万美元，这不仅给证券持有者雪上加霜，而且这一点在低效的管理记录中同样令人震惊。你已经向雷曼兄弟（你的前雇主）支付了顾问费用，向KeyBanc资产管理公司支付了额外的顾问费用，由于他们对特别委员会提供的建议，还另外为交易支付了大笔法律费用，考虑到这几点，还有必要向那两位成员支付额外费用吗？你渎职的程度着实令人震惊，我们要求拉塞尔先生和尼克勒提先生马上向特别委员会支付委员会本应当收到的费用。

2004年12月17日，星辰公司与J.P.摩根公司签署了2.6亿美元的资金信用协议。2004年12月31日，公司已构成违约，致使固定费用偿付比例从1.1X降到1.0X。结果，为了能够保持循环资金达到0.25亿美元的最低限度，避免违约，公司被迫使用丙烷业务总收益1.435亿美元中的0.4亿美元，用于循环资金。显然，由于交易是达成于2004年12月17日，J.P.摩根公司并不认为2004年第四季度（截止日期为12月31日）的税息折旧及摊销前利润不到100万美元（扣除非经常项损益）。同样，我认为彼得·所罗门（公司重构顾问）并没有根据此估算进行财务重构。

在2004年12月14日（离季度截止还剩17天）递交的10-K表格中，公司声称供暖用油在2004年11月和12月以每年7.2%的速度下降。但是在截止到2004年12月31日的第四季度10-Q表格中，公司宣称供暖用油整个季度下降了15%。这说明了三件事情：①2004年下半年，用量下降50%；②管理层并不清楚公司的业务走势；③管理层认为没有必要向证券持有人提供有关淡季业务的重要信息。

正如上面所提，截至2004年12月31日第四季度，税息折旧及摊销前利润从去年的 2 600 万美元骤降到不满 100 万美元，供暖用量下降了 15%，每加仑（1 加仑约 3.78 升）毛利率下降了 0.05 美元，也就是约为 10%，但是固定成本（运输、分公司、一般性支出及管理费用）上升了 8%。这实在令人难以接受，而且会进入螺旋式的下降通道。你要如何更理性地安排公司成本结构呢？

阿米·特劳博告诉我们，公司坚信自己可以将每加仑税息折旧及摊销前利润提升到历史新高度，即每加仑 0.12 美元。你的一些竞争者比这高出 50%。作为公司最大的单位证券持有者，我们希望你能够提供一个实现此目标的行动方案。

此外，我们也想要了解，即便处于业绩巅峰，为什么公司的利润率还是大大低于同行业？我们不明白，一家经营良好的供暖供应商为什么不能达到自己的历史最高利润水平，更不要说不能达到竞争对手 17% 的利润率。我们希望成立一个证券持有者特别委员会，聘请一家独立的咨询公司来评估公司的管理水平和业绩表现；为了能够获得所需的公司数据，我们愿意签署保密协议。

在出售丙烷业务中获利 1.435 亿美元后，星辰公司表示自己需要在年前使用这笔资金。但如果票据没有被马上买走，公司每年必须支付 10.25% 的票据利息，每年的成本达 1 570 万美元（每单位 0.5 美元）。我们强烈要求你不要再继续摧毁单位持有人的价值，除非能更合理地利用现金，我们必须在现金消耗完毕之前，马上向票据的持有人偿还本金利息。但是，如果你还有比这更好的解决方案，比如说大笔收购，我们愿意在现金被有效利用的前提下接受这一方案。

公司在法律和银行业务的支出完全不合理，与公司的规模、资源和薄利状况也不相称。据我们估计，公司在过去四个月中，费用支出达到了 7 500 万美元（大约为星辰公司市值的 50%），包括提前还款、过桥融资、债务再融资、顾问专业费用和律师费用。此外，通过仔细阅读公司最新递交的 10-K 表格，我们发现另一处公司治理的问题记录。特别是你的年薪达到 65 万美元，考虑到作为高管你在多个领域都有过失误，这一年薪水平并不合理。

此外，考虑到你丰厚的薪水，也许你可以解释一下为什么公司在 2004 年向你支付了 41 153 美元的专业费用，为什么公司为公车私用支付了 9 328 美元费用。我们曾质问特劳博先生这些支出属于什么性质，说实话，我真的非常好奇你开的是什么奢华的车辆（或者说是有专车司机？）。他告诉我们你开的是一辆车龄达到十二岁的老车子。如果此情况属实，那么为什么公司要花这么多钱为个人使用这辆车子而支付费用呢？此外，公车私用的行为已经违反了公司的行为规范章程，章程中明确声明"所有的公司资产（例如手机、电脑等）应当服务于正当业务目的"。

我们要求你停止接受公司车辆补贴你公车私用的费用，因为这显然违反了公司的行为规范章程。我们还希望你能够主动降低自己的薪资水平，直到可以向公司普通股持有者支付股息。

公司的行为规范章程同时还在利益冲突一节中明确表示，当个人的私利干涉到了个人职业关系或是星辰公司利益，或者说看起来有所干涉，那么表明冲突存在。如果你的行为或是利益妨碍你公正和高效地为星辰公司工作，那么你与公司存在冲突。同样地，如果你或你的家人因为你在星辰公司的工作而收受私利，那么你与公司也存在冲突……你应当避免冲突，甚至是应当避免看似与公司存在冲突。例如，你和公司存在利益冲突：

促使星辰公司与你亲属或者朋友所在的公司进行业务往来；

……

根据这项明确规定，你怎么还会选择 78 岁的老母亲担任公司的董事并且担任公司全职员工，为员工和证券持有者提供服务呢？我们还很好奇，你是根据什么样的公司治理理论，建议母亲作为公司董事。我们认为一旦被发现没能履行高管义务，事实上你也确实没有履行相关义务，你母亲也不会因此而解雇你。我们非常担忧，因为你用自己的贪婪和欲望增加自己的家庭收入——董事费用 2.7 万美元加上你母亲的基本工资 19.9 万美元——这凌驾于证券持有者利益之上。我们坚持要求你的母亲马上辞去公司董事一职。

　　埃里克，到这个节点，你所持有的初级次级债券单位已经完全处于价外状态，未来也不大可能增值。星辰公司似乎只能满足你私人的"蜂蜜罐"需求，你从中为自己和家人榨取薪水，让公司给你的好朋友们支付相关费用，避免不计其数的造假、误述和违约诉讼。

　　我认识你已经多年，因此我说的一些话可能会有些严厉，但是这还是有一定权威的。你现在应当辞去 CEO 和董事的职务，去做你自己擅长的事情：回到你在汉普顿的海滨豪宅，打网球、和朋友社交。你所导致的混乱状况还是留给专业管理团队和那些对此有利益诉求的人进行处理吧。

　　诚挚敬意！

丹尼尔·洛布

第 8 章

卡洛·坎奈尔迫使 BKF 公司董事会大换血

股东积极主义失败典型

BKF 公司因为给员工工资支出占公司总收入 69%，因而遭到持有该公司股票的基金公司的问责，为什么说这场代理权之争没有赢家？

卡洛·坎奈尔是对冲基金领域冉冉升起的新星，他不合群，也不因循守旧，为什么他也认为 BKF 公司因管理不佳，才利润不高？

BKF 公司原董事长落选，他成立了一家新公司，发展很好，证明 BKF 公司利润低，不是管理问题。作为上市公司，如何协调股东与管理层的信任问题？

贪婪和自我交易来势汹汹。

卡洛·坎奈尔，2005 年

如若没有真心诚意承认，反对派对增长说"不"并提议立即大幅削减薪酬，如果实施，将不可避免地赶走关键员工，降低现有业务的价值。

约翰·列文，2005 年

在所有失败的股东积极主义中，最为臭名昭著的案子便是比尔·阿克曼（Bill Ackman）在杰西潘尼公司的"高瞻远瞩"运动（"Think Big" Campaign）。如果提到杰西潘尼公司给资金管理人员的信件，通常你得到的回复是勃然大怒和幸灾乐祸的结合体。阿克曼管理潘兴广场资本管理公司的对冲基金，公司在运用价值投资策略方面非常成功，现在管理的资金已达 150 亿美元。大多数对冲基金发展到这个规模，便开始缓和自己的投资风格，更加保守、紧跟指数的投资方式。

值得称赞的是，阿克曼坚持自己的策略。美国证券交易委员会的最近一份季度持股报告显示，阿克曼把 130 亿美元投在 7 只股票上。由于他几乎不太有动静，但是一旦有动静就是全力出击，因此阿克曼受到了整个华尔街的密切关注。

阿克曼之所以成名，是因为他能够柔和、流畅地进行详细而又冗长的汇报，关于汉堡王的报告长达 52 页，关于麦当劳的报告有 78 页，关于通用增长地产公司的报告有 101 页，关于康宝莱的报告有 342 页。

他以简单的出发点，写了一份长达 63 页有关杰西潘尼公司的报告，主要谈及"高瞻远瞩"运动，为公司未来的发展制定宏伟蓝图。杰西潘尼公司 49% 的地产是自有的，其余都以低于市场价租入。公司每年销售额为 170 亿美元，市场推广预算达到 10 亿美元。

尽管经营模式稍作扭转，就能够给股东带来十分可观的利润，但阿克曼的目标却不仅限于此。他将杰西潘尼公司视为一张空白画布，非常适合他挥洒自己的零售业梦想。

首先，阿克曼为公司找到了一位愿景设计师——苹果公司的罗恩·约翰逊（Ron Johnson）。但在杰西潘尼公司，约翰逊没能够再次创造他在塔吉特公司和苹果公司的辉煌。他取消了杰西潘尼公司的大减价促销活动，导致顾客人数锐减。同一家店面的销售额骤减 25%，曾经现金流动量非常低的公司，转变为一家现金消耗极高的公司。

仅仅 17 个月之后，董事会就中止了约翰逊扭转公司业务的努力。连阿克曼都说出了刻薄的话，表示约翰逊和他的团队犯下了"巨大错误"，公司的政策执行"近乎成为灾难"。5 个月后，阿克曼出售了他持有的杰西潘尼公司股票，据称损失 4.5 亿美元。

尽管对股东造成了毁灭性影响，我并不认为杰西潘尼公司就是负面积极主义的典型。聘请约翰逊是公司董事会一致同意的，投资人也为此兴奋不已。尽管结果不尽如人意，但在当时确实是一个明智举动。杰西潘尼公司成为负面积极主义的代名词，这表明在结果导向的行业中，事后分析是一件非常困难的事情。

如果仅从股票表现判断积极主义，会有些浮于表面。例如，过多的干涉会导致整家公司被出售，带来巨大的股票收益。但是对于长期投资者来说，出售公司真正的影响并不明朗。如果强制让表现不佳、固化的管理团队离开市值较高的公司，股东通常能够有所收益。但是出售收益有时候并不能够抵偿股东未来的收益，因此即便股价上涨，股东的利益还是会受到损害。近来，股东积极主义的学术研究认为，高价进行控制股权收购一定会带来正面效益，但事实必然不是这样的。基金经理如果谈到自己作为投资人最沮丧的经历，大部分都会提及低价股权收购案。

如果想要更为合理地评估权益运动，我们不仅要考查股价变动，还要理解公司到底发生了什么，为什么发生了这些事情。我们还应该考虑如果积极主义者没有参与这件事情，会发生什么。在牢记这一点的情况下，我们可以一起探讨一下 BKF 资本集团的糟糕状况。2005 年，公司发生了一场积极主义运动，导致股价暴跌。BFK 事件堪称负面积极主义的典型案例，相比之下，阿克曼在其中的失败经验则丝毫没有动摇他的地位。

在 BKF 公司，员工工资支出占公司总收入 69%

BKF 公司的业务最早始于 19 世纪 90 年代，当时公司是一家在芝加哥的投资银行，专门从事木材的相关业务。20 世纪 40 年代初，公司清算了一批木材砍伐公司的权益，将其投入到了公开市场上。1995 年，BFK 只是一家规模为 5 亿美元的封闭式基金管理公司，进行被动投资。此外，公司还控股一家名为联合托莫卡的房地产公司，是木材控股所留下来的公司，但是其发展却极其落伍。

自 1987 年起，公司的投资组合收益率远低于标普 500 指数，也正是这一年，管理公司长达 20 年之久的詹姆斯·芬特雷斯（James Fentress）去世。由于 BKF 公司股票交易价格远低于资产价格，公司不得不通过稀释现有股东的股份来进行筹资。董事长詹姆斯·郭特尔（James Gorter）坚信，发展公司最好的方式就是开始管理外部资金，但公司近期股价的弱势表现，很难吸引到顾客。

1996年6月，BKF公司收购了列文公司，这是一家资金管理公司，擅长大盘股股票的价值投资。列文公司管理的资金超过50亿美元，较之前一年增长了40%。自1982年创始以来，列文公司的投资收益率一直保持较高水平。公司创始人约翰·列文之前曾在洛布·罗德公司担任研究经理。

1976年，列文从罗德公司离职，前往对冲基金斯坦哈特公司，成为合伙人。列文公司最开始是为一些高净值客户做长线投资，但在被BKF公司收购之后，机构客户成了公司80%的资金来源。收购交易使得列文公司可以获得大笔长期资金，公司可以借此采用新的基金策略。作为本次交易的一部分，列文成了BKF公司的最大股东和CEO。

列文的公司被重新命名为列文管理公司，在BKF公司下继续发展。1998年年底，列文公司管理的资金达到83亿美元，对冲基金资产规模稳步上升。公司的最大对冲基金采用的投资策略为事件驱动型投资，由列文的儿子亨利管理。对于列文来说，对冲基金是一个很赚钱的机会增长点，因为对冲基金的费用结构较为激进。2000年，列文管理公司管理传统长期资产费用收入为4 100万美元，对冲基金仅占公司10%的资产，费用收入却达到了3 400万美元。同年，亨利管理的基金规模达到了10亿美元。

尽管列文管理公司不断发展，BFK公司的市场价仍低于资产价格。封闭式基金如今不太受人欢迎，BKF公司成了一只奇怪的鸭子，同时拥有列文公司和联合托莫卡公司。1999年，公司决定将投资公司的登记撤销，清算投资，将联合托莫卡公司的现金和股票派发给股东。这对于股东来说是非常好的结局，因为他们最终可以获得BKF股票投资组合的公允价值。公司只保留了列文管理公司，将其重新命名为BKF

资本集团。"我原来认为这对于股东是利好的事情，"列文最近这样告诉我。但是这完全改变了股东结构，从某种程度上来说也为积极主义投资人敲开了大门。

原本的 BKF 公司存在了一百多年，如今即将消失。持有这家支付股息的封闭式基金的股东最终变成仅持有一家小规模经营、专注于投资管理的公司。公司 CFO 格伦·艾根（Glenn Aigen）记得："我们一旦撤销封闭式基金的登记……股东结构就会发生彻底的变化，从共同基金、高净值个人结构转变为由更多机构组成，特别是对冲基金。"公司股东结构的巨大变化通常导致股价越来越低，新的 BKF 公司也因此吸引到了许多价值投资人。马里奥·加贝利也购买了公司股票，甚至巴菲特也在公司分配资产之前，用个人账户购买了股票。

在 21 世纪初期，BKF 公司成为众多价值投资为导向的对冲基金经理中意的股票。他们甘当多头的原因非常直接。大多数分析员根据一位经理管理的资金投资状况评估经理。从这个方面看，BKF 则不太看重这点——整个公司的价值在管理资金中的占比比其他公司都要低。更让人迷惑的是，BKF 不像其他同类公司，它是家不断发展壮大的对冲基金公司。很少有上市公司与对冲基金有直接接触。所有在 21 世纪初购买 BKF 公司的对冲基金经理都明白，整个行业正在经历爆炸式发展。

2003 年年末，BKF 公司管理的资产达到了 130 亿美元。这家采用事件驱动策略的对冲基金在该年利润达到巅峰，大约为 20 亿美元，公司收取的管理费用达到 5 100 万美元。但是尽管 BKF 公司在不断增长，管理费收入达到 9 700 万美元，股票价格却停滞不前。2003 年的大部分时间，公司的市值都没有超过 1.5 亿美元。有一段时间，公司市值跌破 1.15 亿美元，比 1996 年收购列文公司时的价格还要低。股东开始失去耐心。

如果你基于利润而不是现金流评价一家公司，那么你对成本结构

第 8 章 | 卡洛·坎奈尔迫使 BKF 公司董事会大换血

做了毫无保留、通常是比较乐观的假设。但 BKF 公司的成本非常高，特别是员工收入，而列文也没有想要将工资调整到正常水平的意思。BKF 公司的许多投资人都在等待公司的对冲基金真正腾飞。但当这一天最终来临之际，它也揭露了这一投资理念的缺陷：BKF 公司的对冲基金有许多激励资金，大多数资金都到了员工口袋中，而不是股东手中。这反映了公司深层次的结构性问题。BKF 公司的员工并没有持有公司许多股票——列文仅持有公司 10% 的股票。他们的利益与激励和股东利益并不一致。

列文最初相信他和他的儿子对于公司来说非常重要，没有人能够对公司发起恶意收购。他还有一个群星云集的独立董事会，包括詹姆斯·帝势（James Tisch）、伯顿·马尔基尔（Burton Malkiel）、来自耶鲁大学捐赠基金的迪恩·塔卡哈什（Dean Takahashi）、投资银行家安森·彼尔德（Anson Beard）、皮特·所罗门（Peter Solomon）。

但在 2001 年，马里奥·加贝利持有的股票超过 9% 之后不久，BKF 公司出台了一项毒丸计划，将门槛设为 10%。一个月之后，加贝利表示自己会在即将召开的年度股东大会上提交一份建议，要求公司撤销毒丸计划，除非获得股东同意，毒丸计划方可实施。这份建议获得了压倒性支持，但建议并不具有约束力，董事会选择忽略建议。

2003 年 9 月，加贝利的顾问詹姆斯·麦基（James McKee）给 BKF 公司写了一封热情洋溢的信，内容有关毒丸计划。他写道："公司应当对自己的行为负责，并且恢复公司董事会、高管之间的权力制衡。现在并不是建城壕、用毒丸计划把自己保护起来、忽略股东声音的最佳时机。"

两个月后，纽约市一位名叫菲利普·戈德斯坦（Phillip Goldstein）、曾是土木工程师的人通过投资这一家价值被低估的封闭式基金，开启了自己的第二段职业生涯。

2003 年 11 月，戈德斯坦作为股东递交了一份 13D 表格，同时还递交了一份建议出售 BKF 公司的提议。他写道："BKF 公司的市场资本（股票市值加上负债）与资产管理的比例仅为 1.3%。这比其他投资管理公司都要低。例如，富兰克林资源公司比例为 4.4%，骏利资本为 2.9%，万达尔·瑞德公司为 7%。我们认为 BKF 公司的比例较低是因为支出过多。2002 年，员工工资支出占到公司总收入约为 69%，而富兰克林资源公司为 25%，骏利资本为 30%，万达尔·瑞德公司为 13%……总而言之，我们认为最能够确保股东价值的方式就是，马上聘请一家投资银行公司评估包括出售公司在内的各种方式，让股东价值最大化。"

尽管 BKF 公司股东对公司长期不满，但没有人想要发起一场斗争，获取董事一席。而这一点即将发生变化。2004 年 4 月，钢铁合伙公司提交了一份 13D 表格，表格上写着公司持有 BKF 公司 6.5% 的股份。

"员工不能直接高薪酬，应与股东利益一致"

1990 年，钢铁合伙公司由沃伦·利希滕斯坦（Warren Lichtenstein）创立。这是第一批在对冲基金构架下利用积极主义投资策略的公司。利希滕斯坦的强势风格延续自卡尔·伊坎。许多对冲基金积极主义者会在他们的代理权材料中提到自己将致力于长期价值投资，做长期投资股东。利希滕斯坦则直截了当：2001 年，他在给 SL 工业公司 CEO 的信中写道，他提名的董事"会采取所有必要措施，为 SL 股东创造短期价值"。

钢铁合伙公司在投资 BKF 公司之前，拥有 14 年针对小型上市公司发起积极主义运动的经验。随着钢铁合伙公司加入，BKF 公司的改革似乎在所难免。公司在长达 3 年时间中，一直疏远投资人，给员工支付高额工资，拒绝撤回毒丸计划。钢铁合伙公司是一名积极肯干的战士，所以要么双方协商，达成解决方案，重构董事会；要么钢铁合伙公司发动代理权之争，获得胜利。

唯一一个可行的结果就是公司立即被出售。市场对此反应热烈。在钢铁合伙公司4月份递交13D表格到12月第一次公开致信公司期间，BKF公司的股价上涨了24%。

2004年12月16日，钢铁合伙公司要求BKF公司立刻增加3名股东代表，担任公司董事。利希滕斯坦还给董事会写了一封信，阐述自己的想法："尽管我们相信列文公司已经并且能够继续为客户带来利益，但BKF公司并没有给股东带来应有价值。事实上，我们并不理解，一家资产管理公司管理的资产达到130亿美元，收入达到1亿美元，为什么还会亏钱？"他还提道，"我们相信，BKF公司应当采取根据业绩奖励关键员工的薪酬制度，让员工利益和BKF公司顾客、股东利益一致。根据我们对BKF公司长期业绩的观察，我们非常担心，BKF公司董事似乎是把公司当作一家私人公司在经营，并没有对股东负责……说得更明确一些，我们的目的很简单、很直接，那就是为所有BKF公司股东立刻、马上提高公司估值。"

利希滕斯坦要求立刻增加3名新董事，但列文和BKF公司其他股东并没有满足他。于是钢铁合伙公司在即将到来的年度股东大会之际提出了自己的董事名单。由于BKF公司董事的交错任期，只有3位董事需要重新选举：列文，马尔基尔，还有私募基金投资人巴特·古德温（Bart Goodwin）。钢铁合伙公司提名利希滕斯坦、投资人荣·莱伯（Ron LaBow），有管理多家大型资产管理公司经验的科特·沙赫特（Kurt Schacht）。

代理权斗争集中进行了三周，从2005年5月中旬到6月初。钢铁合伙公司释放出来的信息与之前第一封公开信的内容所差无几：主要是关注公司员工高薪酬和低营业收益率问题，还有强化自身实力的一些措施，例如毒丸计划、董事任期交错、制定反收购条款。钢铁合伙公司还关注公司的关联方交易，包括2004年补偿给列文儿子的900万美元薪水，向列文女儿支付的17.5万美元顾问费用。

BKF公司董事反驳道，公司希望提升资产价值的长期投资策略当然会降低短期收益。公司在5月18日的代理权文件中声明：

> 我们认为，通过向员工支付高薪酬，可以提高我们的竞争力，特别是在面对其他大公司和私人投资管理公司时，同时还能够为我们提供机会留住和吸引员工，让他们帮助公司扩大规模，产生更高的经济效益……我们知道，我们的收益率比规模更大的竞争对手要低，但是我们不认为仅仅为了提高短期收益率，或是只关注收益率最大化，而不关注长期绝对收益的措施，能够最终使得股东价值最大化。

双方互相争辩了好几个星期。钢铁合伙公司抨击BKF公司的治理，并且钢铁合伙公司还获得了代理权之争顾问的支持，例如机构股东服务公司（ISS）和格拉斯·路易斯公司。BKF公司在回复中指出，钢铁合伙公司出任董事的一些公司中存在关联交易。一封写于5月26日、来自BKF公司董事的信表示："在公司治理方面，钢铁合伙公司难称典范……利希滕斯坦先生虚伪地在公司治理方面发起运动，让人毛骨悚然。"

BKF公司突出强调了公司股票业绩不错，即便股票上涨的大部分原因，是因为钢铁合伙公司公开披露了自己持有BKF公司股票。钢铁合伙公司呼吁股息分红应当更高，或者回购股票。

BKF公司还表示，钢铁合伙公司投资一家资产管理公司可能别有用心。董事会写道，钢铁合伙公司可能是想要将资本注入 BKF 公司，为自己赚取管理费用。

BKF 公司董事会总结道："不要被耍了——钢铁合伙公司并不是对公司治理或者代表所有股东利益感兴趣。他们感兴趣的是这场竞争，一场给利希滕斯坦先生带去更多个人利益的竞争。"对方表示利希滕斯坦为了钢铁合伙公司的利益，想要窃取 BKF 公司的资产。利希滕斯坦对此观点嗤之以鼻，他写道，"钢铁合伙公司的声誉建立在保护股东价值之上。"他指出，BKF 公司其他愤怒的投资人也都参与到资产管理的业务中。他还说道："任何带有不可告人目的的干涉不会产生任何价值，那只是为了在选举中掩盖真正问题的障眼法。"

BKF 公司的代理权之争一直持续到 2005 年 5 月底。钢铁合伙公司成功运用其久经实验的代理权斗争方案。公司不断强调核心论点为公司业绩表现不佳，这主要是由于员工的薪资过高。

同时，钢铁合伙公司还提到所有能想到的事情，包括公司治理方案，呼吁提高股息，指责对方内幕交易。BKF 公司试图转移钢铁合伙公司的指责，为了能够让股东更加关注董事选举和公司在他们管理下不断上涨的资产，在股东会议召开的前 8 天，一位名叫卡洛·坎奈尔的对冲基金经理因为一封 13D 信件而浮出水面，信件中提炼了所有 BKF 公司股东的不满，严厉指责列文和其他董事。列文和董事中的其他杰出人物认为自己受到了人身攻击，四面楚歌的董事长给股东写了一封激昂的请求信。

坎奈尔认定 BKF 公司由于不良驱动因素损害投资者利益

1992 年，坎奈尔以 60 万美元创立了自己的对冲基金。10 年之后，他管理的资金接近10亿美元，成为对冲基金领域冉冉升起的新星。根据《机构投资者》（Institutional Investor）报道，坎奈尔在2002年成为收益排名第13的对冲基金经理，当年的赢利可能达到5 600万美元。他的排名高于大卫·泰珀、爱德华·兰伯特（Eddie Lampert）和史蒂芬·范伯格（Stephen Feinberg）等业界大亨。

坎奈尔采用多空价值投资策略，只关注一些默默无闻的小资本公司。正如他在接受《价值投资者视点》（Value Investor Insight）采访的时候表示："我们主要是试图在市场的矮树丛中，挖掘被投资圈忽略且未来将大有可为的转机型企业、股性呆滞的公司、各式各样未充分反映其投资价值的公司。"许多出现在《机构投资者》高收入名录中的基金经理都建立了大型公司，采用不同策略；而坎奈尔让自己的公司保持精简，坚持参与他的核心投资方法。

为了防止基金规模过大，他还退还投资人2 500万美元。"我们投资策略最大的缺点就是规模不能太大，"他解释道。许多对冲基金经理可能会隐藏这件事情，留着这部分资金，然后收取这一部分管理费用。

尽管在迅速成长的对冲基金领域中，坎奈尔处于顶端，但他仍然保持着古怪的个性。他在投资界不合群，并以此为傲，他几乎不和其他基金一同协作。在一次投资会议上，演讲者被要求讲述如何挑选具体股票，而坎奈尔做了一个有关灭绝的海牛的陈述。2004年，在将资金还给投资人数年之后，坎奈尔从他那蒸蒸日上的公司离开，享受起了退休时光。他在声明中表示："当坎奈尔资本公司还穿着尿布时，我非常后悔当时忽略了我的家庭。现在我的儿子还穿着尿布，而公司已经逐渐壮大，我觉得要休息一段时间，陪伴我的儿子。"

6个月后，坎奈尔开始想念做投资时的感觉。于是他带着新思路又回到对冲基金行业，发现了BKF公司。他注意到这家公司正在壮大，但由于管理不佳，利润一直不高。考虑到公司股东的不满和积极主义投资强人的出现，BKF 公司的问题看起来并不难解决。2005 年 2 月 14 日，坎奈尔披露自己持有公司 5% 的股票，也正是这一天，洛布对星辰公司发起了情人节"屠杀"。坎奈尔后来又购买了更多股票，持股比例提高到了 9%，于是代理权之争开始白热化。

钢铁合伙公司的商业模式建立在积极主义之上，但是坎奈尔将其视为保护投资人的必要武器。多年投资小型上市公司的经历让他更为坚定。

坎奈尔有很强的是非观，每当他发现商界人士由于不良的驱动因素损害投资者利益，他会有强烈的欲望发起一系列行动。他告诉我："当我清楚地看到有人正从我的合伙人手中窃取东西，如果我什么都不做，就是玩忽职守。"在 BKF 公司，列文不愿意从公司 1.2 亿美元的费用收入当中抽取一部分给股东作为收益，坎奈尔拒绝接受这一点。"他所要做的只是意识到有一些不合适的结构性问题，"坎奈尔表示，"糟糕的后果显而易见。毋庸置疑，这不是主观判断。"

坎奈尔是一个不因循守旧的基金经理，但他来自一个传统的金融世家。他是投资银行家费迪南·埃伯施塔特（Ferdinand Eberstadt）的外孙，埃伯施塔特在华尔街和华盛顿都拥有杰出的履历。在华盛顿时，他是美国政府的顾问。在埃伯施塔特众多的商业成就中，其中一件就是创立化学基金公司，这是第一家资产管理达到 10 亿美元数量级的共同基金。坎奈尔的父亲皮特·坎奈尔（Peter Cannell）一开始是大型广告公司天联的打字员。皮特的岳父给他施压，让他去华尔街任职，后来他就成为化学基金的董事长。

1973 年，皮特又创立皮特·坎奈尔公司。一直到 2004 年年底退休，公司的年化收益率都能够达到 16%。皮特给投资人写了各种各样的信，正如现在霍华德·马克斯写的备忘录一样热门，在华尔街广为传播。皮特对于华尔街管理团队有些挑剔，他喜欢写一些措辞刻薄的文章。他在 2000 年写了一封名为"哑巴.com"的信，讨论互联网公司是如何将钱浪费在糟糕的广告活动当中。

但是皮特并没有直接针对目标公司寄出恶意匿名信。他的一位同事在 1997 年接受采访时表示："我们就是普通投资人。我们通常会避开争议。如果一家公司变得有争议，我们就会出手卖掉所持的该公司股票。"坎奈尔与他父亲在这方面有些相似，但面对业绩不佳的公司时，他更像他祖父，有一本书曾形容他祖父是"精力充沛的能量化身"。2005 年 6 月 1 日他写的信就是证明。开篇写道：

喀提林（Catiline），你什么时候会停止滥用我们的耐心呢？你的疯狂还要让我们失望多久？什么时候才能终止你的肆意大胆和的趾高气扬？

公元前 63 年，西塞罗（Cicero）在他第一次反对喀提林的演讲中，揭露了罗马议会的腐败和罪恶。如果我们研究 BKF 公司，我们会发现他的话至今仍然有意义。

坎奈尔开始就将矛头指向 BKF 公司的低收益和高薪酬问题："成本过高……累积的收益都被过高的员工收入吸走，结果导致 BKF 公司不断亏损，即便资产和收入在过去 5 年中分别增长了 18% 和 64%。"他还写道列文的儿子亨利和事件驱动型对冲基金团队中其他高级经理的高薪酬问题："没有一名经理的年薪是以 BKF 股票形式发放。这些薪酬都不是长期奖励措施，只有长期奖励措施，才能留住员工。公司这样的安排怎么可能让管理人员的利益和股东利益相一致呢？所有这些多余的东西如果在一家私人公司，那没有问题，但是 BKF 是一家上市公司。"

第 8 章 | 卡洛·坎奈尔迫使 BKF 公司董事会大换血

关于 BKF 公司的支出，坎奈尔抱怨道：

> BKF 公司冷酷无情地侵蚀股东资产，这让我们非常恼怒，正如惹恼西塞罗一样。我们参观公司时，住一晚上 39.95 美元的汽车旅店，这并不是什么高级酒店，不提供水果，也没有前台……2005 年 5 月 26 日，我参观贵公司时非常吃惊，收益这么低的公司居然拥有如此大的办公室，在全美也可以算得上数一数二。公司在洛克菲勒中心的 56 000 平方英尺办公室就是在烧钱，代价就是 BKF 股东的利益受到损害……我理解，你们在赌场上挥霍是为了钓"鲸鱼"上桌，但接受这一点的前提是对收入增长有帮助，带来有利可图的培根。你们在洛克菲勒中心的猪肉只是在发臭而已。

虽然坎奈尔谈及的许多事情与钢铁合伙公司大同小异，但他做这些事情的方式更为挑衅。他单个挑出了公司董事比格斯、马尔基尔、彼尔德进行抨击，表示"大家会觉得这样的行为出自淘气鬼之手，而不是你们这些华尔街大佬"。然后，坎奈尔竭力主张董事会：

1. 让 BKF 公司私有化，这样可以肆意浪费；
2. 指定一家投资银行帮助拍卖公司；
3. 退出公司，将接力棒交给对股东更为友善的董事会。

在信的末尾，坎奈尔写道：

> 西塞罗最终击败了喀提林，尽管后者试图将其他有钱和腐

败的人组在一起，形成一支反抗队伍……你还是有时间可以逃离公司。走吧，喀提林。

董事长列文落选，原董事会成员纷纷离职，股价暴跌 90%

2005 年 6 月 9 日的股东大会逐渐逼近，形势很明显倒向了积极主义这边。BKF 公司之前想要讨好股东的举动，例如提出 92.5 美分特殊股息分红，出台新政策将 70% 的自由现金流发给股东，并没有产生很大的影响。而另一方面，钢铁合伙公司呼吁改革公司治理模式，却得到了投资人的回应和认可。

BKF 公司采取更大幅度的措施。公司决定推迟两周召开股东大会，审视公司所有治理问题。BKF 公司同意撤销毒丸计划，取消董事会交错任期，修改章程允许股东召开特殊会议。

利希滕斯坦在一封写给股东的信当中，对 BKF 公司这些小幅度的滞后性措施嗤之以鼻：

> 由于你对董事提名、公司治理改革方案的支持，BKF 公司董事会被生拉硬拽，极不情愿地让公司采用现代公司治理模式……事实上，BKF 公司迟迟才肯采取我们的一些建议和立场，而我们之前很早就已经表示，我们的建议已经给 BKF 公司的股东带来了收益。未竟之事还有许多。
>
> BKF 公司董事会仍然不理解：选举中探讨的焦点，事实上改善了公司的运营模式，让工资薪酬和股东利益相称！

代理权之争发展到现在，列文一直都比较低调。对于对他个人的言语攻击，他没有在公开场合回应，公司之前发出的3封信件署名也都是"董事会成员"。6月16日，列文决定亲自致信股东。他给坎奈尔和钢铁合伙公司写了一封极为有分量的反驳信，恳请股东再次选举伯马尔基尔和古德温担任董事。正如1954年威廉·怀特在纽约中央铁路的代理权之争时一样，当列文面对一场几乎要失败的斗争时，勇敢面对"枪口资本主义"，将其视为己任。

在信的开头，列文解释了自己撤销毒丸计划和取消董事会交错任期的理由："BKF公司董事会最近采取了幅度较大的措施，撤销股东大会所有议题，只专注于一件核心事情：哪些董事候选人会促进增长，让公司获得成功。"他指出，钢铁合伙公司和坎奈尔叫嚣要削减支出，但并没有提出具体计划。列文还提到，BKF公司需要在员工身上加大投入，才能够更好地发展公司，给股东带来长期价值：

> 我们公司由有经验的专业人员组成，但同时我们还是一家正在寻求一系列能促进增长的投资策略、年轻的上市公司。处在我们这个阶段，股东有权决定我们继续增长还是衰退。

列文在进行辩护之后，又回应了对方认为他自我交易的指责：

> 巴顿·比格斯是一位在资产管理领域备受尊重的专家。由于他向我们空闲、不能转租的办公室支付租金，有人在一段时间内指责我们，这样的指责非常可笑。我们讨论这一点的时候，大家都能理解。我们还因为给皮特·所罗门的投资银行机构支付很低的费用而受到指责，与此同时，这一批人还批评我们不采用战略方案实现股东价值。

也许在列文的反驳当中，最为有说服力的段落就是谈及有关他孩子薪酬问题：

> 至于针对我孩子的指责，我必须指出，虽然他们揭露了很多反对者的本质，但是并未说明任何不妥的问题。你们一直在讨论我儿子亨利的薪酬问题，但我希望股东能够评估一下他的业绩。作为两位资深投资组合经理之一，他在过去几年中，为我们公司的利润和流动资金做出了极大贡献……他的薪酬是根据他采用的策略给公司带来的利润而制定的，那些批评我们的对冲基金经理，薪酬也是通过这样的方式计算出来的……我不明白，根据经理给公司所带来的利润而制定薪酬，为什么不再是思考问题的合理方式……
>
> 我的女儿詹妮弗·列文·卡特拥有出色的学术履历，在耶鲁上学的第一年便成了优等生联谊会的成员，而且在分子生物物理和生物化学专业的成绩非常优异，后来她还进入了哈佛医学院和哈佛公共卫生学院继续深造。她为我们的投资专业人员，在生物技术和她专业相关领域，提供了宝贵的研究分析材料，与她交流过的人都认为，她对我们的工作是一个有力的补充。

列文指责钢铁合伙公司和坎奈尔误导投资人，将 BKF 公司描绘成一个处于亏损状态的公司，而公司自 2000 年的账面亏损是由于有 9 100 万美元非现金摊销费用。列文最后恳请道：

> 大家可能会期望这样一封信以鼓舞人心、充满希望的段落结尾，但是让我告诉你们一个残酷的事实。我不了解股东或是

第8章 卡洛·坎奈尔迫使 BKF 公司董事会大换血

股东群体将会如何表示和行动。公司的未来取决于不结盟的公司股东。

这里不存在妥协。我们的董事会由出色的董事组成。马尔基尔就是股东需要的董事。他之前是经济顾问委员会成员，长期担任普林斯顿大学全职教授，还是美国最大的基金管理公司之一先锋基金的董事会成员。古德温是私募领域的一位优秀投资人。这两位先生在我们资产管理公司合并之前就是 BKF 公司董事。他们和其他董事一样独立，请投白卡[①]。

2005 年 6 月 23 日股东大会上，BKF 公司的半数股东选择了钢铁合伙公司所提出的董事候选人名单。列文没有被选上，但他后来又马上被请回新董事会。虽然列文和利希滕斯坦为同一家公司的董事，但是他们在一项推动公司发展的计划上并没有达成一致。7 月 12 日，比格斯从董事会辞职。8 月 23 日，公司宣布列文辞职，但他还会保留"名誉董事长"头衔。9 月底，BKF 公司管理的资产减少到 96 亿美元，比年初降低了 29%。

坏消息蜂拥而至。10 月 18 日，BKF 公司宣布亨利和事件驱动策略团队的资深经理都将离开公司。他们的对冲基金将被永远关闭。12 月 20 日，CFO 艾根离开公司，到列文的新公司就任。BKF 公司当年年底管理的资金已经下降到 45 亿美元。次年 1 月 10 日和 11 日，彼尔德和帝势相继离开董事会。4 月 3 日，BKF 公司宣布，公司没能与两位管理 6.15 亿美元对冲基金的经理达成协议。两周之后，另一位基金经理离开了公司，迫使公司清算 1.33 亿美元的资产。

[①] 指公司股东在股东大会上投出的赞成票。美国公司投票时，股东会持有多种颜色的卡，不同颜色代表不同意义，投白色卡表示赞成。

2006年6月底，BKF公司管理的资产仅为19亿美元，该季度的收入仅为100万美元，比公司一年前的3 000万美元降低96%。7月份，公司受到致命一击。BKF公司失去多头经理，只好宣布公司将清算剩余的资产。2006年9月底，也就是代理权斗争之后15个月，BKF公司已经没有可以经营的业务和资产。公司股票暴跌，与股东投票选举产生新董事的当天相比，下跌了90%。

只要公司上市，股东和管理层的信任终究会出问题

如果积极主义投资者没有干扰BKF公司，毫无疑问，股东能够获得更多好处。即便列文一直将80%的利润都作为薪酬发给员工，市场对公司的估值还是会高于2006年年底公司成为空壳的估值。但是BKF公司不仅是一个有关积极主义失败的劝诫性故事，它还引发了一些有关上市公司本质的根本性问题。

对于股东来说，很明显的一点是，列文将大部分资金投入到了公司员工身上，以此来推动公司增长。但股东并不相信他。他们对于列文持股比例低于10%非常关切，知道他没有强烈动机为投资人利益缩减成本。当没有一致的动力，公司治理就变成了信任问题。但在商业社会，依靠信任往往会适得其反。BKF公司的治理历史被毒丸计划和交错任期的董事会抹黑，严重降低了列文的可信度。最终，股东共同决定选举产生3位新董事。

但股东不信任列文这件事合理吗？BKF公司确实采用了反收购武器，列文也确实给他的儿子支付了上百万美元薪酬，但这意味着他管理公司不善、侵害了股东利益吗？如果要评估对于自我交易的指控，第一件事应该是列文的薪水。他在代理权之争前5年中，每年的年薪

平均 400 万美元。这肯定是一大笔钱，但是他的工资水平远远不及其他管理 100 亿美元的投资公司 CEO 和经理。

1997 年，列文的工资为公司利润的 7%，占到所有员工薪酬的 14%。2004 年，他个人的薪酬占利润的比例连 3% 都不到，仅占所有员工薪酬的 3% 多一点。

亨利的工资吸引了很多积极主义者的眼球。2003 年，他的收入为 800 万美元，2004 年不足 900 万美元。这些数字被钢铁合伙公司用来强调 BKF 公司"缺少问责"。但亨利是两位资深对冲基金经理中的一位，他们在 2003 年创造了 5 100 万美元收入，2004 年为 6 000 万美元。对冲基金产业以"吃自己的猎物"的薪酬结构著称。亨利管理了 25 亿美元对冲基金，肯定地说，他的工资几乎低于大部分行业同仁。回顾一下，《机构投资者》曾估计坎奈尔在 2002 年大约创收 5 600 万美元。

BKF 公司给了事件驱动型基金管理团队公司三分之二的利润。在对冲基金领域，BKF 支付的薪酬实际上非常大方。大多数对冲基金可能只会支付 25% 的利润，而如果基金经营得非常成功，这个数字经过协商会更低。这几乎成为一种仪式——在你的对冲基金成熟之后，吞下你的种子投资人。BKF 公司的积极主义者希望公司能够重构公司基金经理的薪酬计算方式，但是削减 33% 可能有些过于困难。

2004 年 12 月初，钢铁合伙公司发动第一次代理权争夺时利希滕斯坦写道："比较 BKF 公司财务计算方式和其他上市公司基金经理的计算方式，可能是最让人吃惊的事情。即便是粗略地扫一眼这些数据就能发现，这里需要做出一些改变，才能为公司股东创造合理价值。"但如果说"粗略地扫一眼"的结果会误导人呢？比较 BKF 公司和其他像伊顿·万斯、万达尔-瑞德的公司并没有什么意义。

那些公司规模更大、业务更加多样，公司品牌更成熟。对于列文来说，几乎不可能不伤害 BKF 公司的未来增长，就达到他们那样的效率。

坎奈尔是一位非常优秀的投资人。但是我们很难忽略一个事实：像坎奈尔这样不墨守成规的人，居然不理解 BKF 公司本质上和其他同类行业公司并不同。非常讽刺的是，在 BKF 公司里，推动降低薪酬的股东本身就是高收入对冲基金经理，他们应该了解更多信息。他们认为降低员工薪酬可以提升利润，最终却把人才都赶走了。列文告诉我：

> 我们的管理规模从 40 亿美元发展到 150 亿美元，创造 5 000 万美元的现金收入，为股东贡献了 6.8 亿美元分红，但这一切都被积极主义给毁了。

整体来说，我相信股东积极主义对于美国经济和上市公司来说是一件好事。我认为，在金融危机之后，上市公司收益还能达到创纪录水平，部分原因是受到了权益运动的震慑。但股东崛起使得人们对行业之间的一致性产生了偏见。

伊坎说道，在别人帮你提高股价之前，你最好自己先这么做。他的话在今天的市场可以被重写成"努力让你的收益率达到行业水准，不然就有人会代替你这么做"。如今许多股东权益者关注于最大化运营收益。有个缺陷在于，他们没有考虑到不确定性较大的预期增长，他们将它视为未来在银行产生的利息收入。这与格雷厄姆主要围绕资本分配的权益运动不同。

几乎所有参与 BKF 公司代理权之争的人，都认可上市公司和私人公司的准则有所不同。钢铁合伙公司和坎奈尔都认为 BKF 公司的管理方式更像一家私人企业。"我对贪婪没有偏见，"坎奈尔告诉我，"但那种结构不适合上市公司。"公司董事彼尔德曾有一段时间短暂代替列文出任董事长，他告诉《纽约时报》记者乔·诺塞拉（Joe Nocera）："它一开始就不应该寻求上市。"即便列文在写到他儿子亨利时影射了这一分歧："我明白，成为上市公司，就必须要削减员工薪酬……"

列文最后悔的是他在 BKF 公司重组之际，没有推动超级投票权股票计划。"我犯了一个极大错误，"他表示，"这听起来很荒谬，但我们觉得公司已经给股东派发了 6.8 亿美元，他们对此应该可以接受。"如果列文能够通过双层股权架构，掌握公司的投票控股权，他可能就不会因为给员工支付太多薪酬而被赶出董事会。这反映了如今股票市场存在的一种非常有趣的分歧状态：

一方面，几乎所有公司都是一股一票制，极为容易受到股东积极主义的影响；另一方面，一大批公司根本就没有选择民主方式，而是给予创始人特殊的控制权股票。

像谷歌这样的大型科技公司根本不受权益运动的影响，他们囤积了大量资金，将数十亿美元投到像美国太空探索技术公司这样的企业。

事实上，谷歌公司的广告推广是世界上最为出色的业务，股东为了能够分得业务增长的一杯羹，就没有完全行使监督权。谷歌公司和股东的关系维护仅限于信任问题，其他方面涉及则不多。目前为止，投资人收到巨额回报。股东对于收购安卓和优兔等公司存疑，但收购获得了巨大成功。因此，观察这些有钱的独裁者如何在接下去的时间继续发展，是一件非常有趣的事情。谷歌已经背叛了自己和股东最初的协议，大量员工股票和期权稀释了股东的投票权，公司还将更多股权集中到创始人手中。股东还能相信公司多久？他们还能相信公司的口号——不作恶——多久？

BKF公司消失的时候，列文已然脱离困境。他将顾客的20亿美元注入自己的新公司，不断壮大，管理规模发展到了80亿美元。新公司一半的员工，之前都和列文在BKF公司共事过。"过去和现在，我们都有给员工支付高薪酬的理念，"列文表示，"我现在的公司有一个特征，25个人共同负责运营工作、投资和交易，这在行业里是非常特殊的。"列文认为他的成功部分原因是"没有受到上市公司问题的挑战"。

但大家还是会禁不住好奇，如果钢铁合伙公司和列文当初同意合作会发生什么。BKF公司的一些分支对冲基金，例如不良资产基金奥尼克斯（Onex），之后发展都不错。列文的做多业务获得了70亿美元新资本，显然不断在发展。

坎奈尔将BKF公司股东摧毁公司价值归结于列文非理性的焦土政策。"我对列文没有任何敌意，但我认为他做的事情非常愚蠢。"坎奈尔表示，"这给他带来了极大伤害，超过对其他任何人的伤害。"列文则认为公司的终结并不是因为他的离开。"我拥有一定名气，但真正的人才是年轻人。我认为最大的错误，就是他们本可以聘请很多人，但他们并没有聘请任何人。"

BKF公司是股东积极主义的一个负面例子，它摧毁了一家正在崛起的公司的价值。市场不会一直记得你之前犯下的错误，坎奈尔、列文、利希滕斯坦还是能够继续前进。他们在离开之际都学得更加聪明。作为BKF公司的剩余部分，曾经辉煌一时、有着一百多年历史的芝加哥机构，在2006年由于现金流量少，税收损失大而最终成为一家空壳公司。可以想象，新一波的积极主义投资人已经开始在周围盘旋。

创始人团队和稳定的组织文化，是企业生命力的核心

2005年，对冲基金经理卡洛·坎奈尔开始买进BKF资本股票。他认为，BKF资本搞错了公司治理，董事会没有对CEO约翰·列文进行有效监督。列文的平均年薪高达400万美元，股票期权及分红金额也十分高昂。

2007年，坎奈尔发起了对BKF资本的积极主义行动。他联合其他机构投资者，联名写公开信批评列文的高薪和公司的治理缺失。最终，坎奈尔成功地通过代理投票将BKF资本现任董事会全部换血。这导致BKF资本的创始人和核心管理团队集体辞职。公司经营迅速恶化，业绩出现大幅亏损，股票暴跌超过95%，并于2011年宣布破产。坎奈尔虽然在股东大会上取得胜利，但其积极主义行动最终毁掉了整个企业。

通过BKF资本的案例可以看出，股东积极主义投资可能把公司当成自己的棋子随意改造。而管理经验丰富的创始人团队和稳定的组织文化，是企业生命力的核心。如果这些都被破坏，公司就会迅速衰落。

与本章案例相反，联想投资收购IBM电脑事业部，就秉承了稳定与发展并重的原则，经过长期的努力最终获得成功。这也是中国海外收购最为典型的成功案例。

联想成功收购IBM电脑事业部的关键在于对IBM管理团队的稳定与激励。这主要基于以下几点：

第一，联想保留IBM电脑高管团队。收购后联想并没有清洗IBM的管理层，而是最大限度保持了原有团队的稳定性。联想主席柳传志非常重视管理团队的稳定，这也奠定了收购的基础。

第二，给予IBM管理层足够的自治权。联想收购后，IBM电脑部门依然保持独立运营。联想集团只是在整体战略和财务等方面进行指导，而不过多干预业务细节。这减轻了IBM管理团队的不安全感。

第三，实施了长期激励措施。收购完成后，联想为IBM电脑部门高管实施了期权和现金奖励计划。这使IBM管理团队的利益与联想股价、业绩挂钩，从长远角度激励他们努力工作。

第四，给予IBM品牌充分的尊重。联想并没有整合品牌，而是保持IBM个人电脑业务独立运作，继续沿用IBM的品牌。这维护了IBM品牌效应，避免员工反感。

第五，持续进行文化融合。联想通过员工交流、管理培训等方式，让中国员工理解西方文化，让IBM员工认识联想文化。这有助于双方的理解与融合。

第六，业绩取得进步。收购几年后，IBM电脑业务在联想的运营下业绩明显改善，显著增长了北美市场份额。业绩的进步增强了IBM团队的自信心。通过管理团队的稳定与激励，联想收购IBM电脑业务实现了顺利整合，并保持了业务的快速增长。它提供了跨国并购整合管理团队的成功范例。这种"消化而不吸收"的策略，值得更多中国企业在并购中借鉴参考。

坎奈尔致 BKF 公司董事会的信件[①]

坎奈尔资本公司

加利福尼亚大街 150 号

加利福尼亚州旧金山市，94111

电话：(415) 835-8300 传真：(240) 332-1261

info@cannelcap.com

2005 年 6 月 1 日

约翰·列文，董事长兼 CEO
巴特·古德温，董事
伯顿·马尔基尔，董事
巴顿·比格斯，董事
大卫·格拉姆豪斯，董事
詹姆斯·帝势，董事
安森·比尔德，董事
皮特·所罗门，董事
迪恩·塔卡哈什，董事
BKF 资本集团有限公司
洛克菲勒广场一号，第 25 层
纽约州纽约市，10020

"喀提林，你什么时候会停止滥用我们的耐心呢？你的极度愚蠢还

[①] 本信件的原始英文信件见 P329。

会嘲笑我们多久？什么时候才能终止你的肆意大胆、趾高气扬？"

公元前 63 年，西塞罗在他第一次反对喀提林的演讲中，揭露了罗马议会的腐败和罪恶。研究 BKF 公司，我们发现他的话仍有意义。

基金管理应该是一项富有挑战、但同时又简单的工作——控制成本、合理管理投资，成本降到最低。不断积累的资产带来了更多的利润，不需要太多的额外支出。但是 BKF 公司却不按常理出牌。公司的成本惊人；企业文化充斥着贪婪和善于自我交易，完全失去了控制；不断累积的利润都用于支付虚高的薪酬。结果，BKF 公司不断亏损，即便资产和利润在过去五年中分别上涨了 18% 和 64%（见表 H.1）。

表 H.1　2004 年 BKF 公司递交的 10-K 表格（单位：百万美元）

	2004 年	2003 年	2002 年	2001 年	2000 年
利润	120.7	98.6	89.3	91.4	76.6
雇员费用	93.8	77.8	61.8	60.1	57.4
利润率	77.7%	78.9%	69.2%	65.8%	74.9%
净收入	−1.8	−8.4	−2.5	1.5	2.1

管理层不断消耗收益，导致更大的亏损，而 78% 的收益都被高管纳入囊中，严重损害了股东的利益。此外，虽然董事会的职责是保护股东的利益，而不是固化管理层，但是本届董事会并没有履行自己的义务职责，及时收紧不断上涨的薪水和其他费用成本。

BKF 公司给员工支付薪酬过高、房屋租金过高、"其他运营费用"定义不明确等行为并不符合股东的利益。BKF 的运营计量方式（营业利润率、员工收入等）非常不合理。如果和一些上市公司进行对比，就能发现公司经营管理不善（见表 H.2）。

表 H.2　2004 年美国证券交易委员会的 10-K 表格（单位：百万美元）

	公司名称	管理资产	利润	运营	员工利润	员工收入	员工成本
CLMS	卡拉莫斯资产	38 000	342.8	45%	264	1 298.5	248.9
GBL	加贝利	28 700	255.2	39%	188	1 357.4	553.7
HNNA	轩尼诗顾问	1 261	9.5	50%	10	954.5	201.6
TROW	普信集团	45 200	1 277.0	41%	4 139	308.5	110.6
LIO LN	狮子信托	5 035（英镑）	24.5（英镑）	35%	43	569.4（英镑）	369.3（英镑）
BKF	BKF 资本	13 604	126.5	4%	151	837.7	634.1

来源：来自财经信息提供商，2004 年美国证券交易委员会的 10-K 表格

　　BKF 公司 2005 年 4 月 22 日提交的 8-K 表格披露了公司事件驱动型投资项目高管的薪酬状况，梅斯·弗兰克·兰戈和亨利·列文（BKF 公司董事兼 CEO 的儿子）董事会的被动导致公司管理人员将他们事件驱动型投资团队 67% 的集团收入都发放给了团队成员。管理人员能拿到的薪酬包括基本工资 80 万美元，再加上 67% 的集团剩余净利润。然而外快不仅仅局限于此。如果 BKF 公司无故开除兰戈和列文，他们每个人将会拿到 200 万～400 万美元的解雇赔偿金。对于他们离职后带走的公司原来的投资人和员工，公司并未设限。公司高管的薪酬不是都以公司股票形式发放。所有薪酬都不属于长期激励性质，并不能够提高留任率。

　　这些安排如何调和管理人员的利益和股东的利益呢？这些安排如果在一家非上市公司执行，那效果极佳，但 BKF 公司是一家上市公司。BKF 公司在 2005 年 5 月 10 日递交的 10-Q 表格中表示："由于公司特

别依赖一些核心员工、投资业务员工的能力和投资团队,如果他们想要自行创业,他们与高管协商薪酬的筹码将会受到限制。"这非常荒谬。

我个人拥有一家名为坎奈尔的公司,自1992年以来便是汤加合伙公司的普通合伙人。没有人向我保证我会拿到多少最低基本工资。如果我的公司遭到清算,也不会有人向我支付解雇金。我主要的关注点就是利润。我尽量使得公司的年复合增长率保持在30%,在过去十二年中,我的公司一直保持着这个速度。如果薪酬委员会坚持要将公司78%的利润都分给列文信任的、他的亲朋好友,至少应该支付股票。这将协调公司运营者和公司持有者的利益,还会给员工带来更大的税后收入。

我怀疑,大多数BKF员工都承担了极为苛刻的联邦、州和纽约市的收入及销售税。基于股票薪酬的长期资本利率如果达到15%,将会给员工带来更大的经济收益。如果要取悦自己,必须先满足他们。BKF公司如此冷酷无情地对待股东资产,让我们非常愤怒,也同样会让西塞罗感到恼火。我们对公司进行参访时,住在每晚39.95美元的汽车旅店,而不是那些在前台就有水果招待客人的奢华酒店。如果洗手间的玻璃没有被纸包住,我们就逃跑。我们并没有坐上林肯车,让喷着香水的仆人司机带着溜达。尽管我承认,坎奈尔公司花费了1 200美元购买了一辆驴车,这是一辆1995年生产的福特大型小火车,2004年从时思糖果公司处购入。

2005年5月26日,我拜访了你的办公室,当时我非常震惊,一家不怎么赢利的公司办公室居然会在全美这么昂贵的地皮上。你在洛克菲勒中心面积达5.6万平方英尺的办公室简直就是烧钱,损害BKF公司股东的利益。为什么要用将近办公室面积的一半来"测试"戴尔公司的电脑?但是,并非所有华而不实的支出都属于经营不善的表现。我非常欣赏公司在赌场方面出手阔绰,因为往往会钓到"大鲨鱼",但我的接受有一定前提，这样的支出必须带来更大收益，成为收益灯塔。你在洛克菲勒中心的办公室就像一块发臭的猪肉。

BKF 公司的董事可以通过接触贝尔斯登公司的董事长阿伦·"艾斯"·格林伯格①，从而获益。格林伯格是我的偶像，他经营有方，成本控制能力较强，在他的带领下，贝尔斯登公司税前利润达到了 24%。但是 BKF 公司在上周递交的 DEFA 14A 表格中表示，"BKF 公司的现状不会因为大幅削减成本而有所改善"——口气颇为嚣张。

我们期待"艾斯"担任 BKF 公司董事长，如果担任，也许他会问：

> 为什么 BKF 公司要给列文先生的女儿詹妮弗·卡特支付 17.46 万美元呢？公司声称，她提供了"顾问服务，为公司带来了多样的替代投资战略方案"，这个说法一点都站不住脚。这些服务都包括哪些呢？

> 公司曾向 CEO 兼董事长的儿子亨利·列文支付了 870 万美元，考虑到公司糟糕的营业利润，BKF 公司应该如何解释呢？

> 高管有将自己的钱投入 BKF 的资金库中吗？如果有的话，有多少呢？如果没有的话，为什么呢？为什么各位董事所持的公司股票数量如此之少呢？董事们对于公司来说重要吗？请进行自我反省。股东们会很乐意见到各位反省。

人们可能觉得通常都是那些淘气鬼需要进行反省，你们这些华尔街高尚的精英不需要这样做。我对比格斯先生抱有希望，他打造出了自己辉煌的事业，为投资人提供了许多建议，BKF 正需要这样的建议。我对马尔基尔先生抱有希望，他带领先锋集团，成为财务诚信和勇于承担责任的典范。我对比尔德先生抱有希望，很难相信现在的比尔德先生还是之前的比尔德先生，之前的比尔德先生在 2005 年 5 月 12 日写给摩根士丹利股东的信中写道：

"股东应当获得更好的东西。我们坚信，新一届领导班子将推动公司成功以及股东价值的创造。"

公司董事缺乏相应的对冲基金管理经验，这将阻碍公司的发展。虽然董事们皮鞋锃亮、西服经过精心定制、拥有深厚资历，但是除了詹姆斯·帝势，我认为其他董事都没有任何运营经历。对于管理 BKF 公司和公司资产，我并不感兴趣。事实上，近年来坎奈尔资本公司为了保持公司的灵活度，向投资人退回了 2.5 亿美元资金。但是，BKF 公司董事会应有富含对冲基金管理经验和长期运营经验的董事。1995 年 11 月，BKF 公司收购了约翰·列文公司，然而在过去五年中，BKF 公司的收入达到 4.646 亿美元，却没有利润。事实上，BKF 公司的亏损达到了 6 240 万美元。列文先生经营 BKF 公司时，将其视为私人的游戏围栏。他并未将股东视为重要的合伙人或组成部分。

因此，我要求董事会：让 BKF 公司私有化，这样可以肆意浪费；指定一家投资银行帮助拍卖公司，这也是机会合伙公司的菲利普·戈德斯坦在 2003 年 11 月 17 日的 13D 文件中提出的建议；退出公司，将接力棒交给对股东更为友善的董事会。我们与许多利益攸关方进行了会谈，他们都认为公司需要提高效率和生产力，为投资团队注入活力，促使业绩更佳，大幅提升管理资产。请考虑一下最后一个"梦之队"选项。

西塞罗最终击败了喀提林，尽管后者试图将其他有钱和腐败的人组在一起，形成一支反抗队伍。

"城市应当欢庆，因为避免了一场腥风血雨的抗议活动。他并没有为自己渴求过什么，但是整座城市将永远铭记、感恩他为城市所做的一切。他承认，这场胜利比在国外取得的胜利还要艰难，因为敌人是罗马市民。"你还是有时间可以逃离公司。走吧,喀提林。

诚挚敬意!

卡洛·坎奈尔
管理团队成员

尾 注

①我给你寄了一份董事阿伦·格林伯格的备忘录复印件,以下是一些我最喜欢的片段:

"我刚告知采购部门的同事,让他们不要再购买回形针了。我们每天都能够收到带有回形针的文件。如果能够回收利用这些回形针,那么我们回收的回形针不仅能够满足自己的需求,而且短期内还会有些许剩余。我们可以定期回收这些多余的回形针,并将它们出售(对我们来说成本几乎为零,套利部门的同事告诉我,这些资本的收益高于平均值)。"

"与公司刚毕业的商学院学生交流(是的,我们有一些刚毕业的学生),我觉得他们帮助我更好地理解提高投资回报率的秘诀。如果我们提高收入、降低成本,回报率就会有所提升。"

"贝尔斯登公司不会再购买橡皮圈了。如果我们可以从不断邮寄过来的信件中回收回形针,我们也可以回收橡皮圈,我希望我们也可以被这些小玩意儿围绕。"

"如果你是一家私人企业,节省的费用可以降到最低。如果你是一家上市公司,节省的费用应该最大化,但是费用还会因为股票的价值有所增大。"

列文致 BKF 股东的信件[①]

2005 年 6 月 16 日

各位亲爱的股东：

BKF 公司董事会最近做了一项重大举动，他们将股东年度大会的所有议程全部取消，除最核心的一项：究竟哪份候选人名单会成为最佳董事会成员，为公司注入增长动力，带来成功？董事会撤销了毒丸计划；修改了提案，让董事会不那么震惊，促使所有董事参与 2006 年选举，然后以多数票投出董事会；修改了规章制度，拥有公司 25% 以上股份的股东有权召开股东特别会议（罢免董事或者是其他目的）。

此外，公司透露自己选择了 2 家投资银行，探索交易，实现股东价值。为什么会采取这些措施呢？是为了向股东表明，选举并不是为了出售公司，也不是反收购措施，而是更好地塑造一家上市公司。当竞选对手并没有提出任何可行的公司方案时，股东应当质询他们："你们怎么了？"

在我们看来，卡洛·坎奈尔最近的信精准地反映了有不同意见的股东意愿。他们希望通过一场声势浩大、刻薄的公众运动，胁迫公司进行私有化，或将公司出售给第三方。坎奈尔信中提出的第三个选项呼吁股东相信一个尚未公开的"梦之队"。如果坎奈尔先生可以与股东们分享"梦之队"成员的身份、背景及今后的打算，会更加合适。

2005 年 6 月 9 日，应我们多次的要求，钢铁合伙公司终于发布了公司规划，在所提方案中，他们拒绝了解想要控股的公司，同时要求我们于今年年底前，让公司利润率与那些业务截然不同的大公司竞争对手齐平。虽然聘请了专业的财务分析师，但是钢铁合伙公司仍然向

[①] 本信件的原始英文信件见 P336。

股东发表一系列言论，忽视一些基本问题，例如规模、业务、分配模型、无形费用的分期偿还和一系列对于理解财务数据来说至关重要的指数。和竞争对手不同，我们并不管理封闭式基金，这一类基金拥有会削减他们行政费用的锁定基金或大型共同基金。此外，这类公开上市交易的投资工具相对来说更不可靠，且和特定的投资经理挂钩。

相较之下，我们的收入基本上来自只做多头和替代投资方案，客户对于投资经理个人和投资团队其他成员的认可度较高。我们相信，通过研究、分配和我们自己提供的运营平台注入公司，替代投资策略可以带来有价资产，但是这类资产的投资回报率相对较低。

之前数次解释过，我们希望不断发展公司，使其在规模上与竞争对手相媲美，获得更多利润。为了实现这个目标，我们采取了许多只做多头的替代投资方案，但是随着它们不断发展，相应的薪酬成本影响了利润。在过去的3年时间中，我们白手起家，从两份做多做空股权策略开始，到现在大约管理9亿资产；在过去的十八个月中，我们采用了另外三份做多或做空股权策略，开始孵化，此外还有一项小额产品。

所以尽管由很多经验丰富的专业人员组成，我们仍旧是一家年轻的上市公司，希望能够采用多样投资策略，不断发展。处于现在的发展阶段，股东有能力决定公司是要继续壮大还是衰落。尽管对方并没有坦率地承认，但是事实上他们拒绝了发展，一旦马上对员工的薪酬采取大幅削减措施，公司将损失核心员工，现有业务的价值将降低。

自从钢铁公司开始攻击我们公司，我们被迫抽出许多时间和精力，应付和安抚顾客、员工和潜在的员工，试图给他们打一针强心剂，说服他们所选的公司，或者说他们将来选择的公司会一直陪在他们身边。尽管我们需要一位高管加强管理团队能力、提高公司利润，钢铁公司采取的行动让我们难以聘请到这样一个人。当然，我们非常担忧，竞争对手将致力于用自身的产品代替我们的,而不是为所有股东创造价值。

我们不相信一支新的管理团队可以替代我们的资深投资高管,并留住客户。反对我们的股东可能自身是熟练的投资管理人员,业绩出众,但事实上,我们的客户选择我们来以特定的风格管理他们的资金。事实上我们并不惊讶一些客户将资金投入利希滕斯坦先生或坎奈尔先生的公司,但即便客户选择让他们管理资金,这并不意味着客户希望他们管理自己的大部分资产。

我们认为,攻击我们的投资经理必定明白,想要留住现有客户的资产非常困难,所以我们想要询问这些投资经理,你们是否认为可以通过将资产注入我们的上市公司,从预期的股票价格降低(这有可能是因为你们所导致的混乱)中获利。也许利希滕斯坦发现自己的投资正被对冲止损,因为 BKF 公司是他管理的业务中有可能产生直接利润的来源(他自己持有,而不是投资人)。证券交易委员会的文件披露,利希滕斯坦的管理公司从他担任 CEO 的公司处收取了巨额管理和顾问费用。

如果你好奇我们对对方提名的候选人的不信任从何而来,可以看看他们攻击我们的论点。他们攻击资产管理界备受尊崇的专家巴顿·比格斯,声称我们向他出租了办公室内一些空置且不能转租的区域,而他向我们支付了房租,这一点着实可笑,相信大家都能够理解。我们还因向皮特·所罗门投资银行机构支付极低额度的费用而遭受攻击,此外,这些人还指责我们没有采取战略措施为股东创造价值。

至于针对我孩子的攻击,我必须声明,这恰恰反映了反对者的本质,而不是任何不端的行为。关于我儿子亨利的薪酬,我已经解释过多次,只想问问股东,你们是否承认他的业绩,作为两位事件驱动型的资深证券投资经理之一,他为公司的利润和现金流通做出了巨大的贡献。这些策略创造了永久、良好的业绩记录,重要的是,吸引了投资者后来采用相同的公司策略。他的薪酬建立在他为公司所作出的利润贡献，同时这也正是那些批评我们的对冲基金经理自身薪酬的计算方式。

尽管我明白，作为上市公司必须降低现金薪酬，但是我并不明白，为什么以利润贡献作为薪酬计算方式不再合理，更何况他还做了一些私有企业投资经理所做的事情，包括客户服务、市场推广和员工管理业务。

我的女儿詹妮弗·列文·卡特拥有杰出的学术成绩，在耶鲁上学的第一年便成为优等生联谊会的成员，且在分子生物物理和生物化学领域以优异成绩从耶鲁毕业，后来还成功从哈佛医学院和哈佛公共卫生学院毕业。她在生物技术和她专业相关领域，为我们的专业投资人员提供了宝贵的分析材料，与她交流过的人都认为，她对我们的工作是有力的补充。事实上，公司向她支付的顾问费用以小时计费，正是因为事件的敏感性，她收到的费用比其他公司向她支付的费用都低。

至于对方提到业务的亏损，我只是希望投资人能够用理性、精明的方式看待我们的业务，那些攻击我们的投资经理自己本身是精明的投资人。钢铁公司不断表示不理解为什么我们处于亏损状态，在坎奈尔的信件中，我们的公司自 2000 年起亏损达到 6 200 万美元。利希滕斯坦和坎奈尔忽略了一点，公司同期费用为 9 100 万美元，用来分期支付 1996 年资金管理业务和封闭基金业务所导致的无形费用。

换句话说，所谓的亏损并没有反映公司业务的管理模式，他们忽视了我们所产生的现金流。股东会问，为什么我们的现金流不能再高一些，对此我非常理解，但是事实上，那些精明的投资经理指责我们的"亏损"问题是为了达到他们自己的目的，而掩盖了相关事实。

钢铁公司为了打造自己"激进主义"的形象、实现现有和未来目标、提升整体投资回报，而忽略了我们现有状况可能产生的价值损失。

BKF 公司因此陷入尴尬境地吗？如果钢铁公司希望以公司治理改

革来邀功，那么它已经竭尽所能。如果钢铁公司希望强制执行相关薪酬措施，赶走核心员工，真正的公司战略是什么呢？我们让公司上市，为股东创造了巨大的价值，发放了大约 7 亿美元的资产，看着这些对冲基金，我内心深感痛楚，他们将自己装扮成正在受苦的股东，滥用权利，他们更关心自己的形象，而不是其他 BKF 股东的利益。成为上市公司，拥有支持我们的股东，对公司来说至关重要。对我们管理团队失望的股东可以抛售手中的股票（事实上，我们股票的表现一直非常出色），那些提出建设性提案或中肯批评意见的股东可以尽情提出自己的想法。我接受且理解批评的意见，但不接受那些试图摧毁价值的攻击。

现在，你们可能会好奇，是什么样的力量推动着我继续抗争。我的一些长期核心伙伴鼓励我坚持下去，不要让一小撮股东毁灭公司。他们的鼓励使我一直走到了今天。这是一家伟大的企业，我们有着优秀的员工。我们做出了许多正确的决定，我们也做出了许多错误的决定，许多成功的投资企业都是如此。但是，管理一家股东不友善的公司并不是一件美差，特别是对我这种更热衷于管理资金的人。

大家可能会期望这样一封信以鼓舞人心、充满希望的段落结尾，但是让我告诉你们一个残酷的事实：我不了解股东或是股东群体将会如何表示和行动，公司的未来取决于不结盟的公司股东，这不存在妥协。

马尔基尔就是股东需要的董事。他之前是经济顾问委员会的成员，长期担任普林斯顿大学全职教授，还是先锋基金的董事会成员。古德温是私募领域优秀的投资人。这两位先生在我们资产管理公司成立之前就已经是 BKF 公司的董事。他们和其他董事一样独立。请投白卡。

诚挚敬意！

约翰·列文

结　语
DEAR CHAIRMAN

股东积极主义已成为市场常态

　　股东积极主义不是一时风潮，它早已在公司治理这块土壤上深深扎根，并在过去一个世纪里茁壮成长。随着市场条件变化，它也经历了一些周期性变化，并出现了不同形态。但就其本质而言，股东权益其实没有那么复杂。

　　正如卡尔·伊坎在 35 年前指出的那样，如果一家上市公司的资产被低估，或者其价值在不同的管理方式下能够得到提升，就存在套利机会。在格雷厄姆的时代，"市场先生"给北方管道公司贴了一个价签，上面的数字明显低于其投资性证券的清算价值。

　　现在，很多积极主义者会把管理不善的公司作为攻击目标。不幸的是，这种做法未能在 BKF 公司的案例上取得预期效果，但追求罗伯特·查普曼所谓的"管理权与所有权的短暂分离"依然是一种切实可行的投资策略。

　　股东积极主义可以通过利用上市公司治理的弱点，产生非常可观的回报。为了与积极主义对抗，董事会和管理层需要持续提升自己的绩效表现，力求彻底消除伊坎提到的"套利机会"。可是，我们从通用汽车、谢勒、星辰等公司看到的实际情况并非如此，这些上市公司简直可以用愚笨至极来形容。本书中的故事可以让我们清晰地看到这些因疏忽和失察导致的败局。

在过去15年里，美国商业舞台上始终都在上演灾难片，上市公司成了舞台上绝对的主角，从安然到美国国际集团，从房利美到英国石油都是如此。我们倾向于认为这些荒诞的剧情都是个体事件。如果不是如此，那就是"公司的贪婪"惹的祸。但仅仅拿资本的贪婪虐杀来解释这些灾难好像又说不通。

考虑到当今那些大公司不断扩大的规模和复杂程度，这可不是一件小事。现在这个时代，这些大公司和我们每个人的生活都息息相关，尽管科技在进步，但这些公司的管理依然非常微妙，非常复杂。一旦出现问题，造成的附带伤害超乎想象。

大宗商品交易商安东尼·安吉利斯过去的名声不太好，而且信用记录也有诸多污点，他想给自己的公司开设普通的银行账户都很困难。尽管如此，他竟然想办法说服了美国运通公司为他的色拉油存货价值进行担保。美国运通公司曾是全球最大的金融机构之一，但公司的高管们显然没有真正意识到他们在冒多大的风险。

当人们发现所谓近10亿磅的色拉油存货竟然是海水时，史上著名的色拉油大骗局就此被揭穿，结果导致好几家经纪公司和出口公司倒闭。45年后，美国国际集团又因类似的疏忽酿成惨祸，其公司的金融产品部门几乎拖垮了全球经济。

在色拉油大骗局中，获利的人是安吉利斯和他的同伙。美国运通公司没人从中大赚一笔，但这场丑闻却是他们自己一手造成的。奇怪的是，美国国际集团事件也跟色拉油大骗局如出一辙：美国国际集团的一个小部门卖出了价值数万亿美元的次级抵押信用违约互换（Credit Default Swaps，简称 CDS）。即便是在惨剧发生的最高点，美国国际集团金融商品部门的信用违约互换业务在部门的利润中占比也不到 10%。正如迈克尔·刘易斯（Michael Lewis）在《名利场》（Vanity Fair）一书中所描述的，美国国际集团金融商品部门的薪资结构是以长期激励为主的，公司破产后，员工的损失超过 5 亿美元。美国运通公司和美国国际集团的一些核心员工承受了巨大的职业、个人和财务风险，却没得到任何好处。这可不是资本的贪婪能够解释的。

上市公司发生灾难性事件通常都是长期责任缺失和疏于管理的征兆，这都是股东对公司治理不感兴趣、董事们没有履行应有的监管职责、管理团队对公司治理也不够上心造成的。这种状况为股东积极主义提供了从中牟利的机会。

为了达到这个目的，激进的投资者通常会对低效的管理团队发起攻击，而且会打着保护公司和其他股东权益的旗号。不管这些积极主义者声称要如何为其他股东创造价值，我们都不应该忘记他们的真实动机——为他们自己以及他们背后的金主谋取利益。

利益冲突是公司治理的最棘手问题

自从 1932 年阿道夫·伯利（Adolf Berle）提出公司所有权和经营权分离的风险后，很多聪明人都开始思考公司治理问题。但这种思考很容易陷入理论细节的泥潭，无法告诉我们上市公司到底是如何运作的。2012 年，康奈尔大学法学院林恩·斯托特（Lynn Stout）教授写了一本发人深省的书《股东价值的神话》（The Myth of Shareholder Value），她在书中指出：

美国的公司法从未要求上市公司确保"股东价值的最大化"。

她还提出股东的权利非常有限，事实上都不能说他们真正拥有公司的"所有权"。即便斯托特教授说的没错，那么在现实世界中，董事会是否就可以重新定义企业的目标呢？也就是说，维护股东的利益不再是第一位？在本书中，许多写给董事长的信都明确表示，股东是公司合法的"所有者"。

无论从何种层面上讲，这种说法当然都是正确的，因为是他们为上市公司提供了资金，而且也只有他们可以投票选择董事会成员。可是，仅仅抽象地讨论所有权的性质并不能解决实际需求，诸多的现实因素都表明，公司治理是一个非常棘手的问题。

从根本上来说，股东是否"拥有"公司并不重要，法律是否要求公司实现股东价值最大化也不重要。只要投资者受到财务收益的驱使，只要他们能够决定董事会成员，上市公司就会优先考虑股东的利益。

当学术专家成为推动公司治理改革的主导力量时，结果可能是有悖常理的。举例来说，2011—2014年，一群哈佛大学教授向"任期交错制董事会"发起了攻击，这种董事会中董事的任期年数不同，不会在同一年改选整个董事会。

我们可以将其视为一种类似参议院的治理结构，不同届的参议员的任期是有重叠的，这跟众议院议员全部同时换届的做法不同。哈佛教授们的行动可谓非常成功，几乎有100家标普500和《财富》500强公司的董事会被重构。这个令人难以置信的结果表明，在股东们摇摆不定的一些领域，只要少数人振臂高呼就能带来影响。我不知道这些教授们是否真觉得任期交错制董事会在合法性上存在问题，或者他们只是找到了一个软柿子，抑或是想吸引眼球，我只知道一个事实，任期交错制董事会并没有什么大问题。

首先，在董事会换届时让部分董事连任是有价值的；其次，任期交错制董事会其实也保护不了谁。只要激进的股东们足够聪明，而且准备充分，通常只要通过一次选举就能赢得其他股东的支持。本书中提到的两个最具争议性的代理权争夺战（谢勒公司和BKF公司）都带有任期交错制董事会的特点，但也仅仅在一次换届选举中，积极主义者就扫清了障碍。

通过标准化评估而非常识治理公司的最典型例子，就是代理咨询业务。ISS是全美最大的代理咨询公司，公司成立于20世纪80年代中期，宗旨是帮助金融界有效管理所投资公司的治理风险，维护股东利益。公司为众多的机构投资者提供有关投票事宜的咨询服务。

主管机关要求投资公司拥有稳健的代理投票政策，促使了这些公司把这项职责外包给ISS或者它的竞争对手。但不管如何努力，这些公司都不能有效追踪每一家上市公司董事会的绩效表现。他们只能采用标准化的评估办法，而最终给出的建议也可能比较轻率，不够谨慎。

2014年，我加入坦迪皮革工厂公司董事会不久，ISS就建议投资者们不要对除我之外的任何董事会成员投赞成票。坦迪公司做的是一个奇特的小生意，而且在皮革手工艺行业占据主导地位，我的基金已经从公开市场购买了公司30%的股份。我觉得其他投资者并没有理解坦迪公司业务的优质性，所以在过去的几年里我随心所欲地购买坦迪公司的股票，在我看来，这家公司的内在价值显然被低估。

当董事会意识到我很快就要取得公司的控制权时，却发现我并没有向股东们支付相应的对价，于是他们发起了毒丸计划，以阻止我买入更多股份。我对这个毒丸计划有些恼火，但从董事会的角度来说，他们采取的行动却是合理的。

事实上，行动领导者迈克尔·内里（Michael Nery）虽然是董事会成员，但他自己的地位也并不稳固。作为一名价值投资基金经理，内里拥有公司 10% 的股权。由于坦迪在置入毒丸时未经股东允许，ISS 建议股东不要投票支持内里及其他的管理者。要知道，这些人在这家小众公司的运营经历加起来已超过 100 年。ISS 的建议根本就没有意义。

ISS 短视的建议不受限于小型的、不受控制的公司。2004 年，他们曾建议可口可乐公司的股东不要投票支持巴菲特，因为巴菲特旗下的冰雪皇后公司（简称 DQ）跟可口可乐公司存在利益冲突。

对此可口可乐公司的董事赫伯特·艾伦（Herbert Allen）感到非常愤怒，他在《华尔街日报》发表了一篇充满讽刺意味的专栏文章说："或许 ISS 有充分的理由认为，巴菲特先生可能因为一家可能连他自己都不记得的、只跟可口可乐公司有极小业务往来的公司，而在可口可乐公司董事会的投票中动摇。"

在大型上市公司的董事会里，利益冲突是一个不争的事实。如果因为存在潜在的利益冲突，就阻止对某人的董事提名显然是不对的，无论是通过管理章程规定还是通过 ISS 风格的所谓"最佳实践"，这么做都是不对的。如果某个董事拥有非常丰富的行业知识和从业经历，他或她很可能要面对利益冲突问题。在选择合格的董事会成员时，股东们要依据自己的判断去决定哪些利益冲突必须严肃对待，哪些则可以置之不理。虽然巴菲特先生是 DQ 公司的老板，但跟他所持有的价值 100 亿美元的可口可乐公司股票相比，DQ 公司造成的利益冲突实在不值一提。ISS 的评估是公式化的，所以会因为这个小小的利益冲突，建议股东们不要投票支持巴菲特。显然，ISS 的检查清单上没有"候选人是否是有史以来最伟大的资产配置者？"这个问题。

结 语

通过研究股东积极主义者面临的实际状况和观察他们带来的经济后果，我希望本书能够揭开公司治理的诸多神秘面纱，进而帮助读者以一种商业化的视角去清晰地思考和解决自己面临的问题。 也就是说：如果你大部分的资产净值都跟可口可乐公司的股票绑定，你会因为巴菲特是 DQ 公司的老板，就拒绝投票支持他担任董事吗？当然不会！

如果我们把这种基于常识的分析方法用在其他比较常见的公司治理问题上，就会发现，很多做法其实都没有什么道理可言，哈佛教授们对任期交错制董事会发起的攻击就是一个鲜明的例子。

其他的例子还包括董事长和 CEO 角色的剥离，事实上，只要 CEO 依然是一名积极作为的董事会成员，这种剥离就不会对公司的治理产生什么影响。就大部分公司的架构而言，董事长其实没有太大的特权，他们的权利跟其他的董事没什么不同。还有一种流传甚广的做法是，把特别投票权赋予长期持股的股东。

但这种改革显然会把股东分为两种，有特别投票权的股东和没有特别投票权的股东。这无疑让设立较早且运作良好的基金占据了巨大优势，结果就是现有激进投资者的优势会得到进一步强化，而那些新成立的小基金就没什么竞争力可言了。

在公司治理领域，最热门的话题要数代理参与权了，很多上市公司都强烈反对这种制度。这种制度允许具备特定资格的股东向股东大会提交董事会成员推荐名单，并进行投票。常见的做法是把代理参与权赋予持股至少 3% 且超过 3 年的股东，他们可以提名 25% 的董事会成员。表面看来，代理参与权好像无足轻重。发起代理权争夺战根本不需要付出昂贵的代价，这不过是大型机构投资者推动公司治理改革的手段之一。

但看似无足轻重的代理参与权却为持不同意见的候选人起到了正

名的作用。如果重要的股东可以提名董事会成员，并让他们避开敌意行动直接列入名单，这无疑意味着公司的管理团队要承担更多责任。代理参与权实际上是把股东积极主义制度化，这也是上市公司如此惧怕这个制度的原因所在。

被激进投资者控制的公司会成为其他激进投资者的猎物

本书收录的股东写给上市公司的信件，都堪称公司治理史上的佳作。作为这些信件的保管人，我必须坦白自己在股东积极主义浪潮中的作为：我也曾经给上市公司写过一封信，但那可能是有史以来最糟糕的一封信。

2009年5月，我给一家名为无与伦比系统的公司写了一封13D信件，当时该公司的股价低于其现金余额价值。那封信只有175个单词，里面全是被动句式，而且还有可怕的语法错误。幸运的是，我的基金持有该公司20%的股份，这些股份的说服力强于那封文笔糟糕的信，公司很快就任命我和我的合伙人进入他们的董事会。

无与伦比系统公司是一家软件公司，但却成了一个聪明的激进投资人蒂莫西·博格（Timothy Brog）的投资载体。我发出13D信件还不到5天，无与伦比系统公司就针对另一家公司海布里金融提交了自己的13D文件。海布里公司本身是一家收购机构，已经购买了一家成长中的共同基金公司的股份。跟BKF公司不同，海布里的管理层并不负责资金管理的运作。在不断寻找新收购对象的同时，海布里公司向其董事长运营的一家关联公司支付大额的咨询费。博格发现，只要把没什么必要的高管层清除，海布里公司的股东们就能获得可观的利润。此外，博格还对无与伦比系统公司的共同基金业务垂涎三尺。

结 语

我记得第一次参加无与伦比系统公司的董事会时，我们认真阅读了博格写给海布里的 13D 信件，他的措辞非常严厉，我们甚至还讨论了信中某个单词的拼写问题。

当时的情况比较滑稽。我的基金是无与伦比系统公司的激进投资者，而无与伦比系统公司是海布里公司的激进投资者，海布里公司本身还在考虑收购其他公司。最后，海布里公司把自己卖给了一家战略收购方，给无与伦比系统公司带来了一大笔收益。无与伦比系统公司通过自我标购返还了大笔资金给股东，同时回购了我的基金持有的全部股份。博格得到了无与伦比系统公司剩余的资金，并通过股份回购和另一个巧妙的并购让自己持有的股份翻了一番。随后他把公司卖给了另一个激进投资者。

无与伦比系统公司的命运无比清晰地表明了一个有趣的事实：被激进投资者控制的上市公司经常会成为其他激进投资者的猎物。卡尔·伊坎、布恩·皮肯斯和哈罗德·西蒙斯控制的投资载体都成了激进股东的目标。罗伯特·扬的阿勒格尼公司和本·海涅曼的西北工业公司最后都被其他的收购大师吞并。商业世界的自我消耗从未停止，伟大投资者毕生的努力最终都难逃被这个复杂的产业重新吸收的命运，可能很少有人会记住他们所取得的巨大成功。如果这些人能被人记住，很可能是因为他们花钱的方式，而不是他们积累财富的方式。这自然让我们想到了巴菲特。

巴菲特最伟大的成就是伯克希尔·哈撒韦公司。他的大部分财富都捐给了比尔-梅琳达基金会，巴菲特要求他每年的捐款必须在一年之内花完，所以我们不会在诸多图书馆、博物馆或球馆看到他的名字。当然，伯克希尔·哈撒韦公司是一座不朽的业绩丰碑。这是一个分散的集团，它的规模要比书中提到的很多著名公司大得多。公司辉煌的成功已经持续了足足 50 年，这不能不说是一个奇迹，然而，跟其他的大型多元化控股公司一样，伯克希尔·哈撒韦公司也有价值被低估的倾向。就最近的 2011 年和 2012 年来看，伯克希尔·哈撒韦公司的股票简直太便宜。

股东权益运行不会放过任何一家上市公司，无论这家公司的地位有多少高。伯克希尔·哈撒韦也是一家上市公司，而且据我们所知，巴菲特还没有选择赋予他的继任者们超级投票权或任何类似的权利。

在这样一个股东积极主义无处不在的时代，巴菲特毕生心血的结晶到底还能存在多久？如此看来，巴菲特的公司最终也会成为别人攻击的目标，就像许多著名投资人的公司一样。这场终将到来的保卫战，也只能依靠伯克希尔·哈撒韦公司的股东们。

用手中的投票权引导上市公司取得更大成果

在写给 BKF 公司股东的信的末尾，约翰·列文是这样说的："大家可能会期望这样一封信以鼓舞人心、充满希望的段落结尾。"现在好像也到了我要给大家开具未来处方的时候，可是很遗憾，我给不了大家。我也没有解决公司治理问题的灵丹妙药。我只希望这本书能给大家带来一些有价值的观点，能让大家对股东积极主义有更深入的了解，能对争夺上市公司控制权的各方做出更加明智的判断，能更好地投出自己作为股东的那神圣的一票。

股东积极主义已经遍地开花，它跟代理权劝诱人或是企业狙击手的时代不同，越来越不像是一种有明确定义的运动。相反，它已经成为股票市场的常态。事实上，只要有足够多的股东对公司的董事会或者管理团队不满意，他们之中一定会有人站出来干预。

结 语

1985年初,当伊坎以菲利普斯石油公司大股东的身份出现时,几天之后他就被起诉了。如果是在今天,菲利普斯石油公司回应他的方式很可能是提供一个董事会席位。上市公司的管理团队和董事会现在都很清楚,当面临积极主义者的威胁时,采取防御姿态只会让股东疏远他们。对于公司来说,最好的防御就是预估自身的弱点,然后就这些弱点跟投资人进行有效沟通。

例如,公司的营业毛利低于行业标准或公司使用的杠杆较少,最好提前告知股东原因,而不是等积极主义者找上门来才解释。对股东不理不睬绝对是失败的策略,股东积极主义已经使得上市公司加快了响应速度。如果股东能够回报这种好意,这套体系就会运作完美。

如果你认为每一个股东都有能力全面评估积极主义者采取的行动,并能相应投出明智的一票,那你可就太天真了。这也是信托投资者在过去的60年里主导股票市场的原因所在。从公司治理的角度看,许多信托机构拥有充足的资源,有能力成为明智的投票人,但事实上他们是缺位的。他们应投入时间和精力来改变自己的做事方式。要知道,即便是被动的投资者,比如指数基金和量化投资经理,也能够通过明智的投票促使公司加强治理,进而获得更佳的投资收益。

公司治理体系的目的是充分利用职业经理人的才华,同时确保他们管理好外部股东的资本,确保他们的诚实度和忠诚度。我们已经知道,理想的公司监督需要一个团队的共同努力,要有才华横溢的经理人,要有能够提出合理要求的董事会成员,还要有愿意积极参与的股东。如果这个体系未能发挥应有的作用,就会出现责任的缺失,进而带来灾难性的后果。这种情况经常出现。

在本书中,我们已经看到一家公司是多么容易越过这条红线:红线的一侧是通用汽车公司、CEO阿尔弗雷德·斯隆,表现积极的董事会成员由个人大股东和拥有公司23%股份的杜邦公司的代表组成；红线的另一侧同样是通用汽车公司，只不过CEO是一些比较弱的人，董事会一片死气沉沉，董事会成员拥有非常有限的股份，股东群体非常分散，彼此也没有联系。

  商业史告诉我们，对利益的追求会吸引那些对某一领域极端痴迷的人。当我们能够充分利用这些人的才华，并且能够对他们进行有效的监控时，我们就有了沃尔玛、莱斯·施瓦布轮胎、西南航空、苹果公司。如果我们没有做到，就会出现色拉油大骗局、垃圾债券操纵丑闻，以及上市公司把大笔现金转移到CEO旗下的对冲基金里。上市公司是推动社会进步和经济增长的强大动力，因为它可以把大笔的资金交给有正确想法的理想人选。

  但如果监管不力，上市公司也可能把无法估量的资金挥霍一空，并重创它周围的一切。当股东成为公司治理的主导力量时，投资人拥有了无比强大的权力，当然也要承担无比巨大的责任。他们要用自己手中的投票权引导上市公司取得更大的成果，而不是毁掉一切。

附 录
DEAR CHAIRMAN

原始英文信件

以下信件的印刷得到了相关人士的许可，以信件原文方式呈现。我未对任何错误进行修改。

杰夫·格拉姆

Appendix

Note: These letters are reprinted with permission and appear as originally written. I have not corrected any errors.

CHAPTER I LETTER—GRAHAM

June 2, 1927.

Mr. John D. Rockefeller, Jr.,
Mr. Raymond D. Fosdick,
Mr. Frederick Strauss,
Finance Committee of the Rockefeller Foundation,
New York City.

Dear Sirs:

Your attention is respectfully directed to certain elements in the position of the various Pipe Line companies, formerly Standard Oil subsidiaries, which urgently require specific action in the interest both of the Rockefeller Foundation and of the other stockholders. The writers have a substantial interest in most of these enterprises, and one of them is—next to the Foundation—by far the largest stockholder of record of Northern Pipe Line. Moreover, we have been in touch with numerous smaller stockholders, and may properly claim to represent their views as well as our own.

Since the inception of the Rockefeller Foundation's investment in these companies in 1915, their industrial and financial situation have both changed materially. The result is that certain policies which were reasonable and satisfactory twelve years ago, being still maintained under greatly modified conditions, have given rise to an absurd and unfortunate state of affairs. With the exception of the Prairie and Illinois concerns, the going value of these companies' pipe line investment has greatly diminished in recent years, while concurrently their holdings of marketable securities have been substantially increased. Hence, while in 1915 their assets were fairly divided between plant and cash, for the past few years the cash assets have so over-shadowed the going value of the pipe lines as to create an entirely new and anomalous corporate set-up.

At the present time these companies partake far more of the nature of investment trusts than of industrial enterprises, for the greater part of the stockholders' money is invested in gilt-edged securities, yielding an extremely low net return. Permit us to point out that this state of affairs is quite disadvantageous to the Rockefeller Foundation, and far more so to the other pipe line stockholders. The larger portion of the securities' fund consists of railroad bonds, the interest on which is subject to the corporation income-tax of 13 ½ %. If the Foundation owned these securities directly, instead of through the medium of its investment in the pipe line stocks, the income therefrom would be free of corporation tax, and the net return would thus be substantially higher. In order to avoid this heavy tax, a good part of the companies' cash has been places in government and municipal bonds. The same argument holds, however, with respect to these, for the direct yield theron is far lower than the average obtained by the Foundation from its own investments, which it may select without reference to the element of tax exemption.

We ask that you also give serious consideration to the much greater disadvantages under which the other stockholders are laboring, due to the extraordinary fiscal situation of these companies. Because of its ownership of the largest interest therein, and because of the prestige represented by its name, the

Rockefeller Foundation must be considered to some extent in the ethical position of trustee for the smaller participants. We are hopeful, therefore, that its high-minded and generous solicitude, evident in so many fields, will be manifested to some degree in the Foundation's attitude towards its fellow shareholders.

Investors in these companies now find themselves possessed of a hybrid security, of a type entirely outside the range of accepted financial practice. Each share of stock represents the ownership of a large amount of high-grade bonds, conjoined with a smaller interest in a highly fluctuating, and apparently declining, industrial enterprise. Under these conditions the undoubted investment value behind their shares is largely obscured by the speculative character of the pipe line assets. Furthermore, the income derived from the gilt-edged investments is much too low from the standpoint of a stock investment, especially one identified with the pipe line industry. Hence, the effective value of these investments is subject to an absurd depreciation in the minds of the public, and of the stockholders themselves—an unfortunate situation which is greatly intensified by the meagre details given the owners of these properties as to their real assets and earning power.

That the disadvantages suffered by the stockholders from this state of affairs are not imaginary, but entirely real, appears strikingly from the following single instance. At the end of 1926 there were 1,909 stockholders of Northern Pipe, compared with 2,154 at the end of 1924. This means that in two years, at least, 12% of the total number of stockholders disposed of their shares. <u>Practically every one of these stockholders received for his stock less than the amount of free cash assets represented thereby</u>—allowing no value at all for the pipe line which was earning a substantial sum. Some of these stockholders received only 80% of the cash assets alone behind their shares.

As concrete illustrations of the conditions prevailing, we append a few figures relating to three of these concerns:

December 31, 1926	N.Y. TRANSIT	EUREKA PIPE LINE	NORTHERN PIPE LINE
Cash & Investments Per Share (Market Value)	$52.40	$49.50	$89.60
Pipe Line & Other Assets Net Per Share (Book Value)	77.60	101.20	21.30
Total Assets Per Share	$130.00	$150.70	$110.90
Market Price 12/31/26	31	50	72
Present Market Price	35	57	85

The relief, so urgently required in the interest of the Rockefeller Foundation as well as the other stockholders, is simple and obvious. The cash capital not needed by these pipe line companies in the normal conduct of their business, or to provide for reasonable contingencies, should be returned to the stockholders, whose property it is, in the form of special dividends and/or reductions of capital. Steps in this direction have already been taken by two of the companies—namely, Southern Pipe Line (capital distribution of $50 per share), and Cumberland Pipe Line (special dividend of $33). But the stockholders of the other companies have no assurance or even indication that similar action will be taken in their behalf within a reasonable period. The mere hope of eventual relief is certainly an insufficient remedy for their present disabilities, especially when speedy action could so easily be effected.

The writers have discussed the question with the president of both the Northern and Southern Groups at various times during the past two years. We have been given to understand that the Rockefeller Foundation itself several years ago made a suggestion similar to our own, but that action was deferred thereon because of the pendency of government tax claims. These have since been settled, for the most part on very favorable terms, and we respectfully suggest that the matter should again be given careful consideration.

We believe we may point out without impropriety that the initiative in this direction should properly come from the shareholders rather than the management. This is true for both legal and practical reasons. The determination of whether capital not needed in a business is to remain there or be withdrawn, should be made in the first instance by the owners of the capital rather than by those who are administering same. Accordingly, the undersigned, as substantial stockholders themselves, and speaking on behalf of many others, urgently request that an opportunity be given them to discuss the situation with representatives of the Rockefeller Foundation, to the end that a comprehensive plan may be devised to remedy the present unsatisfactory situation and to improve the position of all the shareholders.

Respectfully yours,

Benjamin Graham
60 Beaver St., New York City.

R. J. Marony
42 Broadway, New York City.

CC: Mr. John D. Rockefeller, Jr.,
    Mr. Raymond D. Fosdick,
    Mr. Frederick Strauss.

CHAPTER 2 LETTER—YOUNG

To Shareholders of
The New York Central Railroad

Dear Fellow Shareholder:

Put us to work to make your stock more valuable. We have bought stock with a present market value of $25,000,000 in the faith that we can.

[Signature]

For the Nominees of
The Alleghany-Young-Kirby Ownership Board

April 8, 1954

**PLEASE RETURN YOUR PROXY IN THE ENCLOSED ENVELOPE
NO STAMP REQUIRED**

**Why New Top Direction of Your Company
Is So Urgently Needed**

Before the New York Security Analysts on March 15 the best hope Mr. White held out for Central shareholders was a *possible* $2 annual dividend within four or five years, or a little less. If this had been our view we would not have acquired our stock holdings.

The net income of New York Central in 1929, after all taxes and charges, was $77 million. In that year it paid dividends of $8 a share or the equivalent of $5.75 a share on its present number of shares. In 1953 its net income was $34 million or a decline of 56% from 1929, while all other Class I railroads as a group earned 102% as much as in 1929. Central's earnings thus declined even though during this period it had spent on capital improvements more than three-quarters of a billion dollars.

The Moody's Index of railroad stock averages at the lowest point in 1929 was $96.92. The low for New York Central stock was 160. On April 2 of this year Moody's Index stood at $46.33, a decline of 52%, while Central's stock closed at $23.62, a decline of 85%. Thus Central's stock during the last 25 years has declined marketwise 33 percentage points more than the averages. Had Central's stock merely kept pace with the averages, instead of turning in a below-average performance, it today would be selling $53 higher, or at a price of roundly $77.

This then is the result achieved under the financial management of the Vanderbilt family, First National Bank, J. P. Morgan & Co., and allied banking interests represented on the board of New York Central during the last 25 years.

What Good Management Can Do

We ask you particularly to observe in this connection the table on pages 4 and 5 (see table on page 000) [table 2] reciting the comparative market history of Alleghany and its affiliates for the years 1938 to 1954. During these years security prices generally experienced a rising market due to the expanding earning power of industry.

A test of good management is the extent to which increased earnings are used to rehabilitate the companies in question, and this is usually reflected in the subsequent market prices of their securities. C&O, alone of the major railroad and industrial stocks in Alleghany's portfolio, was in good financial condition in 1938. Therefore it had neither declined as much as the other railroad stocks in the portfolio, nor increased as much thereafter.

Mindful of the declining competitive position of coal Alleghany sold out 1,941,033 shares, or 100% of its C&O holdings, from 1938 to

1954 for a total of approximately $83 million. This was at an average price of $42.88 per share compared with a high for this year of 36-7/8 and a low of 33-1/8.

The Poor Operating Record

Of the 19 largest railways in the Eastern District, the Pocahontas and Southern Regions, as selected and tabulated by the Bureau of Transportation Statistics of the Interstate Commerce Commission, the New York Central ranked, with one exception, the poorest in 1952 in operating ratio (expenses to revenues) for freight service. The ratio for the Central was 73.85% compared with an average of 66.72% for the other 18 railroads.

These figures, in our opinion, utterly demolish the myth that the relatively higher proportion of passenger traffic carried by the New York Central is solely responsible for its poor operating record.

Yet Central is situated in the best traffic territory in the world and has the most preferred water level routes.

It should also be noted that the Lackawanna, from which Mr. White was transferred in 1952 after 11 years as President, was left in such condition that it operated in 1953 at the highest transportation expense ratio of all the 77 railroads in the East with the exceptions of the bankrupt Long Island, the Canadian government's Grand Trunk Western, and the little Susquehanna.

Why the Sorry State of Central Affairs?

This sorry state of New York Central affairs, in our opinion, is basically due to the fact that its present Board together owned, according to last year's proxy statement, only 13,750 shares of stock or less than ¼ of 1%.

Just ask yourself why the four bankers on the present board, together owning only 450 shares of Central, are so determined to hang on to your company. Is it not because of the substantial benefits which have accrued to their four banks through cash deposits, trusteeships and countless other ways?

The directors and officers of these four banks interlock with 50 other industrial companies and 14 other railroads having assets of more than $107 billion. How much of the undivided loyalty of these four men to do you think your Central enjoys?

The Passenger Deficit

One of our first moves will be to address ourselves vigorously to Central's passenger department which last year lost more than $50 million.

C&O is developing (with the help of the Pullman Standard Car Manufacturing Company) Train X, a new, modern, low-to-the-ground, lightweight train. Train X, according to engineers' estimates, will meet Interstate Commerce Commission safety standards and will cost only half as much to operate as present equipment, and one-third as much to build. It can go a long way, we believe, toward eliminating Central's loss in the passenger department.

Without the cooperation of connecting railroads C&O could not, practicably, install Train X. The Central can.

The New York City Real Estate

Since 1947 C&O has been urging Central to sell its New York City real estate carried on its books at $48,760,000 and which we estimate to represent $150 million in present values. Today this estimated value yields less than 5%. By using the proceeds of sale to buy up New York Central bonds now quoted at a 30% discount, we believe a substantial improvement in the Company's financial condition can be achieved. Under our persistent pressure the

Central board finally took action by suing J. P. Morgan & Co. and four other banks as Trustees under the bonds, and the New Haven Railroad to establish through the courts by declaratory judgment what might be done with funds derived from the sale of certain of the real estate.

Senator Langer on Banker Control

That we are not alone in our concern over banker control of our 130 Class I Railroads is shown by the following paragraphs taken from a letter written on March 18, 1954 by Senator William Langer (Republican, North Dakota), Chairman of the United States Senate Committee on the Judiciary, to Colonel J. Monroe Johnson, Chairman of the Interstate Commerce Commission.

"For some time as Chairman of the Senate Judiciary Committee I have been engaged in a study of the control of the railroads of our country by a small group of financiers and bankers located in New York, Pittsburgh and Philadelphia. Because of my concern over the concentration of control in the hands of a few, I have been hopeful that some person or group of persons would break up the control of the Morgan, Kuhn Loeb and Mellon interests which long have dominated our railroads.

"It was, therefore, a source of personal gratification to me to read that Mr. Robert R. Young was undertaking this task by seeking control of the New York Central. I think it is high time that the New York Central be removed from the control of the banking group and be returned to control by its stockholders of whom, I understand, Mr. Young and his proposed Board of Directors are the largest. If Mr. Young and his associates are successful in the present contest, it is my view that a long step will have been taken toward breaking down the present monopoly control in the railroad field."

The Lawsuit in Your Behalf

The present board is not entitled to have unlimited access to the treasury of your Company in an effort to maintain themselves as directors to the exclusion of our nominees who have no such conflicts and who own more than a million shares of Central stock. Yet the present board has said it intends to wage an all out campaign in the press, radio, television and magazines.

They have hired Robinson-Hannegan Associates, Inc. a high powered publicity firm, and Georgeson & Co., professional proxy solicitors, to sway your vote in their favor. They apparently believe that the stockholders cannot stop them from spending your money for their own electioneering or from ordering any of your one hundred thousand officers and employees to do proxy service for them.

In behalf of the Company, and of yourself, we have commenced suit in New York against the present board of directors to stop these expenditures and recover them for the stockholders.

The Lifetime Contracts of White & Metzman

Ask yourself for what reason Mr. White, when he was promoted from the related Lackawanna, got a contract at $120,000 a year until at age 65 he retires, $75,000 a year until age 70, and $40,000 a year thereafter. Certainly, such a contract can remove much of the incentive for hard work, and in our opinion is inimical to your interests.

Your present board of directors did not submit to you for approval this contract or another lifetime contract for your former President, Mr. Gustav Metzman, at $25,000 a year. Mr. Metzman's contract is over and above his full and liberal pension of $26,000 a year, to say nothing of the strange salary of $60,000 a year he is said to receive at his present age of 68 from the American Railway Car Institute, a trade association of car builders who sell equipment to the railroads, including the Central. (Your former President, Mr. Williamson, received an inheritance of $100,000 from a supplier in 1942.) Did Mr. Metzman's service to *you* merit all these awards?

Other employees of the Central, not being directors of J. P. Morgan & Co. or of the First National Bank of New York, as are Mr. Metzman and Mr. White respectively, have received no such recognition. If these contracts had been submitted to you, the C&O would not have voted its Central shares in favor of the action of the present board in thus attempting to make these two men secure for life at your expense.

Article 7 of your By-Laws reads: "The Board of Directors shall have power at any time to remove any officer and this By-Law shall form a part of the contract with every officer." It is the opinion of our counsel, Lord, Day & Lord, that Mr. White's term of office as President is subject to the will of the Board at any time.

You can be sure that if your new Board continues his present salary of $120,000 a year it will be only if he revises his pessimistic view about the earnings possibilities of your Company and only so long as he turns in a good day's work.

The undersigned will offer his services to the stockholders for one dollar a year as Chairman of the Board, but not as principal operating officer.

Competition Cuts Costs

Alleghany-Young-Kirby furthered the principle of competitive sealed bidding for railroad bonds which spread to the telephone and public utility industries and saved hundreds of millions of dollars for shareholders, consumers and shippers at the expense of the bankers.

Before the introduction of the competitive bidding rule by the ICC, the Central, its officers and bankers went out of their way to oppose this fundamental American principle of competition as applied to their friend, Morgan Stanley & Co.

Only by an alert, vigorous top direction by owners determined to bring competition into every phase of the company's affairs can the cancer of an excessive transportation ratio left us by the banker-dominated Central's board be cut out. In our opinion, Mr. White cannot possibly take a vigorous stand for competition in the company's many relations with suppliers, concessionaires and contractors under the present board.

Why Are We Spending Our Money and Energies on Your Behalf?

First, because we have bought over a million shares of Central stock in the full faith that under sound management it can again sell far above its present price and pay far in excess of its present dividends.

Quite aside from your and our interest as shareholders in dividends and appreciation, we believe that our control of the Central will work to the vast benefit of the railroads, the travelling public and of the shippers.

[sig: **Robert R. Young.**]

For the Nominees of
The Alleghany-Young-Kirby Ownership Board
4500 Chrysler Building
April 8, 1954   New York 17, N. Y.

Warning

If any banker, lawyer, shipper, supplier or other person solicits your proxy for the present Board, ask him what his special interests are, or what your Company is paying for his services. Like the bankers now on your Board, he, too, may be hoping to receive special favors from your railroad or from the bankers.

If your stock is held in a broker's or other nominee's name, take special care to see that he follows your instructions and that we receive your proxy.

YOUR PROXY IS ENCLOSED.
PLEASE SIGN IT NOW AND RETURN IN THE ENCLOSED ENVELOPE.
NO STAMP REQUIRED.

	Comparative Market Prices of Alleghany and Affiliates 1938–1953			
	High - 1938 - Low		High - 1953 - Low	
ALLEGHANY				
Prior Preference	21	8	80t	
Series A Preferred	17	5	152	130
Common	1⁵⁄₈	⁷⁄₈	5	3
			Redemption Price	
Coll. Conv. 5s 1944	85	45	102½*	
5s 1949	76	44	102½*	
5s 1950	51	25	102½*	
NICKEL PLATE			1947	
Preferred	38	12	123 [symbol]	
Common	23	7	34 [symbol]	
			Redemption Price	
6% Gold Notes 1938-1941 a	106a	30	100a	
1st 3½s 1947	95	65	101*	
Ref. 5½s 1974	74	30	103½*	
Ref 4½s 1978	62	27	102*	
CHESAPEAKE & OHIO			High -1953 - Low	
Common	38	22	42	33

The majority of this stock was exchanged in 1953 for new $4 Prior Preferred Convertible Stock. That not exchanged was redeemed at $80 a share.

* All issues marked with an asterisk (*) have been redeemed at the call price in the years 1943–1945.

[?] Prices on November 10, 1947, when C&O distributed its Nickel Plate holdings to C&O shareholders as an extra dividend.

a. Those 6% gold notes, due October 1938, which were not paid off in 1938, were extended until 1941. They were then exchanged for 20% payment in cash and the remainder in 6s, due 1950, which were redeemed at 100 in December, 1943.

Comparative Market History

Although Robert R. Young and Allan P. Kirby both went on the board of Alleghany in May, 1937, the former becoming chairman at that time, they constituted with their then partner, Kolbe, only three of the nine directors. They were thereafter faced with a hostile president and board majority until January 5, 1938, when they procured the resignation of the incumbent president and his replacement by Kirby. At the same time they caused the enlargement of the board to ten members, and for the first time achieved majority control of said board. The bonds of Alleghany were then quoted at 71 for the earliest maturity (due in 1944) to 37½ for those due in 1950. The Common was selling for 1½. Young first served as a member of the Nickel Plate board on January 19, 1938 on which day its common stock sold at 18½ and its 6% Gold Notes due in October, 1938, sold at 60¾. He became a director of the Pere Marquette on May 3, 1938 on which day its common stock was quoted at 10 and its various maturing senior obligations between 56–66. Alleghany's board control also carried with it control of Pittston, a subsidiary of Alleghany, and of the Missouri Pacific Railroad, debtor company, in Section 77 reorganization proceedings. With respect to Missouri Pacific, Alleghany led the successful opposition to three successive reorganization plans sponsored by banking and insurance interests, making possible in each instance a further improvement of the treatment of all classes of security holders.

	Comparative Market Prices			
	High - 1938 - Low		High - 1953 - Low	
PERE MARQUETTE				
Prior Preference	43	17	99	91 b
Preferred	38	15	85	67 b
Common	18	5	21	16 b
Redemption Price				
1st 5s 1956	81	53	105*	
1st 4s 1956	75	50	100*	
1st 4 1/2s 1980	76	50	105*	
MISSOURI PACIFIC			High - 1953 - Low	
First & Refundings	25	14	118	102
Gen. 4s, 1975	8	4	117	84
Conv. 5 1/2s, 1949	6	3	101	69
Preferred	4	1 1/8	58	33
Common	2	1/2	14	6
PITTSON				
Common	3/4	1/8	31	18
INVESTORS DIVERSIFIED SERVICES c				
Common	18 1/4 d		98	82

b. Since Pere Marquette was absorbed into C&O in 1947, these prices represent the present equivalent on the basis of quotations for C&O shares received in exchange.

c. I. D. S. is Investment Manager for three domestic open-end investment company affiliates: Investors Mutual, Investors Stock Fund and Investors Selective Fund, which have a widespread portfolio of securities including railroad stocks and bonds.

d. Acquisition cost of controlling stock purchased in April and May 1949.

CHAPTER 3 LETTER—BUFFETT

June 16, 1964

Mr. Howard L. Clark, President
American Express Company
65 Broadway
New York, N.Y. 10006

Dear Mr. Clark:

Our Partnership has recently purchased approximately 70,000 shares of American Express stock. This purchase was made after extensive investigation among Travelers Cheque users, bank tellers, bank officers, credit card establishments, card holders and competitors in these various lines of endeavor. All confirmed that American Express' competitive vigor and preeminent trade position had not been damaged by the salad oil problem. While I am certain that management must feel at times like it is in the midst of a bottomless pit regarding the field warehousing activities, it is our feeling that three or four years from now this problem may well have added to the stature of the company in establishing standards for financial integrity and responsibility which are far beyond those of the normal commercial enterprise.

There is something a bit presumptious in offering a suggestion to management while the ink is hardly dry on the certificates representing recent purchases. I would like to respectfully suggest that perhaps a midyear letter to shareholders would be in order, stressing the points mentioned at the annual meeting which illustrated how the competitive position of the company had been maintained. I don't think the long-term shareholder is overly concerned as to the exact net dollar settlement of salad oil claims, or for that matter, the exact net earnings for the first six months (which you may very well not wish to comment on because of seasonal variations, world-wide accounting problems, etc.), but he is very interested in whether Travelers Cheques sales, card holders, card changes, foreign deposits, etc., are all maintaining the growth of the pre–salad oil days.

We have read where a shareholder has instituted suit to prevent voluntary assumption by the parent company of the subsidiary's obligation in the salad oil problem. I am a member of the Financial Analysts Federation and serve on the Corporate Information Committee. Prior to a few months ago we had no connection whatsoever with American Express Company or its stock. I would be quite willing to testify, at my own expense, to the fact that we would not have purchased our 70,000 shares of stock if we had thought the parent company was going to ignore the claims against the subsidiary because our feeling would be that the long-term value of the enterprise would be very substantially reduced. In other words, it is our judgment that American Express by making a fair and perhaps even generous offer is an enterprise that is worth very substantially more than American Express disclaiming responsibility for its subsidiaries' acts. We have backed up this viewpoint by the investment of some $2.8 million. I have no idea whether any of this is relevant to a court of law in determining whether the management is acting properly in making a settlement offer, but if it should be, let me again state my willingness to so testify.

These must be trying days for you and the rest of the management. Let me assure you that the great majority of stockholders (although perhaps not the most vocal ones) think you have done an outstanding job of keeping the ship on an even keel and moving full steam ahead while being buffetted by a typhoon which largely falls in the "Act of God" category. The typhoon will pass, and I think history will show that the ship has continued to make real progress.

Cordially,
Warren E. Buffett
WEB:bf

CHAPTER 4 LETTER—ICAHN

Icahn Capital Corporation
1370 Avenue of the Americas
New York, N.Y. 10019
Telephone (212) 937-6300
February 4, 1985

William C. Douce
Chairman of the Board
Phillips Petroleum Company
Phillips Building
Bartlesville, Oklahoma 74004

Dear Mr. Douce:

I am the beneficial owner of 7-1/2 million shares of Phillips Petroleum which makes me one of the Company's largest shareholders. I have examined the material you have sent me concerning your offer and find it to be grossly inadequate. I have received an opinion letter from Donaldson, Lufkin & Jenrette Securities Corporation (one of the foremost oil analysts in the country), in which they opine that the package is worth approximately $42 per share.

I am, therefore, writing this letter to propose that all of the shareholders of Phillips be given an opportunity to choose an alternative transaction which I believe would better serve their interests when compared to the proposed recapitalization.

Under my proposal, I would acquire 100% of Phillips for $55 per share of Phillips common stock, payable $27.50 per share in cash and a subordinated note which in the opinion of independent nationally recognized investment bankers will carry a value of $27.50 per share on a fully distributed basis.

The financing for my acquisition will be arranged by Drexel Burnham Lambert Incorporated who has informed me that if Phillips is agreeable to this transaction and cooperative in facilitating it, and based on current conditions, Drexel is highly confident it can arrange the necessary financing by February 21, 1985, assuming it can begin its financing efforts no later than the close of business on February 6, 1985. My offer is not subject to due diligence. It is subject only to the Board agreeing that provided our financing is in place by February 21, Phillips will postpone the special meeting of stockholders scheduled for Friday, February 22 and schedule another meeting at which shareholders can choose between our offer and yours.

It is important that you note that I have absolutely no objection to the EISOP purchasing Phillips Petroleum. However, what I strenuously oppose is the Board not allowing the shareholders to receive a fair price for all their shares. If I can do a Leveraged Buyout for Phillips at $55 per share, a group which has the tax advantage of an EISOP should easily do as well. If you raise your offer so that you acquire all the outstanding Phillips shares for a package worth $55 per share, I will gladly step aside.

The time constraints resulting from the early date of your special meeting require me to request that you accept or reject this proposal by the close of business on Wednesday, February 6, 1985.

I propose to you that you alter your plan to provide a value of $55 per share or better for all of Phillips' shareholders. I wish to state emphatically that under no circumstances will I accept an offer from you or any of your representatives to buy any or all of my shares unless such offer is extended on precisely the same terms to all of Phillips' public shareholders. If the recapitalization proposal is not altered as I have suggested, I intend to solicit against your proposal. I also plan to promptly commence a tender offer for 51% of the outstanding Phillips shares at $55 per share, with the remainder of the shares to be acquired with securities valued at $55 per share. As noted in the attached letter, Drexel is confident it can arrange financing for this offer.

Very truly yours,

/S/   Carl C. Icahn

CCI:slb
Enclosure

CHAPTER 5 LETTER—PEROT

H. R. PEROT
7171 FOREST LANE
DALLAS, TEXAS 75230

October 23, 1985

CONFIDENTIAL

Mr. Roger B. Smith
Chairman of the Board
General Motors Corp.
14130 GM Bldg.
3044 W. Grand Blvd.
Detroit, MI 48202

Dear Roger:

In order to resolve my concerns about the Hughes transaction, we need to address two areas:

—The economic and business aspects;
—The negative impact of GM's management style on advanced technology companies, and the long-term implications to Hughes.

The business aspects of Hughes can best be resolved by having the outside -

—lawyers
—accountants
—investment bankers

give me a full briefing. Telephone calls to Detroit and return telexes are not adequate.

I will require a due diligence–type briefing, highlighting Hughes' problems as well as its strengths. Specifically, I do not want a Hughes sales presentation.

This briefing should include a factual analysis on Hughes' profit decline and the write-offs.

In addition, I would like to have GM's principal reasons for acquiring Hughes, in outline form, ranked in order of their significance to GM.

I can complete these briefings in a day or two. I am available to start immediately.

If this is acceptable, please have Elmer, or the appropriate GM executive contact me to set it up.

The next step is to openly address and solve the problems between us. Failure to do so will allow the same problems to adversely impact Hughes.

The only issue is the success of GM. Our compatibility is not the issue.

In the interest of GM, you are going to have to stop treating me as a problem, and accept me as -

  —A large stockholder
  —An active board member
  —An experienced businessman

You need to recognize that I am one of the few
people who can and will disagree with you.

An increasing number of GM people are asking me to tell you something that -

  —they feel you need to know;
  —are concerned that you won't want to hear;
  —that they are afraid to tell you.

I will tell you anything that can build and strengthen GM, whether you want to hear it or not.

For example, Hughes is not generally considered by senior GM'ers to be a significant contributor in making GM quality and cost competitive. Acquiring Hughes does not resolve the fundamental management issues that place GM at a competitive disadvantage. This is the foundation for my business concerns.

In our relationship -

—I will support you when I believe you are right.
—I will tell you candidly when I think you are wrong.
—If you continue your present autocratic style, I will be your adversary on critical issues.

I will argue with you -

—Privately.
—If necessary, I will argue with you publicly before the Board, and the shareholders.

You and others at GM may think that I will simply get frustrated and go away, if you continue to make life unpleasant enough. You need to understand that I cannot leave because of my obligations to -

-- EDS' customers,
-- EDS' people
—the Series E stockholders.
—My responsibilities as a GM Director.

My agenda has one item on it—to see GM succeed. I have no interest in a line management role in GM.

I do not expect that all of my ideas will be accepted. I do insist that they be heard and thoughtfully considered.

I will be constructive in all of my efforts to see that GM succeeds, and I will expect the same from others.

Let me be more specific about the problems between us.

For example, during the recent meeting in Detroit, you were

- —Obviously bored.
- —Barely tolerated what others said.
- —Your attitude and comments stifled open communication.
- —For example, "GM has not corporate strategy"—whether you like it or not, many senior level GM'ers do not know what GM's corporate strategy is. Senior people believe we are "getting out of the car business".

You need to understand that -

- —Your style intimidates people.
- —Losing your temper hurts GM.
- —Your tendency to try to run over anyone who disagrees with you hurts your effectiveness within GM.
- —You need to be aware that people are afraid of you. This stifles candid, upward communication in GM.
- —You need to know that GM'ers at all levels use terms like ruthless and bully in describing you.
- —There is a widespread feeling throughout GM that you don't care about people.
- —You cannot correct GM's problems by focusing on single issues as they are brought to your attention. Your tendency to do this is of widespread concern within GM.

The business issues can be resolved if we approach them openly, candidly and in good faith. UAW style confrontation, misinformation, and misleading statements are unacceptable to me from this point forward, as a GM Director.

Past examples include:

- —Initial trading of Series E shares.
- —Mort's salary—Claim that GM didn't know about it; Mort is overpaid, therefore, everybody in EDS is overpaid.

- —Claims that failure to put Mort's compensation calculation in prospectus is an SEC violation.
- —Holding up SIP shares for months using technical issues as the reason, when the real reasons were never discussed.
- —Claims that GM can't delay Hughes closing; can't let interest accrue to Hughes after a certain date.
- —Failure to keep commitments made at the time of purchase.
- —Using the fairness issue only when it serves your purposes.

Finally, I do not believe that GM can become world class and cost competitive by throwing technology and money at its problems.

- —The Japanese are not beating us with technology or money. They use old equipment, and build better, less expensive cars by better management, both in Japan and with UAW workers in the U.S.
- —We are not closing the quality and price gaps in spite of huge expenditures on automating plants. The fact that we have not set a date to have competitive prices indicates the prevalent attitudes about our will to win.

The foundations for a future relationship are honesty, openness and candor—or simply put, mutual trust and respect. From this point forward, actions count—words do not. We must focus all of our energies on helping GM win.

Roger, my goal is to successfully resolve these problems. I have tried to define them as a first step. This is not a personal issue between us. The issue is the success of GM. I am committed to doing my part to see that we win, and I know that you are, too.

I suggest that you and I visit about these issues.

Let me know when you want to meet.

Sincerely,

Ross
/sb

CHAPTER 6 LETTER—SCHERER

Karla Scherer Fink Stockholders' Committee
c/o Bodman, Longley & Dahling
34th Floor, 100 Renaissance Center
Detroit, Michigan 48243

August 4, 1988

Dear Fellow Stockholder:

The Chairman and the President of R.P. Scherer Corporation sent you a letter dated July 28, 1988, which distorts what the Karla Scherer Fink Stockholders' Committee For Sale of R.P. Scherer Corporation wants to accomplish.

The Committee wants just two things:

— To sell the corporation for its maximum cash value for the benefit of all stockholders;
— To oppose "golden parachutes" for top executives who we believe are already lavishly paid—at your expense.

The letter's assertion that I, Karla, demanded to be made CEO of the corporation is **absolutely false.** No such demand was ever made. Also false is the claim that the letter was sent to you on behalf of the board of directors. We, who are both directors, were unaware of the letter until company management delivered it to the news media. The last board meeting was June 8, 1988.

We believe management is misleading you in an attempt to prevent the sale of the company so that top executives may continue to benefit personally. Chairman Wilber H. Mack (whose position, in our opinion, is largely ceremonial) and President Peter R. Fink received total compensation of $3,007,000 between April 1, 1985 and March 31, 1988, including cash, the value of incentive stock awarded and realized net values on the exercise of stock options, but not including the cost to the corporation of their retirement benefits—over {dec63} the amount of dividend payments to stockholders during that same three year period, which totalled only $9,002,000. In our opinion, it is perfectly clear who are the real beneficiaries of Scherer management's economic policy: the top executives.

Since we made public our resolution to sell the company on May 23, 1988, your R. P. Scherer stock on June 24, 1988 reached a high of $28.75 per share, an increase of approximately 80% in anticipation of the company's sale. The issue at hand is **your financial well-being**—not personal attacks management makes to distract your attention.

It is not enough simply to agree with us. Please **support** us by **signing, dating,** and **returning** the enclosed green proxy card **today.**

KARLA SCHERER FINK   JOHN S. SCHERER

CHAPTER 7 LETTER—LOEB

VIA FACSIMILE & U.S. MAIL

February 14, 2005

Mr. Irik P. Sevin
Chairman, President and CEO
Star Gas Partners L.P.
2187 Atlantic Street
Stamford CT 06902

Dear Irik:

Third Point LLC ("Third Point") advises certain entities that hold 1,945,500 common units in Star Gas Partners L.P. ("Star Gas" or the "Company") (NYSE: SGU). Our 6% interest in the common units of the Company makes us your largest unitholder. Unlike the poor, hapless retail investors "stuffed" with purchases at the $24 level (many of whom are party to class action lawsuits against you personally and against the Company), we purchased our stake around these levels and took profits on about 500,000 shares near the $7.00 per unit level.

Since your various acquisition and operating blunders have cost unit holders approximately $570 million in value destruction, I cannot understand your craven stance with respect to shareholder communications. We urged you to hold a conference call to discuss the Company's plight and to set forth a plan of action.

We have also tried to reach you on innumerable occasions only to be told that your legal counsel advised you against speaking to bondholders and shareholders due to the torrent of shareholder litigation currently being brought against senior management and the Company. We did receive a call from Company CFO Ami Trauber (who I was interested to learn previously worked at Syratech (NASD: SYRA) which currently trades at 6 pennies a share and is undergoing a restructuring of its debt). How peculiar that Ami, who is named in virtually all the same shareholder class action complaints that have been filed, is not subject to the same gag order mandated by Company counsel. Since you refused for months to take our numerous calls, I must regrettably communicate with you in the public forum afforded us by Section 13(d) of the Securities Exchange Act of 1934.

Sadly, your ineptitude is not limited to your failure to communicate with bond and unit holders. A review of your record reveals years of value destruction and strategic blunders which have led us to dub you one of the most dangerous and incompetent executives in America. (I was amused to learn, in the course of our investigation, that at Cornell University there is an "Irik Sevin Scholarship." One can only pity the poor student who suffers the indignity of attaching your name to his academic record.)

On October 18, 2004, Star Gas announced the suspension of its common unit dividend, causing an 80% crash in unit price from $21.60 on October 17th to $4.32 on October 18th and destroying over $550 million of value.

On November 18, 2004, after a modest recovery in the stock price, Star Gas announced the sale of its propane business, causing the common units to decline in price from $6.68 on November 17th to $5.55 on November 22nd. Management evidently felt this would create shareholder value when in fact it did the exact opposite. The Company apparently did not feel a fiduciary obligation to maximize value for unit holders, and elected not to return calls from major unitholders prior to the sale of the propane segment. Had you been more responsive, we could have warned you that this that action would not create value. Shockingly, the Company also indicated that unitholders would be "passed through" a taxable gain on sale of up to $10.53 per share even though unitholders may have suffered a loss of over $15.00 a unit.

To add insult to unitholder injury, and to ensure you a dazzling place in the firmament of bad management, we learned that two members of the Company's special committee assigned to evaluate the sale of the propane business, Stephen Russell and William P. Nicolletti, received a one-time fee of $100,000 each! Was that really necessary given that you paid advisory fees to Lehman Brothers (your former employer), paid additional advisory fees to KeyBanc Capital for advising the special committee and paid significant legal fees associated with the transaction? The dereliction of fiduciary duty is truly astounding and we demand that all fees paid to the special committee be repaid immediately by Mr. Russell and Mr. Nicolletti.

On December 17, 2004, Star Gas closed on a $260 million JP Morgan working capital facility. As of December 31, 2004, the Company was already in violation of its fixed charge coverage ratio of 1.1x to 1.0x. As a result, the Company has been forced to use $40 million of the $143.5 million in excess proceeds from the propane business sale for working capital purposes in order to maintain minimum availability on the working capital facility of $25 million to prevent a violation from occurring under the credit agreement. Clearly, JP Morgan did not expect EBITDA of $0 million (before non-recurring items) for the quarter ending December 31, 2004 given that the deal closed December 17, 2004. I also presume that Peter J Solomon (the Company's restructuring advisor) was not marketing a refinancing based on such projections.

In its Form 10-K filed December 14, 2004 (with 17 days left in quarter), the Company that stated heating oil volumes were down 7.2% year-over-year for the two months ended November 30, 2004. However, in its Form 10-Q for the quarter ended December 31, 2004, the Company indicated that heating oil volumes were down 15% for the entire quarter. This would mean one of three things: (i) volumes were down over 50% in the last part of the year (hard to believe), (ii) management does not have an accurate picture of where the business is heading or (iii) management felt it was unnecessary to update its unitholders on material information regarding its customers heading into the all-important winter season.

As mentioned above, for the quarter ended December 31, 2004, EBITDA declined to $0 million from $26 million the prior year. Heating oil volume was down 15%, gross margin per gallon was down over $0.05 or approximately 10%, but fixed costs (delivery, branch, G&A) were up 8%. This is unacceptable and will cause a death spiral. How are you rationalizing the cost structure of the business? Ami Trauber indicated to us that the Company believes it can improve EBITDA margin per gallon to historical levels of $0.12 (some of your competitors are at an approximate 50% premium to that). As your largest common unitholder, we insist that you provide a plan of action on how you will achieve that goal.

Furthermore, we would also like to understand why, even at its peak performance, the Company's margins are significantly lower than those of your competitors. We do not see any reason why a properly managed heating oil distribution business should not operate at least at your historical margin levels, if not at levels similar to the 17% margins enjoyed by your competitors. We would like to form a special committee of unitholders and would like to retain an independent consulting firm to evaluate the Company's operations and management performance; we are prepared to sign a confidentiality agreement in order to have access to the necessary Company data.

The Company received $153.5 million of net proceeds from the sale of the propane business. Star Gas has indicated it has until the end of the year to make use of this cash. However, the Company must pay interest on the MLP Notes of 10.25% per year, amounting to $15.7 million in annual costs (or almost $0.50 a unit) if the Notes are not repurchased immediately. We urge you not to destroy more value for unit holders than you already have; we believe that, unless there is a better use for the cash, the Noteholders should be repaid as soon as practicable before that cash is burned away.

However, if you think there is a better alternative than repaying the Noteholders, such as tuck-in acquisitions, we would like to understand that strategy before cash is deployed.

The Company's expenditure on legal and banking fees is completely inexplicable and out of proportion to the Company's size, resources and scant earnings. We estimate the Company has spent approximately $75 million in fees over the last four months (approximately 50% of SGU's market capitalization) related to make-whole payments, bridge financing, debt refinancing, advisory professional fees and legal costs. Furthermore, a careful reading of the small print in the Company's most recent Form 10-K reveals a further record of abysmal corporate governance. In particular, your $650,000 salary for a company your size is indefensible given the spectacular proportions of your failure as an executive.

Furthermore, given the magnitude of your salary, perhaps you can explain why the Company paid $41,153 for your professional fees in 2004 and why the Company is paying $9,328 for the personal use of company owned vehicles. We questioned Mr. Trauber about the nature of this expense, and I was frankly curious about what kind of luxury vehicle you were tooling around in (or is it chauffeured?). He told us that you drive a 12 year old vehicle. If that is so, then how is it possible that the company is spending so much money on the personal use of a vehicle that is 12 years old? Additionally, your personal use of a Company car appears to violate the Company's Code of Conduct and ethics which states that "All Company assets (e.g. phones, computers, etc.) should be used for legitimate business purposes." We demand that you cease accepting a car allowance for personal use of a Company vehicle, in apparent violation of the Company's Code of Conduct and Ethics. We also demand that you voluntarily eliminate your salary until dividend payments to common unit holders are resumed.

The Company's Code of Conduct and Ethics also clearly states under the section on Conflics of Interest, that

A "conflict occurs when an individual's private interest interferes or even appears to interfere in any way with the person's professional relationships and/or the interests of SGP. You are conflicted if you take actions or have interests that may make it difficult for you to perform your work for SGP objectively and effectively. Likewise, you are conflicted if you or a member of your family receives personal benefits as a result of your position in SGP. . . . You should avoid even the appearance of such a conflict. For example, there is a likely conflict of interest if you:

1. Cause SGP to engage in business transaction with relatives or friends; . . .

By this clearly stated policy, how is it possible that you selected your elderly 78-year old mom to serve on the Company's Board of Directors and as a full-time employee providing employee and unitholder services? We further wonder under what theory of corporate governance does one's mom sit on a Company board. Should you be found derelict in the performance of your executive duties, as we believe is the case, we do not believe your mom is the right person to fire you from your job. We are concerned that you have placed your greed and desire to supplement your family income—through the director's fees of $27,000 and your mom's $199,000 base salary—ahead of the interests of unitholders. We insist that your mom resign immediately from the Company's board of directors.

Irik, at this point, the junior subordinated units that you hold are completely out of the money and hold little potential for receiving any future value. It seems that Star Gas can only serve as your personal "honey pot" from which to extract salary for yourself and family members, fees for your cronies and to insulate you from the numerous lawsuits that you personally face due to your prior alleged fabrications, misstatements and broken promises.

I have known you personally for many years and thus what I am about to say may seem harsh, but is said with some authority. It is time for you to step down from your role as CEO and director so that you can do what you do best: retreat to your waterfront mansion in the Hamptons where you can play tennis and hobnob with your fellow socialites. The matter of repairing the mess you have created should be left to professional management and those that have an economic stake in the outcome.

Sincerely,

/s/ Daniel S. Loeb

Daniel S. Loeb

CHAPTER 8 LETTER—CANSNELL

CANNELL CAPITAL LLC
150 California Street
San Francisco, Calif. 94111
Tel (415) 835-8300 Fax (240) 332-1261
info@cannellcap.com

June 1, 2005

John A. Levin, Chairman and CEO
J. Barton Goodwin, Director
Burton Malkeil, Director
Barton Biggs, Director
David Grumhaus, Director
James Tisch, Director
Anson Beard, Jr., Director
Peter Solomon, Director
Dean Takahashi, Director

BKF Capital Group, Inc.
One Rockefeller Plaza, 25th Floor
New York, NY 10020

"When, O Catiline, do you mean to cease abusing our patience? How long is that madness of yours still to mock us? When is there to be an end of that unbridled audacity of yours, swaggering about as it does now?"

Thus, in 63 B.C., did Marcus Tullius Cicero expose corruption and vice in the Roman Senate in his First Oration Against Lucius Catilina. His words are relevant today as we study the record of BKF Capital Group.

巴菲特致管理者的信 | DEAR CHAIRMAN

Fund management should be a challenging yet simple business—control costs, manage investments intelligently, and fees will flow to the bottom line. Revenues from incremental assets should require little additional expense.

But that is not BKF. Costs are exorbitant. A culture of greed and self-dealing has run amok. Incremental revenues are sucked up by inflated salaries; as a result, BKF continues to lose money, even as assets and revenues have grown 18% and 64%, respectively, over the last five years. Management has frittered away its gains in revenues, producing greater losses, while distributing, at shareholder expense, a staggering 78% of revenues to the executive cabal. Meanwhile, the Board of Directors, whose job it should be to protect the rights of shareholders, and not protect entrenched management, has failed to discharge its fiduciary duties by reigning in run-away compensation and other costs.

$Million	2004	2003	2002	2001	2000
Revenue	$120.7	$98.6	$89.3	$91.4	$76.6
Employee Costs	93.8	77.8	61.8	60.1	57.4
% Revenue	77.7%	78.9%	69.2%	65.8%	74.9%
Net Income	-1.8	-8.4	-2.5	1.5	2.1

Source: 2004 BKF 10-K BKF's richly-compensated employees, egregious occupancy costs and ill-defined "other operating expenses" are not in the best interest of shareholders. BKF's operating metrics (operating margin, revenue-per-employee, etc.) are abysmal. Comparisons to similar publicly-traded companies reveal the mismanagement.

$Million	Company Name	Assets under Management	Revenues	Operating Margin	Employees	Revenue/ Employee	Cost per Employee
CLMS	Calamos Asset	$38,000	$342.8	45%	264	$1,298.5	$248.9
GBL	Gabelli Asset Mgmt.	28,700	255.2	39%	188	1,357.4	553.7
HNNA	Hennessy Advisors	1,261	9.5	50%	10	954.5	201.6
TROW	T. Rowe Price	45,200	1,277.0	41%	4,139	308.5	110.6
LIO LN	Liontrust Asset Mgmt.	£5,035	£24.5	35%	43	£569.4	£369.3
BKF	BKF Capital	$13,604	$126.5	4%	151	$837.7	$634.1

Source: Factset, 2004 SEC 10-Ks BKF's April 22, 2005 Form 8-K discloses the compensation arrangements for the managers of the event-driven portfolios, Messrs. Frank Rango and Henry Levin (the son of BKF's Chairman & CEO). The Board's passivity allows the Managers to pay their team up to 67% of the event-driven group's revenue. The Managers are entitled to a base salary of $800,000 and are incentivized with 67% of the group's remaining net profit. The gravy train doesn't end there, however. If BKF terminates Rango and Levin without cause, each will enjoy severance payments of between $2 million and $4 million. There are no restrictions on their ability to solicit BKF's investors or employees if they leave. None of the Managers' compensation is in the form of BKF equity. None of their compensation is in the form of long-term incentives, which would encourage retention. How are these arrangements supposed to align the interests of the Managers with the well-being of your stockholders? All this excess would be dandy in a private company, but F is public. BKF's May 10, 2005 10-Q, states: "As a result of this dependence on key personnel, and the ability of investment personnel or groups of investment personnel to start their own independent businesses, management may be constrained in its ability to negotiate compensation with senior personnel." That's ridiculous. I own Cannell Capital LLC, which has served as General Partner of Tonga Partners LP since 1992. No one has provided me with a guaranteed minimum base salary. No one will pay me severance if my firm is liquidated. I focus on profits. My only security is maintaining the better than 30% gross compound annual return that my firm has achieved over the last 12 years for its investors. BKF's list of "related party transactions" reads like comic monkeyshines. If the compensation committee must bless paying 78% of the Company's earnings to Mr. Levin, his relatives and intimates, at least pay them in stock. This would align the interests of the business operators with the business owners. It would also provide employees greater after-tax benefits. I suspect most BKF employees labor under the oppressive yoke of federal, state, and New York City income and sales taxes. Long-term capital gains rates of 15% on stock-based compensation would offer them far greater economic benefit. Please us by pleasing them. The callous conflagration of shareholder assets by BKF galls us as it would gall Cicero. When we visit companies, we stay at $39.95 motels, not fancy hotels with fruit at the "reception" desk. If the bathroom glasses are not wrapped in paper, we flee. We are not squired about in Lincoln Town cars driven by perfumed menservants (although admittedly, Cannell Capital LLC squandered $1,200 on The Donkey Van, http://donkeynation.com, a used 1995 Ford Econoline van, purchased from See's Candies, Inc. in 2004).

My visit to your offices on May 26, 2005 left me astounded that such an unprofitable company would house itself in some of the most expensive office space in America. Your 56,000 square foot office in Rockefeller Center immolates cash at the expense of BKF's shareholders. Why dedicate half a floor to "test" Dell computers? Not all meretricious trappings are poor business expenses, however. I appreciate the lavish spending of casinos as they lure "whales" to their tables, but this acceptance is predicated upon such adornments being accretive to earnings, to bringing in profitable bacon. Your Rockefeller Center pork just stinks. The BKF Board would benefit from exposure to one of my heroes, Alan "Ace" Greenberg, Chairman of Bear Stearns, Inc. ("BSC.").1 [footnote] Greenberg's careful management and cost controls yield 24% pretax margins at BSC. And yet BKF maintains in last week's Form DEFA14A that "BKF Capital will not be improved through [a] strategy of deep cost cutting"—an audacious claim.

Were "Ace" to ascend to the chair of BKF's board, a prospect over which we drool, he might ask the following; Why does BKF pay Jennifer Levin Carter, Mr. Levin's daughter, $174,600?

The claim that she provides "consulting services rendered to various alternative investment strategies of the company" smells. What are these services?

How does BKF justify paying $8.7 million to Henry Levin, son of the CEO and Chairman, given the terrible operating margins at BKF? Is senior management invested in BKF's funds? If yes, how much? If not, why not? Why do you, the directors, own so little stock in BKF? Do directors maintain significant accounts at the Company? Please try to eat your own cooking. Shareholders like that. One would expect such deportment from scalawags, but not you noble nabobs of Wall Street. I hoped for better from Mr. Biggs, who built an illustrious career offering advice to investors—which BKF so plainly needs. I hoped for better from Professor Malkiel, who has directed Vanguard Group as a paragon of financial probity and responsibility. I hoped for better from Mr. Beard. It's hard to believe that this is the same Beard who, in a May 12, 2005 letter to Morgan Stanley shareholders wrote:

"Shareholders deserve better. We strongly believe that new leadership is critical to the success of the Firm and to the creation of shareholder value."

The boards' lack of credible hedge fund experience is a hindrance to BKF. Though burnished, bespoke and credentialed, I see little in the directors, save James Tisch, which suggests any operating experience in its quiver. I am not interested in managing BKF or any of its assets. (In fact, Cannell Capital has distributed over$250 million back to investors in recent years in order to remain nimble.) But BKF's board should include people with credible hedge fund management expertise and long term track records. BKF has grown since the November 1995 merger of Baker Fentress with John A. Levin & Co., but in the last five years, BKF has generated $464.6 million in revenues, but no profits. Indeed, BKF has racked up $62.4 million in losses. Mr. Levin operates BKF like a private playpen. He does not appear to value stockholders as important partners or constituents.

I therefore urge the Board either to: (i) take BKF private and squander privately; (ii) appoint an investment banker to conduct an auction of the company, as Opportunity Partner's Phillip Goldstein first suggested in his November 17, 2003 13d filing; or (iii) stand down and pass the baton to a shareholder-friendly board. We today speak with many interested parties who are on deck to increase the efficiency and productivity of your operations, energize the investment team to spark greater performance and substantially increase assets under management. Please consider this latter "dream team" option.

Cicero ultimately vanquished Catiline despite the latter's attempt to form a rebel force with other rich and corrupt men.

"The city should rejoice because it has been saved from a bloody rebellion. He asked for nothing for himself but the grateful remembrance of the city for what he has done. He acknowledged that this victory was more difficult than one in foreign lands, because the enemies were citizens of Rome." You still have time to flee. Go forth, Catiline.

Sincerely,

J. Carlo Cannell

Managing Member

1 [footnote on same page]

A used copy of Memos from the Chairman, Alan C. Greenberg, is being sent to you by 2nd rate, the postal classification reserved by the USPS for printed matter. Here are some of my favorite excerpts:

"I have just informed the purchasing department that they should no longer purchase paper clips. All of us receive documents every day with paper clips on them. If we save these paper clips, not only will we have enough for our own use, but we will also, in a short time, be awash in the little critters. Periodically, we collect excess paper clips and sell them (since the cost to us is zero, the Arbitrage Department tells me the return on capital will be above average)."

"The only statistic I care about is return on equity. After many sessions with some of our business school graduates (yes, we do have some), I think they have helped me understand the secret to improving our R.O.E. It seems that if we increase revenues and cut expenses, return on equity goes up and that is what makes me happy."

"Bear Stearns will no longer purchase rubber bands. If we can save paper clips from incoming mail, we can save rubber bands, and

my hope is that we can become awash in those little strechies."
"When you are a private enterprise, savings on expenses go to the bottom line. When you are owned by the public, savings still go to the bottom line, but they are in turn magnified by the multiple the stock carries."

CHAPTER 8 LETTER—LEVIN

June 16, 2005

Dear Fellow Stockholder,

The Board of Directors of BKF recently took dramatic action to take off the table for the annual meeting all issues except the central one: which slate of candidates will produce the best board to foster the growth and success of the company. The Board (1) rescinded the poison pill, (2) modified its proposal to de-stagger the board so that all directors will be up for election in 2006 and so that directors may be removed by majority vote, and (3) amended the by-laws so that holders of 25% of the shares will have the right to call a special meeting of stockholders (to remove directors or for any other purpose).

Furthermore, the Company disclosed that it had retained two investment banks to explore transactions to realize shareholder value. Why were these steps taken? TO MAKE IT PERFECTLY CLEAR TO STOCKHOLDERS THAT THIS ELECTION IS NOT ABOUT SELLING THE COMPANY OR ANTI-TAKEOVER DEVICES, BUT ABOUT HOW TO BUILD UP A PUBLIC COMPANY. Since the opposition slate has not offered any sort of credible business plan, stockholders should be asking them: "What's going on?"

In our view, the letter recently filed by Carlo Cannell accurately reflects the intentions of the dissident stockholders. Through a noisy, mean-spirited public campaign, they were seeking to force the Company to take itself private or to force a sale to a third party. In fact, both these avenues have been seriously examined and pursued, but to date, neither of these options has proven to be viable. As a third option, the Cannell letter asks stockholders to put their faith in an undisclosed "dream team." It would have been nice if Mr. Cannell shared with other shareholders just who these "dream team" members might be and just what it is they are planning to do.

On June 9, 2005, Steel Partners, after our series of requests that they disclose their business plan, has made a proposal that reflects their stubborn refusal to understand the business they are seeking to control. THEY HAVE DEMANDED THAT BY THE CONCLUSION OF THIS YEAR, WE ACHIEVE PROFIT MARGINS COMPARABLE TO THOSE ACHIEVED BY A NUMBER OF MUCH LARGER COMPETITORS WITH VERY DIFFERENT BUSINESSES. Steel Partners, which does hire sophisticated financial analysts, makes arguments to stockholders that ignore basic issues such as scale, business mix, distribution models, the amortization of intangible expenses and a series of other issues that are essential to understanding the financial results of our business.

Unlike some of the competitors cited by Steel Partners, we do not operate closed-end funds that have locked-up capital or large mutual fund complexes that can absorb their administrative costs. In addition, such publicly traded investment vehicles are often less reliant on and identified with particular portfolio managers. In contrast, we derive our revenues from fundamentally based long-only and alternative investment strategies in which clients are particularly focused on the identity of the portfolio manager and other investment team members. With respect to the alternative investment strategies in particular, we believe that they are valuable assets that are housed at our firm because of the research, distribution and operational platform we can provide, but they do tend to run at lower margins.

As we have often explained, we are trying to build up our firm so it can be more comparable in size to our competitors and so that we can earn greater profits. To that end, we have seeded a number of long-only and alternative investment strategies, but as they develop their track records, the associated compensation costs have impacted our margins. Over the past three years, we have started from scratch two long/short equity strategies that in the aggregate currently have approximately $900 million in assets under management, and in the past 18 months we have launched three more long/short equity strategies that are being incubated, and a small cap value product. If a reasonable percentage of such new products succeed, the investments should produce important returns to stockholders.

So while we are comprised of experienced professionals, we are also a young public company that is seeking to develop a diversified series of investment strategies that have the capacity to grow. AT THIS STAGE OF OUR DEVELOPMENT, STOCKHOLDERS HAVE THE POWER TO DETERMINE IF WE WILL GROW OR FAIL. Without having the candor to admit it, the opposition is saying "no" to growth and proposing immediate, drastic cuts to compensation that, if enacted, will inevitably drive away key personnel and diminish the value of our existing business.

Since Steel Partners began its attacks on the company, we have been forced to spend a great deal of time and energy with clients, employees and potential employees, trying to give them some hope that the company they have selected or are considering will be there for them. While we have needed a senior executive to strengthen our management team and increase our profits, the actions by Steel Partners have made the recruitment of such a person extremely difficult. Of course, Steel has avoided addressing the consequences of its actions, and we remain gravely concerned that a group of competitors will not be focused on developing value for all stockholders and may be interested in replacing our products with theirs. WE JUST DO NOT BELIEVE THAT A NEW MANAGEMENT COULD REPLACE OUR SENIOR PORTFOLIO MANAGERS AND STILL RETAIN OUR CLIENTS. The stockholders opposing us may be skilled portfolio managers with impressive track records, but the fact is that our clients have chosen our people to manage their money in a particular style. If they wanted Mr. Lichtenstein or Mr. Cannell to manage their money, they could have chosen them, and we would not at all be surprised if some of our clients do in fact have their money invested with them. But even if some of our clients have chosen Mr. Lichtenstein or Mr. Cannell to manage their money for them, it does not mean they would want them to manage a greater portion of their assets.

We think that the portfolio managers attacking us well understand the difficulty of retaining existing client assets, so we must ask whether these portfolio managers think that they can take advantage of a possible decline in our stock price (perhaps brought on by the disruption they engender) by merging one or more of their entities into our publicly traded company. Or maybe Mr. Lichtenstein sees his investment as being hedged because BKF is a potential source of direct revenues for his management business (which is owned by him, not his investors). SEC filings disclose that Mr. Lichtenstein's management company has received significant management and consulting fees from public companies where he has become Chief Executive Officer; we think that is something stockholders ought to know.

If you wonder where this distrust of the opposition slate comes from, please look at the quality of the arguments being used to attack us. The attack on Barton Biggs, a universally recognized expert on the asset management industry, for paying us rent for a limited period of time for space inside our offices we weren't utilizing and couldn't sublet was always a joke, which people understand when we discuss it. We are being attacked for paying a relatively low amount of fees to Peter Solomon's investment banking organization while these same attackers simultaneously criticize us for not pursuing strategic alternative to realize shareholder value.

With respect to the attacks on my children, I must say they reveal much about the nature of the opposition but disclose absolutely nothing improper. Much has been said about the compensation paid to my son Henry, but I just ask that stockholders evaluate him as one of two senior portfolio managers for event-driven strategies that have generated a very significant portion of our firm's revenues and free cash flow over the years. The strategies have long, established track records and importantly have attracted investors that later invested in other firm strategies. He is paid on the basis of the profitability to the firm of the strategies he manages, which is exactly how our hedge fund manager critics pay themselves. While I understand that being part of a public company must necessarily reduce the cash compensation he can earn, I don't understand why being rewarded based on the profitability of the accounts he manages is no longer a valid way of looking at things, especially when he must perform many of the same client servicing, marketing and personnel management functions that his counterparts at privately held firms perform.

My daughter, Jennifer Levin Carter, has a distinguished academic record, having become a member of Phi Beta Kappa in her junior year at Yale, and having graduated from there with distinction in molecular biophysics and biochemistry, from Harvard Medical School and from the Harvard School of Public Health. She has provided valuable research to our investment professionals on biotech and other companies within her area of expertise, and is viewed as a substantive plus by all who interact with her. She is paid consulting fees at an hourly rate, and in all likelihood is receiving less than she otherwise would because of sensitivity to public perception.

With respect to the "losses" being generated by our business, I only ask that investors look at our business as any reasonably sophisticated investor should—and you can be sure that the portfolio managers attacking us are sophisticated investors. Steel Partners has repeatedly stated that it does not understand how we lose money, and in the Cannell letter, the author makes the point that our business has generated over $62 million in losses since 2000. Both Mr. Lichtenstein and Mr. Cannell conveniently forget to note that the company has recorded over $91 million in expenses over that same period relating to the amortization of intangibles arising from the 1996 transaction involving our money management business and a closed-end fund. In other words, the "losses" just do not reflect the way in which our business has been managed, and they obscure the cash flow actually being generated. We understand shareholders who make inquiries as to why our cash flow is not higher, but attacks on our "losses" by sophisticated money managers betray their tendency to obscure the relevant facts to achieve their aims.

Once again: What's going on? Is BKF now in a terrible predicament because Steel Partners is looking past the potential value destruction in our particular situation in order to burnish its "activist" credentials, intimidate existing and future targets and thereby enhance its overall portfolio returns? If Steel wants to claim credit for our corporate governance reforms, then it has already done all it can. If Steel wants to force through a compensation program that drives out key personnel, then what is the real business strategy? After having brought our money management business public in a transaction that generated significant value for stockholders by distributing approximately $700 million in assets, I am particularly pained as I watch this pack of hedge funds, pretending to be suffering and abused shareholders, continue on their destructive path, more concerned with the image that they project than with the interests of other BKF shareholders. Ever since we became a public company, we've stated that a supportive shareholder base was important to our business. I've thought that shareholders who are disappointed with management could always sell (in fact our stock has done exceedingly well), and those who have constructive proposals or valid criticisms could always make them. I can accept and understand criticism, but I don't understand attacks that so clearly destroy value.

At this point, I expect you might be wondering what is motivating me to continue to fight. Indeed in the recent period, I have wrestled hard with that question. A number of my key long-term partners have pressured me to hang in there so as to not allow a small number of our shareholders to destroy the firm. Their encouragement has kept me going for now. This is a great firm with great people. We made a lot of good decisions and we made some bad ones, as have many successful investment firms. But managing a public company with hostile shareholders is not an enviable task, particularly for someone like me who is more interested in managing money than in anything else.

One is supposed to conclude with a wonderful inspirational message of hope, but let me tell you the grim reality. I don't know what any shareholder or group of shareholders is going to say or do next. It is up to the unaligned shareholders of this company to decide what the future is. There is no middle ground. Our slate is composed of outstanding individuals. Burt Malkiel is just the kind of director shareholders should want. He is a former member of the Council of Economic Advisors, a long-standing full professor of Economics at Princeton and a trustee of various Vanguard funds. Bart Goodwin is a quality investor in private equity companies. Both of these gentlemen were directors of BKF before our money management firm merged into it in 1996. They are as independent as directors can be. Vote the white card.

Sincerely,

/s/ JOHN A. LEVIN

John A. Levin

Chairman and CEO

致　谢
DEAR CHAIRMAN

《巴菲特致管理者的信》这本书源自两个想法：第一个想法很好，那就是利用著名投资人写给上市公司的原始信件，简单介绍一下股东积极主义的发展历程；第二个想法非常糟糕，那就是写这本书的人是我。显然我并不是一位作家，而且我还有一份要求很高的全职工作，以及一个我不应该忽视的小家庭。

在我打算放弃时，发生了几件至关重要的事，这些事推动了写作项目的进程。首先，沃伦·巴菲特把他写给美国运通公司的信寄给了我。他可能花30秒读了我解释这个项目的信，然后又花15秒告诉某个人找到那封信然后寄给我。这总计45秒的来自巴菲特的关注，让我在键盘前熬过了三百多个睡眠不足的夜晚。我不仅要写这本书，而且还要尽自己最大的努力把它写好。感谢您，沃伦·巴菲特先生。

收到巴菲特的来信几周后的一天，我跟好友克里斯琴·鲁德（Christian Rudder）去看布鲁克林篮网队的比赛，他当时也正在写一本书。我跟他说了我要写书的想法，而且打算把书写完再去找出版商。

他告诫我说："伙计，千万别那么做。"第二天，克里斯琴就把他的代理人克里斯·帕里斯－兰姆（Chris Parris-Lamb）介绍给了我，不久我就确定了写书确切的截止日期，以及将写书的想法变成必要的承诺。感谢你，克里斯琴·鲁德。

在克里斯指导我如何构建一本书的框架之后，我就坐下来开始写这本书。最初的五页我绞尽脑汁地写，但结果证明，还是糟糕透顶。如果当时他搞丢了我的手机号，我可能再也不会提起笔。但是相反，他给了我很多的建议，帮助我走上正轨，还帮忙润色了出版计划，并且说服哈珀柯林斯出版集团的霍利斯·海姆鲍奇（Hollis Heimbouch）买下了这本书。感谢你，克里斯·帕里斯－兰姆，同时也感谢格纳特公司。

对于哈珀柯林斯出版集团帮我出版和编辑这本书的霍利斯，我心中真是充满感激。经她编辑后，这本书看起来好很多，而且重点也更为突出。如果没有霍利斯的帮助，这本书看起来肯定杂乱无章，而且会存在许多音乐参考文献的荒谬引用。虽然我的确支持把第三次并购浪潮比作第三波斯卡（Third-Wave Ska）。

我的研究助理约翰·温基里奥（John Vengilio）也给了我莫大的帮助：他帮我把各项工作安排得井井有条，拿到许多原始书信的出版许可，引起我对谢勒、比尔·斯伦斯基以及许多趣闻的关注，还不厌其烦地去美国证券交易委员会拷贝许多古老的文献。

感谢凯文·巴克（Kevin Barker）帮我搞定参考文献。凯文的妻子艾米·米勒（Amy Miller）是一名出色的律师，她和另一名律师尼克·约瑟夫（Nick Joseph）帮我审阅了大部分材料，而且提出了宝贵的建议。感谢你们，凯文、艾米以及尼克。

埃迪·拉姆斯登（Eddie Ramsden）从一开始就帮我出主意，并且为本书添加许多非凡的见解。我还想特别感谢娜塔利·巴纳斯（Natalie

致　谢

Banas)、安迪·史皮兹（Andy Shpiz)、乔恩·法斯曼（Jon Fasman）和弗雷德·科维（Fred Kovey），他们读过出版计划最初的几个版本，也读了本书的一些章节，并且提供了非常有帮助的反馈意见。

还有詹森·津诺曼（Jason Zinoman），帮我了解出版界，而且在整个出版过程中，提出许多宝贵的建议。

我还要感谢许多帮助过我的人：特里·康托斯、马丁·利普顿、托马斯·肯尼迪、布拉德利·拉道夫、吉尔·韦斯波拉姆、彼得·德克尔、詹姆斯·帕帕斯、诺伯特·卢、比尔·马丁、彼得·切基尼、蒂莫西·博格、史蒂芬·沃罗斯基、罗伯特·霍顿、史蒂芬·布朗森、赫伯特·温诺克、哈维·高德施密特、布莱恩·芬斯、达明·帕克、温斯洛普·史密斯、纳塔利娅·达·席尔瓦、小罗斯·佩罗、卡罗尔·霍夫曼、杰克·米切尔和乔治·考罗莫斯。

特别感谢书中所有的主角，感谢你们允许我重新出版你们那才华横溢的信件。这是你们的故事，我只是尽我所能客观叙述你们的故事。

感谢跟我共事将近十年的商业伙伴格雷戈里·贝林斯基·格雷格（Gregory Bylinsky Greg），他父亲是著名的商业作家，格雷格不仅容忍我花时间完成这个写作项目，而且还给我提出了宝贵的建议。同时感谢我其他的同事，前面提到的纳塔利娅、罗比·比尔斯、理查德·巴鲁亚特和格雷戈里·施罗克。施罗克十分有耐心，他一直都在听我天马行空地谈论上市公司的话题，然后认真地给我解释到底什么才是有用的。

感谢我的基金投资人。你们的耐心和致力于长期投资的想法，使得我拥有一份自己热爱的工作，撰写我们基金每个季度的公开信给了我写作这本书的灵感。我希望能够充分利用研究和写作这本书的过程中积累的经验教训，在未来，尽最大的努力为你们带来可观的回报。

我还要特别感谢我的导师阿瑟·莱维特，正是他和乔尔·格林布拉特为我指明了职业发展道路，对他们我永远心存感激。

我应该好好感谢我的家人，特别是我的父母，我想把这本书献给他们。我父亲还是一如既往地给了我必要的压力，但他也给了我很大的启发，比如他会对我说"从经济的角度讲，你写这本书不合理"，再比如"你最好不要把这本书搞砸，因为你的名字会永远留在封面上"。我母亲在此关键时刻不仅帮我照看孩子，让我能挤出时间写作，而且她对公司治理的理解比我深刻许多，我一直都能从她那里找到共鸣，听到建议。

感谢我的兄弟马歇尔和他妻子特蕾莎，他们跟我父母一样，都是经济学教授。从有了写这本书的想法开始，马歇尔就成了我的依靠，他为我提供了很多的反馈意见，而且他总能在第一时间给我好的建议。

感谢我美丽可爱的妻子，富有爱心的苏西·海姆巴赫（Susie Heimbach）和我们的两个儿子，吉尔伯特和本吉。苏西绝对是一流的抄写员，帮我对很多章节进行了编辑校订。整整一年间，她和两个孩子受的苦远多于比尔·斯伦斯基在观看芝加哥小熊队下午比赛时受的苦。吉尔伯特和本吉，现在我的写作任务正式完成了，咱们可以把游戏机接上了。

如果没有上述这些人（以及其他我可能不小心遗漏名字的人），这本书不可能像现在这么好。书中任何独特的见解都有可能来自他们中的某个人。

至于书中可能出现的错误、不精准的地方、错误的判断，以及我因为编写这本书时可能未做好的本职工作……总之，我已组建了一个由7人组成的董事会，而且为董事会成员和管理人员购买了大额保险。董事会非常乐意每年与大家见上一面，地点就在阿拉斯加州的诺姆市，不过每人只能提一个问题啊。

GRAND CHINA

中资海派图书

《美元陷阱》

[美] 埃斯瓦尔·S. 普拉萨德 ◎ 著
刘寅龙 ◎ 译
定价：98.00 元

一部警醒国人且正式拉响美元陷阱警报的作品
探究人民币国际化新格局与大国货币暗战更优解

《美元陷阱》回顾、分析了美元获得全球经济和货币体系核心地位的过程，并阐释了为什么在可预见的未来，美元作为避险货币、储备货币的霸权地位仍旧坚不可摧。此外，本书还披露：新兴市场日益增长的影响力、货币战争、中美关系的复杂性以及国际货币基金组织等机构的作用，并为修复有缺陷的货币体系提供了新思路。

值得一提的是，《美元陷阱》中大量的数据资料和研究成果，有作者埃斯瓦尔·S. 普拉萨德在国际货币基金组织一线工作 17 年的洞察与分析，有他与康奈尔大学和布鲁金斯学会知名学者的共同研究成果，甚至还有维基解密曝光和披露的档案，这些数据资料与研究成果让读者得以窥见国际金融政策中一些匪夷所思的内幕……

当今世界经济正处于弱不禁风的不稳定均衡状态中。美元陷阱既是一种令人痛苦的束缚，又是一种无可奈何的保护，但深陷其中的人们越来越希望逃离陷阱，路在何方？

海派阅读 GRAND CHINA

READING YOUR LIFE

人与知识的美好链接

20年来，中资海派陪伴数百万读者在阅读中收获更好的事业、更多的财富、更美满的生活和更和谐的人际关系，拓展读者的视界，见证读者的成长和进步。现在，我们可以通过电子书（微信读书、掌阅、今日头条、得到、当当云阅读、Kindle等平台），有声书（喜马拉雅等平台），视频解读和线上线下读书会等更多方式，满足不同场景的读者体验。

关注微信公众号"**海派阅读**"，随时了解更多更全的图书及活动资讯，获取更多优惠惊喜。你还可以将阅读需求和建议告诉我们，认识更多志同道合的书友。让派酱陪伴读者们一起成长。

微信搜一搜　海派阅读

了解更多图书资讯，请扫描封底下方二维码，加入"中资书院"。

也可以通过以下方式与我们取得联系：

采购热线：18926056206 / 18926056062　　服务热线：0755-25970306

投稿请至：szmiss@126.com　　新浪微博：中资海派图书

更多精彩请访问中资海派官网　　www.hpbook.com.cn